16	3	2	13
5	10	11	8
9	6	7	12
4	15	14	1

coleção TRANS

Richard Shusterman

VIVENDO A ARTE

O pensamento pragmatista
e a estética popular

Tradução
Gisela Domschke

editora 34

EDITORA 34

Editora 34 Ltda.
Rua Hungria, 592 Jardim Europa CEP 01455-000
São Paulo - SP Brasil Tel/Fax (011) 816-6777

Título original:
Pragmatist aesthetics

Capa, projeto gráfico e editoração eletrônica:
Bracher & Malta Produção Gráfica

Revisão técnica:
Magnólia Costa

Revisão:
Bruno Lins da Costa Borges

1ª Edição - 1998

Catalogação na Fonte do Departamento Nacional do Livro
(Fundação Biblioteca Nacional, RJ, Brasil)

Shusterman, Richard
S94v Vivendo a arte: o pensamento pragmatista e a estética popular / Richard Shusterman; tradução de Gisela Domschke. — São Paulo: Ed. 34, 1998
272 p. (Coleção TRANS)

ISBN 85-7326-099-8

Tradução de: Pragmatist aesthetics

1. Filosofia. I. Domschke, Gisela. II. Título. III. Série.

CDD - 191

VIVENDO A ARTE
O pensamento pragmatista e a estética popular

PREFÁCIO À EDIÇÃO BRASILEIRA

Apresentar uma teoria estética que retome os métodos e os ensinamentos da filosofia pragmatista é a ambição desta obra que, embora trate da arte como um todo, confere atenção especial às artes populares e à cultura de massa. Alguns poderiam se perguntar por que um livro sobre estética filosófica requereria uma introdução especial para os leitores brasileiros. Não deveriam o valor e a verdade da filosofia, assim como seus erros e seus descaminhos, ser igualmente acessíveis aos leitores inteligentes de qualquer país (ou de qualquer época), independentemente de seu contexto cultural particular? Esperemos que o destino da racionalidade e da filosofia não dependa da suposição duvidosa de tal razão universal e de tal *philosophia perennis*. Mas um prefácio não é o lugar para se explorar tais questões.

Existem, contudo, algumas razões concretas pelas quais a edição brasileira deste livro requer uma introdução especial. Em primeiro lugar, a filosofia americana, classificada dentro da vaga rubrica do pensamento anglo-saxônico, tem sido associada de maneira simplista à tradição filosófica britânica, sendo hoje basicamente identificada à filosofia analítica. O pragmatismo, que é uma filosofia tipicamente americana, parece ser ainda pouco divulgado no Brasil, assim como na Europa, com exceção de alguns estudos realizados no meio acadêmico. Ainda que exista uma curiosidade crescente pela filosofia e estética americanas contemporâneas, esta se dirige sobretudo à filosofia analítica de autores como Nelson Goodman e Arthur Danto. Mesmo o neopragmatismo proposto pelo filósofo americano Richard Rorty se distingue pela discussão crítica que ele desenvolve em relação a suas fontes analíticas, bem mais do que pela sua relação com a tradição pragmatista. Se a semiótica de Peirce e a psicologia de James podem se mostrar mais familiares a alguns leitores, a filosofia pragmatista americana continua, porém, ainda muito pouco conhecida, e John Dewey, seu representante mais eminente — ou mesmo, no campo da teoria estética, o mais importante —, é aqui, assim como na Europa, quase completamente ignorado.

Um dos objetivos desta tradução é o de introduzir a estética pragmatista de Dewey elaborada nos anos 30, e o de possibilitar, através da confrontação do pragmatismo e da filosofia analítica da arte, uma compreensão mais exata das filosofias estéticas americanas contemporâneas. Meu projeto, no entanto, não se resume a isso. Pretendo nesta obra dar continuidade à filosofia estética pragmatista e desenvolver seu potencial democrático e progressista, a fim de considerar as formas de expressão artística que hoje dominam nosso mundo, quer dizer, as artes populares da mídia, quase sempre ignoradas pelas filosofias tradicionais da arte.

A forte presença internacional da cultura popular norte-americana tem provocado um interesse considerável nas últimas décadas — ainda que, para muitos intelectuais, esse interesse se limite a um olhar inquieto ou mesmo desgostoso. A questão da cultura popular americana e de sua importação por outros países é um tema maior, eu diria até urgente. Infelizmente, os debates realizados em torno da arte e da estética populares permanecem, no entanto, confinados a colunas de revistas e jornais. Resultam, normalmente, mais em exaltações do que em esclarecimentos. Um tratamento filosófico rigoroso deste tópico tem se apresentado extremamente raro (nos Estados Unidos assim como em outros países); além disso, as estratégias filosóficas tradicionais me parecem mal aparelhadas para oferecer uma compreensão real neste campo. Não apenas a prática acadêmica da filosofia é, em geral, abstrata demais e cega para as formas concretas da arte popular, como também suas perspectivas padronizadas da estética são radicalmente hostis aos objetivos, às ideologias e às realidades socioculturais que motivam essas formas populares. O dualismo cartesiano e a estética kantiana, por exemplo, não são decerto a forma adequada para julgar o rap, seja ele francês, alemão ou brasileiro.

O fato de propor uma teoria estética baseada na filosofia norte-americana como um meio melhor para a compreensão da cultura popular norte-americana (e de seu sucesso internacional) pode ser mal-interpretado como uma expressão de imperialismo cultural e o pior dos chauvinismos. Na fusão do pragmatismo com o funk afro-americano, minha teoria pode ser ainda caricaturada como a vingança dos oprimidos, após séculos de dominação cultural eurocentralizadora. Mas podemos também ver aí um reconhecimento filosófico mais modesto da diferença cultural, que implica uma abordagem pragmatista contextual, não só das formas artísticas e suas teorias, como também da prática filosófica em geral. Esse reconhecimento da contextualização na filosofia não constitui, no entanto, um compromisso com um relativismo irremediável, uma vez que nossos diferentes contextos envolvem, muitas vezes, grande número de convergências e concordâncias de aspectos.

Foi precisamente a exigência de contextualização que me levou a suprimir nesta edição três capítulos da versão original em inglês, publicada em 1992 pela Blackwell, assim como a transformar seu capítulo inicial em apêndice. Os capítulos suprimidos, que tratam da questão da unidade orgânica e da interpretação, detêm-se em polêmicas específicas e internas ao pragmatismo contemporâneo, não sendo essenciais para compreender a linha de argumentação aqui desenvolvida. O outro capítulo, que desenvolve uma análise comparativa detalhada sobre a estética analítica e a estética de Dewey, embora bastante técnico, foi mantido aqui na forma de apêndice, uma vez que a obra deste último continua pouco divulgada no Brasil[1]. Nele busco esclarecer a causa pela qual a estética de Dewey foi ofuscada e suprimida pela filosofia analítica da arte. Além disso, desenvolvo argumentos no sentido de demonstrar que o pragmatismo deweyiano, ao combinar a clareza crítica da estética analítica com o reconhecimento do poder cognitivo, étnico e experimental da arte, próprio à estética continental, constitui um caminho intermediário mais promissor entre as duas correntes para o desenvolvimento de uma estética contemporânea.

O sacrifício desses capítulos, já exigido por ocasião da edição francesa (Minuit, 1992), foi muito penoso, mas ainda assim acredito que seja válido. Pois desse modo aliviamos o livro de um volume filosófico extremamente específico, tornando-o mais útil e atraente para um número mais vasto de leitores que se interessam pela crítica filosófica da cultura estética, embora esses leitores não se atenham neces-

[1] A principal obra de Dewey sobre estética, *Art as experience* (in *Late works of John Dewey*, Carbondale, Southern Illinois University Press, 1987, vol. 10, pp. 298-331) ainda não teve sua íntegra traduzida no Brasil. Embora existam traduções de algumas de suas obras, publicadas em fins da década de 50, a maioria concerne à sua filosofia da educação (*Como pensamos*, trad. de Haydée de Camargo Campos, Nacional, 1959; *Democracia e educação*, trad. de Godofredo Rangel e Anísio Teixeira, Nacional, 1959; *Filosofia e reconstrução*, trad. de Eugênio M. Rocha, Nacional, 1958; *Reconstrução em filosofia*, trad. de Antônio Pinto de Carvalho, Nacional, 1959; *Vida e educação*, trad. de Anísio Teixeira, Melhoramentos, 1959).

sariamente ao tratamento mais técnico destas questões dentro da filosofia da linguagem e da hermenêutica, tampouco às disputas sectárias presentes na recente filosofia da arte anglo-americana. Os filósofos que se interessarem pelos capítulos omitidos poderão se remeter à versão inglesa, ao passo que os leitores não-especialistas interessados na questão estética não serão desencorajados pela necessidade de enfrentar uma armadura de debates técnicos sobre interpretação e metafísica da unidade e da identidade.

Curiosamente, a forma abreviada desta edição pode ser vista como reflexo do tema central de seu conteúdo: a legitimação da cultura popular. De fato, ela pode ser condenada, ao lado de seu conteúdo, por corrupta popularização. Não existiria aí uma analogia incômoda entre a necessidade de simplificar um livro para despertar o interesse de um maior número de leitores e a conhecida acusação de que a arte popular precisa ter seu nível reduzido ao mais baixo denominador comum a fim de garantir os benefícios de um grande público? Estaria a publicação filosófica se reduzindo, por pressões pós-modernas (e pela atitude de acadêmicos desprezíveis), a um ramo da execrável indústria cultural mercenária?

Seria ingênuo ignorar as pressões econômicas editoriais sobre a forma de meu livro. Seus editores europeus estavam interessados em produzir um livro mais curto e acessível, por diferentes fatores econômicos que estruturam os mercados de livros acadêmicos na Europa e nos Estados Unidos (como por exemplo, o número de estudantes, universidades e livrarias institucionais). Porém, arriscando fazer de uma necessidade econômica uma virtude editorial, confesso que minha intenção ao cortar esses capítulos não foi a de aumentar o lucro (que é, de qualquer forma, um tanto desprezível nestes gêneros literários), mas sim a de aumentar o número de leitores que poderiam apreciar este livro, e com ele aprender. Tentei, em outras palavras, fazer um livro melhor para um número de leitores maior.

Segundo minha visão pragmatista, livros são instrumentos para serem usados e aproveitados, não objetos de fetiche. Enquanto instrumentos valiosos, eles merecem nossa atenção e nosso respeito. Mas não há nada de errado em alterar sua forma, adaptando-os a diferentes contextos de leitura, a fim de torná-los instrumentos efetivos de edificação e prazer, especialmente quando as versões originais são acessíveis àqueles que as preferem. Para o contexto geral da estética e da teoria cultural, a forma reduzida deste livro é, a meu ver, mais positiva não apenas do ponto de vista prático como também estético. O que ele perde em termos de diversidade e detalhamento filosóficos, ganha em termos de poder de concentração e desobstrução.

Ainda neste espírito de contextualização, penso que seria interessante posicionar minha opinião sobre a estética de Adorno, dada a considerável importância da Escola de Frankfurt dentro da prática filosófica brasileira. Fonte de uma das mais poderosas críticas filosóficas da cultura popular, especialmente por sua formulação coerciva, a teoria estética de Adorno constitui, como o leitor verá, uma importante inspiração para meu trabalho. As nítidas diferenças existentes entre o meu pragmatismo e a teoria estética de Adorno ficarão evidentes no decorrer do livro, mas elas não devem ofuscar as profundas afinidades existentes entre a estética pragmatista e a da Escola de Frankfurt.

Adorno, que exalta Dewey como "um pensador verdadeiramente emancipado", compartilha a ênfase que o pragmatismo coloca na dimensão dinâmica e experiencial da arte, rejeitando sua concepção enquanto fetiche. Concorda ainda com a ênfase pragmatista na essência social da arte e seu culposo reflexo da injustiça social. Participa, por fim, da valorização que o pragmatismo promove da dimensão comunicativa e cognitiva da arte e de seu ideal político-social, expresso através de sua forma e de sua unidade dinâmica. Mas Adorno recusa o forte reconhecimento pragmatista da funcionalidade artística e seu intuito de integrar a arte e a vida de maneira mais próxima, no sentido de estimular a melhoria de ambas. Ele insiste, cautelosamente, que a arte permaneça separada da vida e da funcionalidade, mantendo sua sagrada, ainda que culposa, autonomia, assim como sua estreita identificação com a cultura erudita. Evitando a contaminação causada pelo mundo corrupto, ele sustenta assim uma crítica mais pura desta realidade repugnante.

O pragmatismo reconhece, é claro, que existem perigos na integração da arte com a vida, assim como reconhece que as artes populares podem ser exploradas precisamente com objetivos de manipulação e de dominação social (como muitas vezes é o caso na televisão). Minha posição pragmatista em relação à arte popular é, portanto, o que eu chamo de *meliorismo*: reconheço suas falhas estéticas e seus abusos políticos, assim como seu potencial estético e sua grande capacidade de comunicação para uma práxis progressista. Insisto na necessidade de uma crítica constante das artes populares, mas rejeito a resposta tipicamente adorniana de condenação total de suas produções.

Mais otimista e aventuroso que Adorno, o pragmatismo considera que o conceito de arte deve ser repensado democraticamente como parte de uma reforma social. A necessidade e a urgência dessa reforma é um ponto que vale ser salientado. Ao oferecer uma legitimação estética e teórica da arte popular, não estou afirmando (como alguns leitores europeus e americanos insistiram) que isto constitua em si uma legitimação adequada dessa arte na realidade do mundo social. Entretanto, insisto que a legitimação teórica pode ajudar a mudar as atitudes que, por sua vez, podem mudar os fatos sociais reais. Supor o contrário implica o estabelecimento de uma divisão inútil e não convincente entre teoria e prática, totalmente estrangeira ao espírito do pragmatismo.

Embora este livro tenha sido escrito no gênero filosófico, ele teve a felicidade de ser examinado por muitos leitores de ciências sociais. Apesar de sua reação ter sido bastante estimulante, alguns argumentaram que meu tratamento da arte popular continua filosófico demais, pois se concentra principalmente na análise estética de obras de arte, não fornecendo detalhes empíricos suficientes sobre as condições e as práticas sociais efetivas pelas quais tal arte é produzida e consumida por seu público variado. Estou mais que disposto a admitir as tendências e limitações filosóficas de meu estudo, e aproveito a oportunidade para encorajar estudos mais empíricos e etnográficos da cultura popular, sem os quais tal cultura nunca poderá receber o entendimento completo que merece.

Gostaria de insistir, no entanto, que a análise estética continua a ser um instrumento essencial para a compreensão e a legitimação da arte popular, assim como a experiência estética constitui uma dimensão crucial de nosso encontro com ela. Sem a análise estética não podemos examinar como a arte popular, na sua melhor expressão, consegue recompensar a atenção de muitos de nós, incluindo inúmeros jovens intelectuais, cujos gostos comportam os clássicos das artes maiores. Por que não, então, proporcionar à arte popular tal atenção estética, uma vez que ela também demonstra ser recompensadora? Tratar da arte popular meramente através da etnografia empírica implica o risco de tratá-la simplesmente como amostra de uma população cientificamente objetivada, e por isso distanciada, uma cultura externa de indígenas primitivos, dos quais nós, observadores científicos e intelectuais, nos mantemos de certa forma afastados e superiores. Um tratamento exclusivo desse tipo (mesmo que inclua intelectuais entre sua população objetivada) tenderia a reforçar o descrédito da arte popular, por negar seu papel principal em nossa própria experiência subjetiva.

Nos cinco anos que se passaram após a primeira publicação deste livro, eu tenho me beneficiado de outras críticas úteis em relação a suas teses e seus métodos. Embora fique tentado a responder a elas aqui, penso que isso iria distrair ou desencorajar meus leitores brasileiros na elaboração de sua própria reação crítica. Devo também resistir à tentação de atualizar o material sobre o rap ou de tratar de sua imagem problemática, cada vez mais relacionada nos Estados Unidos ao gângster, ao machismo e a suas formas de exploração comercial[2]. Gostaria apenas de salientar que minha defesa dos méritos e do potencial do rap não deveria ser entendida como uma absolvição de todos seus vícios e excessos (assim como minha estima pela poesia de Eliot não implica minha aprovação de seu conservadorismo político). Tampouco considero minha estética pragmatista como basicamente relacionada ao rap (cujo estudo constitui apenas um de seus nove capítulos originais), ainda que este seja o foco de grande parte da atenção que a mídia tem dado a meu livro. O rap é apenas *um* bom exemplo para uma abordagem pragmatista da estética. Essa abordagem, com seu desafio dos dualismos tradicionais entre estético/prático e estético/cognitivo, pode ser aplicada (como eu defendo aqui e em *Practicing philosophy*) a uma ampla variedade de formas artísticas e de buscas estéticas, incluindo a *Gesamtkunstwerk* que se denomina a arte de viver.

É com grande prazer que eu convido os leitores brasileiros a aplicar esta reflexão a suas próprias formas de arte popular, cujas criações musicais admiro desde minha juventude. Suas raízes culturais mistas, suas dimensões experimentais e corporais, sua presença dentro da vida social e seu freqüente engajamento político constituem, sem dúvida alguma, um rico campo de estudo e reflexão, além de fornecer fortes argumentos para a sua legitimação estética. Movimentos culturais como o tropicalismo salientam-se por sua riqueza experimental, através da síntese de tendências musicais e valores culturais. A resistência expressa nas letras de Chico Buarque é um bom exemplo da arte abraçando o prático e estendendo-se ao social e ao político.

[2] Trato estas questões em minhas considerações sobre o rap enquanto filosofia popular e modo de vida no capítulo 5 de *Practicing Philosophy: Pragmatism and the philosophical life*, Londres, Routledge, 1997.

Quantos ainda deveríamos citar para fazer jus a todos aqueles que, através de suas criações, aproximaram o estético de sua realidade cotidiana, refletindo uma práxis de vida. Quantos também, embora tenham ficado incógnitos na história da cultura popular brasileira, fizeram de sua arte, para muitos, uma experiência estética singular.

A forte influência das artes da mídia — através de meios como o rádio, o cinema e a televisão — constitui também um importante domínio para a aplicação da crítica meliorista deste livro. A grande capacidade comunicativa desses meios oferece um forte potencial democrático a essas formas artísticas, ainda que elas sejam suscetíveis de uma exploração por parte de forças repressoras. Uma reflexão filosófica sobre esses meios e sua complexidade constitui o melhor caminho para o desenvolvimento de sua práxis progressista, apesar de sempre existir o risco de sua manipulação abusiva.

Para terminar, agradeço a Gisela Domschke por esta tradução, fruto de seu interesse pela arte e pela estética. Meu reconhecimento ainda a Eric Alliez, pela atenção dada ao meu trabalho, enquanto diretor desta coleção filosófica.

PREFÁCIO

O título deste livro pode fazer com que algumas sobrancelhas céticas se ergam, pois a noção de estética pragmatista parece, à primeira vista, bastante paradoxal. O pragmático, é claro, é imperativamente ligado à idéia do prático, idéia à qual o estético é tradicionalmente oposto, quando definido pela ausência de finalidade e interesse. Um dos objetivos deste livro é resolver esse paradoxo, desafiando a oposição tradicional entre prática e estética e ampliando nossa concepção do estético para além dos limites estreitos que a ideologia dominante da filosofia e da economia cultural lhe designou. A estética torna-se muito mais central e significativa quando admitimos que, ao abranger o prático, ao refletir e informar sobre a práxis da vida, ela também diz respeito ao social e ao político. A ampliação e a emancipação do estético envolve, do mesmo modo, uma reconsideração da arte, liberando-a do claustro que a separa da vida e das formas mais populares de expressão cultural. Arte, vida e cultura popular sofrem hoje destas divisões fortificadas e da conseqüente identificação restritiva da arte com as belas-artes. Minha defesa da legitimidade estética da arte popular e meu estudo da ética como uma arte de viver visam ambos a uma redefinição mais democrática e expansiva da arte.

Ao repensar a arte e o estético, o pragmatismo também repensa o papel da filosofia. Não mais visando a representação fiel dos conceitos que examina, a filosofia torna-se ativamente engajada em remodelá-los para nosso maior proveito. A tarefa da teoria estética não é, então, capturar a verdade de nossa compreensão comum da arte, mas sim repensar a arte, de maneira a enriquecer seu papel e sua apreciação; o objetivo último não é o conhecimento, mas a experiência aperfeiçoada, embora a verdade e o conhecimento sejam, é claro, indispensáveis para sua realização. Do mesmo modo o pragmatismo, caso deseje realmente se diferenciar, embora não deva ignorar os problemas tradicionais da filosofia da arte, não pode limitar-se aos velhos debates muitas vezes puramente acadêmicos, mas deve tratar de questões atuais da estética e de novas formas artísticas. Assim, após considerar os clássicos tópicos sobre a definição da arte e a concepção da estética, dedico dois longos capítulos à cultura popular e ao rap.

Buscando aproximar a teoria da experiência da arte, a fim de aprofundar e enriquecer ambas, uma estética pragmatista não se deve restringir aos argumentos abstratos e ao estilo genérico do discurso filosófico tradicional. Deve antes trabalhar a partir e através de obras de arte concretas. Estas devem ser tomadas não como exemplos considerados rapidamente, mas como base de análise estética efetiva, objetos cuja experiência é enriquecida através de estudos críticos próximos e esclarecidos teoricamente. Ponho à prova este estilo de discurso estético com um poema de T.S. Eliot e um rap de Stetsasonic. Esta reunião, num mesmo livro, de modernismo vanguardista com hip hop pode parecer sintomática de um ecletismo pós-moderno (ou, simplesmente, de meu gosto esquizóide), mas prefiro ver aí a marca de um ideal sociocultural em que as assim chamadas artes maiores e menores (e seus respectivos públicos) encontrariam juntas uma expressão e uma legitimidade fora de hierarquias opressivas, nas quais a diferença existe sem vergonha nem dominação.

A estética pragmatista começa com John Dewey — e praticamente acaba aí. Ele foi o único dos fundadores do pragmatismo a escrever extensivamente sobre arte e a considerar a estética como essencial para a filosofia. Mas a influência filosófica de sua teoria estética teve curta duração. A estética pragmatista foi logo eclipsada e rejeitada pela estética analítica (por razões que discutirei no apêndice); e seu retorno ainda não se efetuou plenamente. Não quero com isso negar as importantes contribuições feitas por pragmatistas contemporâneos para certas questões estéticas — em particular Rorty sobre o papel ético da literatura, Margolis e Fish sobre a interpretação. Gostaria apenas de insistir que é preciso fazer mais. Grande parte das proposições estéticas de Dewey devem ser recuperadas e remoldadas. Os principais pragmatistas contemporâneos acanham-se diante da estética de Dewey, talvez porque seu espírito revolucionário e sua ênfase na experiência somática sejam difíceis de ser integrados no seio do conservadorismo sociopolítico e do "textualismo" que dominam a filosofia pragmatista corrente. Para desenvolver uma estética mais radical e encarnada, este livro encontrou em Dewey exemplo e inspiração, mas logo tomou seu próprio caminho para responder às questões que perturbam o presente.

O pragmatismo é uma filosofia tipicamente americana, e este livro pode parecer demasiado americano para alguns leitores, em especial nas páginas consagradas ao rock e ao rap. Para mim, pessoalmente, ele representa meu retorno à vida e à cultura americanas depois de vinte anos de estudos e trabalhos acadêmicos no exterior. O pragmatismo não me foi ensinado em Jerusalém nem em Oxford, e eu também não o ensinei em Negev. Lá, a filosofia significava filosofia analítica, e estética, estética analítica. O pragmatismo só surgiu para mim como um horizonte filosófico quando retornei aos Estados Unidos para trabalhar na Temple University, em 1985. Na verdade, constituiu, entre outras coisas, um instrumento que me ajudou a incorporar novamente a cultura que me formara, e que se apresentava então a meus olhos tão desconcertante e estimulantemente nova. Minha "conversão" à estética pragmatista e à idéia deste livro só se realizaram, no entanto, na primavera de 1988, na ocasião em que eu dirigia um seminário de estética para um público misto e muito interessado, formado por estudantes graduados em filosofia e dança. Devo a eles mais do que posso aqui exprimir. A princípio pensei em utilizar Dewey somente para contrastar sua estética com aquela que eu considerava então muito superior, a teoria estética de Adorno (a qual ainda admiro bastante). Mas no fim do semestre, depois de ter examinado os diferentes argumentos apresentados em classe e de ter testado pessoalmente alguns pontos na pista de dança, só pude trocar o marxismo austero, sombrio e elitista de Adorno pelo pragmatismo encarnado, vivaz e democrático de Dewey.

Esse lado radiante do pragmatismo foi reforçado mais tarde, no verão do mesmo ano, ao longo de seis semanas passadas em Santa Cruz, no National Endowment for Humanities Institute on Interpretation, dirigido por Hubert Dreyfus e David Hoy. Minha análise da interpretação deve muito a esse instituto e a todos os teóricos reunidos naquela ocasião, que formaram com seu espírito crítico e atencioso uma comunidade no sentido mais amplo do termo. Três membros dessa equipe me ajudaram particularmente. Alexander Nehamas e Stanley Cavell me convenceram de que a estética filosófica não deveria ignorar a arte popular, podendo tratá-la de maneira esclarecedora através da interpretação de obras individuais; e Richard Rorty, inestimável no desenvolvimento de minha perspectiva pragmatista, provocando, como o leitor descobrirá, freqüentes e intensos desacordos. O fato de me empenhar tanto em criticá-lo indica o quanto sua obra é importante e próxima para mim. Quero aqui reconhecer minha dívida, assim como minha gratidão, diante de sua pessoa.

Este livro teria demorado um tempo muito mais longo para ser concluído se não tivesse sido dispensado de minhas obrigações universitárias. Gostaria de agradecer a Temple University por ter me concedido uma licença de estudos, e a National Endowment of Humanities pela bolsa de pesquisa que me permitiu dedicar todo o ano de 1990 à pesquisa e à escrita.

Como minhas reflexões pragmatistas me pareciam muito americanas, pensei que deveria aplicá-las numa perspectiva maior e testar sua força e interesse no exterior. Que lugar poderia ser melhor para fazê-lo do que Paris? Sou eternamente grato a Pierre Bourdieu e à École des Hautes Études en Sciences Sociales, por terem me convidado como "directeur d'études associé", assim como ao Collège International de Philosophie, por ter me oferecido a oportunidade de dirigir um seminário em que pude experimentar as idéias deste livro com um público estrangeiro e numa língua estrangeira. Entre meus colegas parisienses, gostaria de agradecer Françoise Gaillard, Gérard Genette, Louis Marin, Louis Pinto, Jacques Poulain e Rainer Rochlitz pela leitura atenta que fizeram de alguns capítulos deste livro; e sobretudo Catherine Durand e Christine Noille, por terem me ajudado a traduzi-los em bom francês.

Quando retornei a Filadélfia, Joseph Margolis e Chuck Dyke, meus colegas na Temple University, tiveram a gentileza de ler integralmente meu manuscrito e expuseram-me algumas inestimáveis críticas de última hora, como também o fez Arthur Danto. Outros colegas e amigos leram partes deste livro e, generosamente, ofereceram-me comentários. Lamentando não poder citar todos, mas devo ao menos mencionar Houston Baker, Richard Bernstein, Jim Bohman, Noël Carroll, Reed Dasenbrook, Terry Diffey, George Downing, Edrie Ferdun, Judy Genova, Lydia Goehr, Judith Goldstein, David Hiley, Michael Krausz, Jerry Levinson, Paul Mattick, Brian McHale, Dan O'Hara, Paul Roth e Gianni Vattimo. Não devo esquecer o trabalho de Nadia Kravchenko, que conseguiu compor um manuscrito coerente com os diversos textos enviados de Paris. Muitas pessoas e experiências exteriores ao mundo acadêmico enriqueceram meus conhecimentos da música popular, mas gostaria de agradecer especialmente o crítico de rock Tom Moon, que me forneceu informações particularmente proveitosas e algumas boas gravações. Devo, por fim, demonstrar meu reconhecimento a Stephan Chambers, da Basil Blackwell, por seu interesse neste projeto e por seu contínuo estímulo a meu trabalho.

Algumas proposições deste livro já foram publicadas em versões mais incompletas e imperfeitas, e gostaria ainda de agradecer os diretores e os editores de *The British Journal of Aesthetics*, *The Journal of Aesthetics and Art Criticism*, *New Literary History*, *Theory, Culture & Society*, *The Monist* e *Philosophy and Literature*, assim como a University of Minnesota Press e a SUNY Press, pela permissão de reutilização deste material. Por fim, a Faber and Faber e Harcourt Brace Javonovich pela autorização para citar o poema de T.S. Eliot, "Portrait of a Lady", tirado de seu *Collected Poems, 1900-1962*, assim como Tee Gee Girl Music (BMI), pela permissão para reproduzir a letra de "Talkin' all that jazz", de Stetsasonic.

1. ARTE E TEORIA ENTRE A EXPERIÊNCIA E A PRÁTICA

I

O que é a arte? Há tempos a teoria estética tenta responder a esta questão, mas nenhuma das definições oferecidas até o momento provou ser filosoficamente satisfatória, assim como nenhuma goza de aprovação unânime. A definição pragmatista de arte como experiência, tal qual Dewey a elabora, não constitui uma exceção, e pode ser objeto de inúmeras críticas filosóficas. Que ela seja muito vaga e genérica parece ser uma das mais evidentes. Visto que, para Dewey, a noção de experiência estética cobre inúmeros objetos que não temos o hábito de ver como artísticos (por exemplo, a arrumação de uma sala ou a atividade esportiva), ela não consegue refletir uma esfera precisa do conceito de arte nem de seu conteúdo.

A definição teórica da arte tem apresentado tantas dificuldades que muitos filósofos sugeriram o abandono de tal projeto, como algo totalmente vão. Alguns pragmatistas contemporâneos, respeitosos da prática, chegaram ao ponto de negar o valor ou a possibilidade da teoria em geral. O teórico pragmatista se encontra, portanto, num grande embaraço. Cético em relação às pretensões tradicionais da teoria e seu sucesso, ele reluta em propor uma nova definição de arte que, após ser examinada filosoficamente, será, por fim, relegada ao lixo da história da arte. Mas ao mesmo tempo ele tem consciência de que esta é uma questão muito central para ser desprezada. A teoria da arte afigura-se irrealizável e, ao mesmo tempo, inevitável.

Uma maneira de resolver esse desacordo histórico entre a arte e sua teoria seria a sugestão de que as orientações da definição têm sido mal-concebidas, e que poderiam ser reformuladas para melhor servir à arte. Mas isso não implica que a arte deva ser imune a críticas e a novas propostas. Afinal, sendo o nosso conceito de arte um produto de uma teoria desorientada, é provável que ele também contenha em si certa desorientação, e que necessite, portanto, ser repensado.

Tentarei esclarecer e justificar esses pontos, sustentando o seguinte paradoxo: Dewey estava certo ao definir arte como experiência, mesmo que essa definição seja inadequada e imprecisa para os moldes filosóficos tradicionais. Claro, mais argumentos são necessários para sugerir uma reorientação da teoria e da arte. Se os propósitos da teoria têm sido mal-direcionados, se a arte tem sido mal-concebida, nós precisamos verificar por que e como, levando em consideração a história da definição de arte. Além disso, se a definição experimental de Dewey é, em certo sentido, exata, precisamos ver por que ela seria preferível a uma teoria atual muito influente que define a arte como prática e parece, assim, ser tão eminentemente pragmatista quanto a de Dewey. Comecemos pela história da definição de arte.

II

Definir a arte tem sido um problema constante para a filosofia, mesmo antes do surgimento da estética enquanto disciplina filosófica no fim do século XVIII. Na verdade, a definição de arte teve um papel crucial no nascimento e na formação da filosofia[1]. Tendo surgido na cultura antiga de Atenas, a filosofia se opôs agressivamente à arte, como a fonte superior de sabedoria, como a mais elevada busca, aquela que poderia oferecer não apenas a melhor regra de conduta, mas as mais nobres e intensas alegrias da contemplação. Com Sócrates e Platão, a filosofia nasceu de uma luta pela supremacia intelectual direcionada, por um lado, contra os sofistas e os retóricos e, por outro, contra os artistas (a poesia sendo seu maior inimigo neste campo, uma vez que ela, não possuindo o caráter manual das artes plásticas, melhor capturava a sabedoria sagrada da tradição).

No entanto, assim como empregava as mesmas estratégias argumentativas da retórica, a filosofia também parecia tirar da arte algumas de suas orientações epistemológicas e metafísicas. Ver como ideal do conhecimento a *theoria*, tendo como modelo do saber a contemplação separada da realidade, e não a interação ativa com esta, reflete a atitu-

[1] Ver John Dewey, *Experience and nature*, La Salle I 11, Open Court, 1929, pp. 74-7; e *Art as experience*, *op. cit.* As referências a estas obras serão feitas no decorrer do texto pelas abreviações *EN* e *AE*, respectivamente, seguidas da indicação das páginas. Conferir também Arthur Danto, *The philosophical disenfranchisement of art*, Nova York, Columbia University Press, 1986, pp. 1-21.

de do espectador num drama, de um observador apreciando uma sofisticada obra de arte. Do mesmo modo, a idéia segundo a qual a realidade consiste em *formas* estáveis e determinadas racional e harmoniosamente ordenadas, e cuja contemplação proporciona um prazer sublime, sugere questões presentes em nossa relação com as obras de arte: uma fixação invejosa em suas formas claras e seus contornos distintos, em suas harmonias estáveis e inteligíveis, que as situam acima do fluxo confuso da experiência comum, fazendo-as parecer mais intensas, permanentes e atraentes — em certo sentido, mais *reais* que a realidade empírica ordinária. Como os poetas eram altamente estimados, não apenas enquanto criadores de beleza, mas também como fontes de sabedoria, a filosofia teve de estabelecer sua autonomia e seu privilégio, definindo a arte em termos negativos. Com uma habilidade dialética perspicaz, ela transformou sua imitação metafísica e epistemológica da arte numa definição depreciativa desta enquanto imitação, ou *mimesis*.

Para Platão, a arte enquanto imitação da mera aparência, não passa de um duplo reflexo das verdadeiras formas de realidade; não apenas ela engana, dirigindo-se à parte mais baixa da alma, como também ela jamais poderia competir com a filosofia, em termos de beleza e prazeres. Se a arte oferecia a visão de belos objetos, a filosofia poderia oferecer a contemplação das formas mais perfeitas e transcendentais, origem verdadeira da beleza dos objetos imitativos da arte (assim como de todos os outros). A filosofia determina, então, um projeto de deleite visionário, que culmina na beleza suprema da forma do Belo. Grande sacerdote da verdade, o filósofo torna-se, assim, "mestre do erótico", para retomarmos os termos do *Banquete*.

Não foi com o intuito de promover sua prática que Platão definiu a arte, tampouco para ampliar a compreensão de seus valores, mas antes para desaprová-la, confiná-la e controlá-la, chegando mesmo, como podemos ver na *República*, a censurá-la e expulsá-la. Mas assim fazendo, ele definiu o que é a filosofia da arte, cuja história, bem como os outros ramos da filosofia, pode ser vista como notas ao pé da página em reação aos textos de Platão. Inicialmente concebida por motivações tão negativas e questionáveis, não surpreende que a teoria estética tenha sido mal-direcionada. Além do mais, mesmo quando os filósofos se sentiram livres do plano de condenação de Platão, eles ainda continuaram prisioneiros de suas orientações iniciais. Podemos notar isso já na defesa aristotélica da arte. Buscando salvá-la da acusação platônica, segundo a qual a arte não passa de uma imitação do particular e sensível, Aristóteles afirma que a tragédia imita o universal e, deste modo, apresenta uma verdade superior e "mais filosófica" do que a história. Mas isso só vem reforçar a teoria da imitação e a hegemonia da filosofia. Além disso, Aristóteles retoma a atitude platônica de tratar a arte como um domínio de objetos à parte, essencialmente distintos da vida ordinária e da ação. Enfim, a definição *mimética* de Platão categoriza a arte em dois sentidos: o primeiro, de classificação (de forma a negar sua influente relação com a vida), e o segundo, no sentido do grego original, de "categorização" como acusação. A teoria aristotélica da arte abandona a acusação, mas persiste na classificação.

Quando a *mimesis* finalmente perdeu a sua influência, outras teorias foram propostas, entre as mais divulgadas, as teorias da expressão, da forma, do jogo e do símbolo. Nenhuma delas, no entanto, satisfez a tradicional exigência filosófica de definir a arte como uma categoria especial de objetos e de refletir sua essência singular. Nenhuma chegou a proporcionar uma essência que fosse peculiar e, ao mesmo tempo, comum a todas as obras de arte. Nenhuma chegou a oferecer as condições necessárias e suficientes para justificar o *status* de obra de arte, distinta de um objeto comum. Concentrando-se nas propriedades salientes das obras, essas definições falham por serem ora muito vagas, ora muito restritas. Como a imitação, as características da expressão, do jogo, da forma e do símbolo, não sendo características peculiares à arte, não conseguem, nem individualmente nem coletivamente, expressar todos os seus traços fundamentais. É o caso da teoria restrita de Bell e Fry sobre a forma significativa: não apenas nos remete circularmente a uma emoção estética misteriosa, por sua vez identificada somente através da forma significativa, como parece evidente que ela não engloba as artes cujo conteúdo representativo é fundamental.

Examinando a longa história de tentativas fracassadas de definições essencialistas da arte, Morris Weitz, claramente consciente da recente história de repetitivas revoluções artísticas, propõe em 1955 uma solução radical[2]: abandonar a busca de uma definição da arte. Querer levantar a lista das propriedades necessárias e suficientes à existência da arte é, segundo ele, logicamente irrealizável, pois esta não tem uma essência comum a ser definida. Weitz contrapõe o argumen-

[2] Morris Weitz, "The role of theory in aesthetics", *Journal of Aesthetics and Art Criticism*, 16, 1955, pp. 34-9; ou sua reedição em Coleman (org.), *Contemporary studies in aesthetics*, Nova York, McGrawHill, 1968, pp. 84-94 (citações pp. 90 e 94).

to segundo o qual tal essência é necessária à significação corrente e ao uso inteligível do termo genérico "arte", afirmando, nos moldes de Wittgenstein, que as complexas redes de similaridades e semelhanças familiares pelas quais as obras de arte são relacionadas, fornecem toda concordância necessária ou disponível para empregar ou ensinar de maneira eficaz esse conceito genérico. Baseando-se em obras de arte conhecidas e em suas redes de similaridades, podemos aplicar o termo "arte" também a objetos novos e não familiares. A tese de Weitz defende não somente que a arte não possui uma essência ou um conjunto de propriedades necessárias e suficientes que são e devem ser apresentadas por cada obra propriamente artística, mas também que a própria lógica desse conceito proíbe que ele tenha tal essência. A arte é um conceito intrinsecamente aberto e mutável, um campo que se orgulha de sua originalidade, novidade e inovação. Mesmo se pudéssemos descobrir um conjunto de condições determinantes que englobassem todas as obras de arte, isso não garantiria que a arte futura se conformaria a esses limites. Na verdade, temos todas as razões para supor o contrário. Em suma, "o caráter extremamente expansivo e instável da arte" torna sua definição "logicamente impossível".

Incitados a abandonar o enganoso projeto de definir a arte, os filósofos passaram a dedicar seus esforços ao estudo da lógica do conceito de arte, cuja análise mostrou ser não apenas aberto, mas também complexo e fundamentalmente contestado. Para Weitz, sua complexidade é devida ao fato de ter dois usos distintos: um classificatório, outro apreciativo. Nem tudo o que denominamos "obra de arte" é elevado à altura desse termo. É seu uso apreciativo que torna o conceito tão questionado, sendo as definições conflitantes do passado tentativas disfarçadas para recomendar o que deve ser apreciado na obra de arte. Essas teorias tradicionais, como insiste Weitz, têm sido preciosas enquanto propostas apreciativas de "certos critérios de excelência em arte", ou enquanto recomendações cuidadosas "para servir de maneira específica a certas características da arte". Mas elas são um tanto confusas como teorias filosóficas, cujo trabalho não compreende julgamento ou avaliação, mas sim descrição lógica e elucidação conceitual[3].

[3] Weitz assume que a filosofia deve evitar as questões apreciativas, pois ele pressupõe que: 1. há uma dicotomia entre o fato e o valor; 2. a filosofia concerne apenas a verdades ou fatos. Ambos os pressupostos são altamente questionáveis. Alguns valores são fatos (no domínio social ou experimental, por exemplo); as afir-

Para subjugar os argumentos de Weitz, um novo estilo de definição foi proposto. Se a questão de avaliação torna toda definição irremediavelmente contestável, então a definição deve limitar-se ao sentido classificatório da arte. Se as obras de arte parecem não possuir em comum propriedade específica alguma, talvez a essência da arte não resida nas propriedades que ela apresenta, mas em seu processo de geração. Simples similaridades, alegou-se contra Weitz, não podem explicar a unidade do conceito de arte. Pois similaridades podem ser encontradas entre quaisquer objetos, enquanto a noção alternativa de semelhança familiar já implica uma raíz comum ou uma história compartilhada. Esses argumentos constituem o cerne da teoria institucional da arte proposta por George Dickie, que define uma obra como "um artefato [...] ao qual uma ou várias pessoas, agindo em nome de uma certa instituição social (o meio artístico), conferiram a posição de candidato à apreciação[4].

Devemos levar em conta essa teoria, não somente pelo impacto considerável que exerceu na estética analítica, como também pela clareza com que expõe a ingenuidade e a perversidade da definição reflexiva e classificatória. Embora ela defina a "obra de arte" em termos de condições necessárias e suficientes, a teoria de Dickie é puramente formal, ou metodológica, não resgatando inovação estética alguma nem confrontando critérios de avaliação (tais resgates e confrontos são convenientemente deixados a cargo do meio artístico, como é caso de todas outras questões essenciais). Sua teoria, além disso, tem a vantagem de evidenciar o contexto social no qual a arte é criada e dotada de propriedades que não são diretamente sensíveis. Isso compensa a ausência de uma essência comum explícita, oferecendo à arte um hori-

mações apreciativas podem ser verdadeiras e instrutivas do ponto de vista descritivo, enquanto certas descrições podem exigir julgamentos (em particular, no que concerne aos julgamentos negativos). Quanto à segunda pressuposição, seu ideal filosófico de representar precisamente as coisas em seu estado pode ser encontrado mesmo num pensador emancipado como Wittgenstein, quando afirma: "A filosofia não deve, de maneira alguma, dificultar o uso real da linguagem; ela pode apenas, no final, descrevê-lo. Pois também não pode fundamentá-lo. Ela deixa todas as coisas em seu estado" (Ludwig Wittgenstein, *Philosophical investigations*, Oxford, Blackwell, 1968, § 124).

[4] George Dickie, *Aesthetics*, Indianopolis, Bobbs-Merrill, 1971, p. 101. Dickie reformulou ulteriormente sua teoria institucional em *The art circle*, Nova York, Haven, 1984, mas o essencial de sua abordagem da questão não mudou, e, para minha análise, a versão anterior é mais apropriada.

zonte ilimitado e, ao mesmo tempo, um fundamento fixo e inabalável, quaisquer que sejam os traços apresentados pela obra, ou mesmo que esta não apresente traço nenhum.

Visto que para Dickie a categoria de obra de arte é confiada a um procedimento metodológico puramente formal e não apresenta nenhum conteúdo apreciativo, sua definição de arte evoca a definição da lei dentro de seu positivismo legal, e está sujeita ao mesmo gênero de críticas[5]. O ato institucional de conferir tal categoria não parece necessário nem suficiente. Algumas obras, sem dúvida a maioria, surgem num contexto em que a categoria de arte não tem necessidade de ser explicitamente concedida, mas é automaticamente assumida; tal ato de outorga dificilmente poderia assegurar um *status* artístico se este não fosse aceito pelo meio artístico. Seu enfoque puramente classificatório da arte é igualmente questionável. Pois, colocando à parte o reconhecimento do meio artístico e seu poder de criação, qual elemento esclarecedor ou qual proposta pode ter essa definição? Mesmo Dickie admite que o juízo estritamente classificatório "isto é arte" quase não tem aplicação no discurso estético. O mesmo se coloca em relação à questão que abre tradicionalmente as definições estéticas — se devemos ou não, e como, apreciar um objeto particular como obra de arte; tal julgamento é unicamente submetido ao meio artístico, a seus critérios e decisões apreciativas.

Por fim, ainda que Dickie tenha razão em insistir sobre o fato de que "ser uma obra de arte" não implica ser uma boa obra de arte, engana-se ao assumir que a "obra de arte" pode ser definida independentemente de qualquer valor. Na verdade, na própria definição de Dickie, a noção de candidato a apreciação pressupõe um fundo onde a arte é julgada, assim como o conceito "meio artístico" pressupõe um mundo onde a arte é estimada como prática cultural e realização. De um ponto de vista holístico, arte e valor não podem ser separados; o que significa que definir a arte num sentido puramente classificatório elimina perversamente o que nela há de essencial, ainda que essa qualidade não esteja presente em muitos dos objetos assim classificados.

Se a teoria de Dickie não fornece uma percepção positiva que explique por que a arte é estimada e que enriqueça nossa experiência apreciativa assim como nossa compreensão dela, não é porque ignore tais

[5] Desenvolvo estas analogias mais detalhadamente em meu artigo "Positivism: legal and aesthetic", *Journal of Value Inquiry*, 16, 1982, pp. 319-25.

questões. É antes por causa de seu respeito ao modelo de definição que seciona a arte, cuja intenção principal é mais a de capturar a compreensão corrente da arte do que a de aprofundá-la ou aperfeiçoá-la. Dada a pressuposição de que a arte constitui um domínio à parte, claramente diferenciado dos outros domínios, o exercício de definição consiste, então, em encontrar uma fórmula verbal que possa ser aplicada a todos os objetos chamados obras de arte — e apenas a eles —, de acordo com o que se compreende deste domínio. Para desacreditar esta definição, basta citar os exemplos que sua fórmula verbal levaria ou deixaria de levar em conta e que, por conseguinte, integraria ou excluiria, enganosamente, do domínio da arte. A definição se mostra, assim, ou muito restrita ou muito ampla, de acordo com o caso; seu ideal motivador é o invólucro perfeito. Poderíamos, assim, denominá-la "teoria-embalagem".

Como as melhores embalagens de comida, essas teorias da arte apresentam, contêm e conservam, com transparência, o seu objeto — nossa compreensão da arte. Elas não mudam tal compreensão de maneira significativa; e, salvo exceção, não enriquecem nem transformam nossa experiência ou prática da arte. Se elas provocam nossa admiração, é em conseqüência de sua agilidade filosófica e de sua habilidade imaginativa no jogo de "embalar" e argumentar, ou em função das discussões sensíveis e perceptivas que provocam sobre a arte. A teoria-embalagem de Dickie, e sua vã transparência do meio artístico, exerceu grande atração no meio filosófico em razão de sua grande elasticidade, por poder abraçar qualquer objeto que o mundo institucional da arte solicite. Ironicamente, foi também fortemente rejeitada pela falta de elasticidade da sua imagem de instituição no meio artístico.

Instituições (governamentais, religiosas ou educacionais) implicam uma rede articulada de papéis, estruturas e práticas claramente codificados e rigorosamente administrados. O meio artístico é, evidentemente, mais vago e elástico que isso. Nada é formalmente registrado, batizado ou matriculado no meio artístico (tampouco exilado, excomungado ou dele expulso). Não existem condições específicas a serem cumpridas para agir em seu nome nem regras explícitas que regulem tal ação. Alegar que as regras do meio artístico são informais e implícitas é o mesmo que admitir que a arte não é exatamente uma instituição, mas sim uma tradição cultural ou uma prática social. Esta última concepção, ligada a uma visão do meio artístico mais flexível e historicamente fundamentada, representa o que é, talvez, a mais forte teoria-embalagem dos dias de hoje.

III

Arthur Danto, um dos filósofos analíticos contemporâneos de maior sensibilidade artística e imaginação, define a arte cada vez mais em função de sua história. Embora seja ele o responsável pela "descoberta" do mundo artístico que inspirou a teoria de Dickie, e embora continue a insistir que "sem o mundo artístico não há arte", Danto rejeita a teoria institucional, principalmente por causa de sua falta de profundidade histórica[6]. Ignorando a famosa visão de Wölfflin, segundo a qual nem tudo é possível a todo momento, uma tal teoria deixa tudo, miraculosamente, sob o poder dos agentes do meio artístico, sem levar em conta as causas históricas que estruturam esse meio, informando e limitando a ação de seus agentes. Mesmo que ela possa explicar como as caixas de Brillo de Andy Warhol (a fonte de inspiração assumida da teoria de Danto) possam ser propostas como obras de arte, dificilmente consegue explicar por que este trabalho deve ser aceito como arte, ao passo que o objeto de consumação correspondente, perfeitamente semelhante, deve ser rejeitado; ou ainda por que esse mesmo *status* de arte não lhe seria conferido, caso Warhol tivesse produzido essa obra numa Paris de *fin-de-siècle*, ou numa Florença do *quattrocento*.

A explicação, argumenta Danto, depende da história da arte e de sua teoria. A classificação como obra de arte deve envolver mais do que a aprovação de um agente do mundo artístico. Um guarda de museu pode nos oferecer uma bela flor em nome do curador sem fazer dela uma obra de arte, ainda que esta seja visualmente indistinguível da obra *Living beauty* lá exposta, a qual consiste igualmente numa flor. Para Danto, todo objeto pretenso a ser considerado arte deve ser interpretado como uma obra de arte particular (o trabalho da flor, por exemplo, como um comentário artístico sobre o caráter moribundo da natureza morta e do museu em geral). Como "nada pode ser obra de arte sem que haja uma interpretação que assim o eleja", algumas estruturas e alguns contextos da história da arte e da teoria devem ser estabelecidos para que essa interpretação seja possível[7]. Logo, a caixa de Brillo exige uma interpretação para ser vista enquanto obra de

[6] Ver Arthur Danto, *The transfiguration of the commonplace*, Cambridge, Mass., Harvard University Press, 1981, pp. 5-6, 94 (cit. p. 125).

[7] *Ibid.*, p. 135; a outra citação deste parágrafo é da p. 208.

arte, tanto por Warhol no nível da criação como por seu público no nível da recepção; e o mundo artístico requer "um certo desenvolvimento histórico" que possibilite essa interpretação. Objetos são obras de arte se assim forem interpretados (isto é, constitutivamente interpretados) pelo meio artístico; e visto que esse meio não passa de uma abstração das práticas artísticas, críticas, historiográficas e teóricas, a arte é, essencialmente, uma complexa *prática* ou *tradição* histórica que deve ser definida a partir dessa perspectiva (embora Danto não utilize precisamente esses termos).

A teoria da arte que Danto propõe, muito rica e diversificada, não pode ser compreendida numa exposição tão breve. Mas o que importa notar é que, mesmo que seu conteúdo e sua profundidade histórica a distingam da teoria de Dickie, ela ainda é governada pelo mesmo modelo de definição — a definição-embalagem e sua metáfora do invólucro completo, expressa claramente na preocupação motivadora de Danto de encontrar uma definição de arte que "contenha as caixas de Brillo" de Warhol, mas que exclua seus equivalentes ordinários[8]. De fato, a forte preocupação que Danto apresenta com este ícone particular da "arte em caixa" é uma clara expressão de seu desejo de definir a arte de maneira isolada e específica. Compartilhando da "eterna aspiração filosófica de estabelecer uma definição que não seja ameaçada por transformações históricas", Danto engenhosamente encontra essa definição na própria história, apresentando a história recente da arte como um desenvolvimento na direção da "compreensão de sua própria essência histórica"[9].

Danto chega à irônica conclusão de que, levando-nos à compreensão de sua essência histórica, a arte cumpriu sua função histórica, concluindo, em certo sentido, sua história (mesmo que ainda sobreviva através das tentativas aturdidas de sua pós-história pós-moderna). Mas isso não vem refutar a definição de arte como prática cultural historicamente situada; pois o que supostamente se concluiu foi apenas a sua história no sentido de uma progressão linear em direção de um objetivo preciso, não no sentido de uma tradição cultural que se

[8] *Ibid.*, vii. Mesmo que a definição de arte de Danto em termos de interpretação artística seja complementada por especificações em termos de representação, expressão, metáfora, retórica e estilo, a aplicação de todas estas noções retorna sempre à categoria central do meio artístico que se define através da história.

[9] Danto, *The philosophical disenfranchisement of art*, pp. 209 e 204.

desenvolve a partir de realizações passadas, evoluindo em relação a elas, continuando, elaborando e rejeitando-as. A história, assim, apresenta-se como o *container* absoluto para a definição de arte, visto que todos aqueles objetos considerados como obras de arte pelos historiadores estarão necessariamente contidos nesta definição histórica.

Danto não é o único a tratar a arte como uma complexa tradição sociocultural essencialmente definida pela sua história. Richard Wollheim diz basicamente a mesma coisa ao afirmar que "a arte é, no mesmo sentido de Wittgenstein, uma forma de vida", dotada de procedimentos e instituições autônomas, e que "a arte é fundamentalmente histórica"[10]. Adorno, numa perspectiva marxista muito diferente, concorda que a arte não pode ser definida por um "princípio invariável", visto que "ela é uma constelação inconstante de momentos", cujo conteúdo e unidade constitutiva são melhor definidos no ato de "olhar para trás" e percorrer seu "desenvolvimento concreto" como prática distinta socialmente envolvida e, ao mesmo tempo, resistentemente autônoma[11].

Mais recentemente, um certo número de filósofos preferiram exprimir a mesma visão histórica definindo a arte como uma *prática* sociocultural[12]. Por prática entende-se aqui um conjunto de atividades interconectadas que exigem a aquisição de certas habilidades e certo conhecimento, visando à realização de objetivos internos à prática (por exemplo, a captura da semelhança na arte clássica do retrato), se bem que objetivos externos também possam ser indiretamente aspirados

[10] Richard Wollheim, *Art and its objects*, Harmondsworth, Penguin, 1975, pp. 120-1, 142 e 167. Um outro filósofo analítico, Jerrold Levinson, também define a arte historicamente. Ver seu artigo "Defining art historically", *British Journal of Aesthetics*, 19, 1979, pp. 232-5.

[11] Ver Adorno, *Aesthetic theory*, Londres, Routledge & Kegan Paul, 1984, pp. 3-4, 371, 418-9. [Ver Adorno, *Teoria estética*, Lisboa, Edições 70, 1970.]

[12] Ver Noël Carroll, "Art, practice and narrative", *Monist*, 71, 1988, pp. 140-56; e Nicholas Wolterstorff, "Philosophy of art after analysis and romanticism", em Richard Shusterman (org.), *Analytic aesthetics*, Oxford, Blackwell, 1989, pp. 32-58. Carroll define arte como prática "cultural", enquanto Wolterstorff a entende como prática "social". Ambos adjetivos são, talvez, redundantes, pois na medida em que todas práticas são submissas a normas, elas devem ser sociais (por analogia ao argumento de linguagem privada de Wittgenstein); e práticas sociais são sempre, de alguma maneira, práticas de uma cultura, mesmo as assim chamadas práticas anti-sociais e anticulturais. Carroll e Wolterstoff baseiam ambos suas teorias na importante análise de Alisdair MacIntyre, *After virtue*, Londres, Duckworth, 1981.

(como o lucro ou a fama). As práticas são direcionadas por razões internas e critérios de perfeição que, mais explicitamente formulados, são incorporados na história da prática através de suas obras-primas e realizações tradicionais. Dado que essas razões, esses critérios e objetivos internos não são rigidamente definidos, uma prática implica um debate aberto sobre sua interpretação e sua validade. Isso pode resultar em realizações concorrentes e na ampliação ou revisão das normas e dos objetivos internos à prática. Mas apesar de tamanha variedade, e ainda que não compartilhem uma essência comum, elas apresentam, entretanto, uma unidade distinta, uma prática dada através de uma história comum.

Propõe-se que a arte é melhor definida sob o aspecto desse conjunto de práticas, composto de diferentes tipos de arte e seus diferentes gêneros, que são também, por sua vez, práticas de uma complexidade variável. A função tradicional de distinguir as obras de arte de outros objetos não depende mais da determinação da essência da arte, mas é deixada para a competência das razões e dos critérios internos de sua prática em geral, bem como das práticas diversas que a constituem (a prática da música identificando suas obras e a da poesia as suas próprias). Além disso, como Wolterstorff e Carroll observam, a definição da arte como prática estende-se para além da obras artísticas. A noção de prática ressalta as ações humanas, assim como reconhece os produtos de suas realizações. Portanto, definir a arte como um conjunto de práticas não compreende apenas os objetos artísticos, mas também seus agentes, os que sustentam a prática: os produtores e os receptores das obras de arte.

Como prática complexa de outras práticas que se desenvolvem e transformam ao longo da história, a arte deve ser definida, não em termos de uma essência fixa, mas em termos de uma narração histórica coerente que explique e sustente sua unidade e integridade. A forma precisa desta narração deve ser sujeita a revisões, não apenas para autorizar as obras futuras, mas porque o trabalho de narração constitui em si uma prática aberta e controversa, a saber a prática da crítica da arte. Mas a impossibilidade de pôr termo a essa narração e, por conseguinte, de concluir a definição não é vista como uma falha. Pois esta abertura da definição narrativa é necessária para capturar a abertura da arte. Além disso, se Carroll tem razão, nós podemos sempre dar, ao menos em princípio, uma narração completa até o presente, que definirá "a prática da arte como nós a conhecemos", esperando as transformações futuras e as narrações ulteriores que a levarão em conta para futuros presentes[13].

Há muita exatidão nesta visão da arte como prática. De fato, dentro dos intuitos tradicionais da teoria, a definição da arte enquanto prática sociocultural historicamente determinada é provavelmente a melhor que podemos ter. O alcance, a flexibilidade e a natureza histórico-artística faz com que ela pareça o ponto culminante da tentativa filosófica de teorizar a arte, detendo seu conteúdo e diferenciando-o de outras coisas. Representando fielmente a maneira pela qual os objetos e as atividades do meio artístico são identificados, relacionados e coletivamente diferenciados, ela cumpre habilmente seus dois objetivos: refletir com precisão e classificar em seções distintas. Contudo, assim fazendo, ela revela o quão fúteis e criticáveis podem ser tais intentos teóricos.

Primeiro, mesmo afirmando com Carroll que a definição de uma narrativa plena e unificada é, em princípio, possível — uma afirmação questionável, visto que a natureza essencialmente controversa da arte e de sua história pode provocar narrativas contraditórias e imensuráveis —, tal definição, como Carroll mesmo admite, não é realizável nem mesmo desejável na prática. Pois a enorme massa de obras e detalhes insignificantes ou pouco inovadores tornaria uma narração plena impraticável e tediosa. De fato, a insistência sobre os detalhes repetitivos poderia obscurecer a estrutura narrativa pela qual a arte é definida e unificada.

Mas, mesmo ignorando essas dificuldades e assumindo que podemos arranjar uma narrativa que nos ofereça, precisamente, o necessário a uma representação integral e fiel de nosso conceito de arte, qual é o valor de tal definição? O que isso nos traz? Ao definir a arte como prática determinada por uma narrativa histórico-artística, todas as decisões substanciais em relação ao que faz o valor da arte (ou na arte) são entregues às decisões internas da prática, tais como são vistas pela história da arte. Filosofia da arte converte-se simplesmente em história da arte, e a questão urgente e capital de saber o que é a arte é reduzida a uma descrição retroativa do que a arte tem sido até o presente. A teoria da arte alcança seu objetivo quando representa fielmente "a prática da arte tal como a conhecemos". Mas se ela apenas reflete a maneira pela qual já é compreendida, a filosofia da arte se condena a reproduzir a mesma definição redutiva em nome da qual havia con-

[13] Carroll, *op. cit.*, p. 152.

denado a arte. Ela é apenas uma imitação da imitação: a representação da maneira pela qual a história da arte representa a arte. Que propósito pode ter tal representação senão satisfazer o velho hábito filosófico de considerar a teoria como reflexão especulante do real? Esse hábito epistemológico profundamente arraigado me parece hoje sem fundamento, já que ultrapassou a metafísica transcendental que lhe dava sentido.

O ideal teórico de reflexão tinha um sentido quando a realidade era concebida em termos de essências necessárias, ou fixas, situadas além do entendimento empírico comum: bastava alcançar uma representação adequada do real para que ela fosse definitivamente válida e efetiva como um critério de avaliação do entendimento comum. No entanto, uma vez que nossas realidades são as contingências empíricas e variáveis da história da arte, o modelo reflexivo não faz mais sentido. Pois aqui a teoria representativa não transpõe os limites dos fenômenos variáveis e não pode mais fundamentar suas transformações. Ela deve, ao contrário, sujeitar-se a um percurso desesperado, direcionando seu espelho às mudanças históricas da arte.

Mas a história inconstante da arte necessita não apenas ser representada; ela deve também ser feita. E pode ser feita não só por obras de artistas e narrativas de historiadores, mas também por intervenções de teóricos, cujas visões têm sido tradicionalmente centrais no contexto crítico e criativo em que artistas, críticos e historiadores da arte operam. Consideremos, por exemplo, o quanto a *Poética* de Aristóteles dominou durante séculos críticos e dramartugos, ou o quanto as idéias kantianas de imaginação e juízo estético ajudaram a formar a poesia romântica e a justificar o formalismo moderno. Na crise pós-moderna de hoje, em que a arte parece ter se perdido a tal ponto que não apenas seu fim, mas sua morte é visada, uma necessidade (ou uma oportunidade) se apresenta para a intervenção teórica: reorientá-la, revê-la, reconsiderá-la, ao invés de refletir passivamente a sua imagem.

A estética pragmatista assume o papel ativista de repensar e refomar a arte; e Dewey, de maneira original, tentou fazer isso, definindo a arte como experiência. Mas esse ativismo teórico significa abandonar a busca desinteressada da verdade, ambição tradicional da filosofia? A esta questão duas respostas podem ser adiantadas.

Em primeiro lugar, como Dewey observa, as realizações importantes da filosofia não foram realmente dominadas por esse objetivo. Suas teorias e seus problemas eram antes uma resposta intelectual às condições socioculturais e às interrogações de cada época[14]. Decerto a teoria de Platão não pode ser vista como uma representação desinteressada da natureza da arte. Trata-se, manifestamente, de uma resposta politicamente motivada ao problema urgente de saber qual diretiva intelectual (a antiga sabedoria da arte ou a nova racionalidade filosófica) deveria guiar a sociedade ateniense, numa época de dificuldades e transformações em que as tradições, a estabilidade e o poder sofriam sérios abalos, não apenas por discordâncias e revoluções internas, mas também pela humilhação de uma derrota militar. Ainda que as intenções de Platão de desacreditar a arte, limitando sua influência, fossem completamente opostas às de Dewey, o papel ativo e engajado da filosofia era o mesmo.

Em segundo lugar, a idéia de que o ganho de uma atitude interventiva não contrabalança a perda sofrida pela filosofia em relação a seu ideal de reflexão neutra, de que a filosofia precisa manter-se pura, mesmo ao preço de tolerar a corrupção em outra parte, é em si puro preconceito. Essa imparcialidade rígida reflete o interesse de um conservadorismo restrito da classe dos filósofos, conservadorismo bem feliz em reforçar o *status quo*, integrando-o em suas definições filosóficas, ou simplesmente muito tímido ou tênue para se arriscar a sujar as mãos na luta tumultuada das transformações artísticas e culturais. Mais perigoso, o fetichismo da neutralidade desinteressada oculta o fato de o objetivo último da filosofia ser o de favorecer a vida humana, mais do que buscar a verdade pura por ela mesma. Sendo a arte um recurso precioso para o desenvolvimento humano, a filosofia trai sua função ao simplesmente contemplar, com neutralidade, a evolução de sua história, sem se empenhar na melhora de seu futuro.

IV

Podemos entender melhor a redefinição da arte como experiência proposta por Dewey, se prosseguirmos em nossa consideração crítica da definição de arte enquanto prática. Concebida nos moldes da

[14] John Dewey, "Philosophy and civilisation", em *Philosophy and civilisation*, Nova York, Capricorn, 1963, pp. 3-12. Para Dewey, uma fonte maior para tais interrogações é dada pelas "tendências científicas e aspirações políticas novas e incompatíveis com as autoridades presentes (pp. 3-4).

teoria-embalagem, essa definição tem um duplo objetivo: uma cobertura representativa da arte e sua diferenciação classificatória. Nossa crítica tem se concentrado, até então, no objetivo formal, em sua futilidade prática e no silêncio de seu mergulho reflexivo dentro da história da arte. Mas existem também problemas de divisão restritiva quando a arte é igualada à prática definida pela história e honrada por este nome; e tais problemas parecem ser transpostos mais facilmente através da insistência de Dewey na noção de arte como experiência.

1. O primeiro problema concerne à seguinte questão: o quê e quem deve determinar o valor da arte? Na definição compartimentada de arte como prática histórica distinta, toda a questão do valor é desviada para o interior desta prática, fragmentando-se em questões restritas sobre os objetivos particulares e internos de suas subdivisões, cujo valor é determinado por critérios e procedimentos específicos à prática. Essa completa interiorização do valor não explica a origem do valor da prática como um todo, tampouco nos justifica o benefício de seus critérios e objetivos internos. Dizer que eles são bons porque a prática assim os define parece-nos um argumento circular. Além disso, confinar toda questão de valor ao julgamento interior da prática do meio artístico priva essa prática de uma crítica através de uma perspectiva normativa mais ampla, que poderia guiar sua reconstrução caso ela se perdesse e se tornasse estranha à vida e às alegrias da maioria das pessoas[15]. Esse é o perigo da autonomia da arte, quando identificada como uma prática historicamente definida, perigo que parece extremamente real, uma vez que a prática tem sido formada sob condições históricas, sociais e políticas tão lamentáveis.

Mas ainda mais inaceitável é a idéia contrária de que o valor da arte deve ser justificado por algo que lhe seja radicalmente exterior. Apreciar a arte como "mero" instrumento a serviço de algum outro fim, seja o conhecimento, a moralidade, o equilíbrio psicológico ou a grandeza cultural, equivale a reproduzir a mesma lógica castradora que a desfavoreceu, submetendo-a a outras práticas culturais como a filosofia. Tal visão instrumental não é muito convincente. Afinal, deve ha-

[15] Poder-se-ia dizer que o passado histórico da prática pode servir como uma crítica "externa" à sua desorientação presente. Mas visto que a forma e a pertinência da história são fortemente determinadas pela prática presente e suas inclinações narrativas, a força dessa crítica "externa" é questionável.

ver algo de autônomo no que se refere ao valor da arte, algo concernente a seus próprios objetivos, para que possamos segui-los como fins em si, não como meios para outros objetivos de outras práticas. Esse algo é, certamente, a experiência estética, pois a satisfação imediata e intensa dessa experiência faz dela, incontestavelmente, um fim em si. Esse valor, diretamente impresso em nossos sentidos e em nossa imaginação com uma força muitas vezes irresistível, fornece à arte uma justificação irrefutável (apesar de inexprimível)[16]. Embora os fins intrínsecos à arte sejam, às vezes, identificados com seus produtos materiais (objetos pintados ou esculpidos, eventos acústicos, e tudo que nós chamamos obras de arte), esses produtos não têm seu valor artístico dissociado de seu valor de uso (efetivo ou potencial) na experiência estética[17]. Sem os sujeitos da experiência, tornar-se-iam inexprimíveis, destituídos de qualquer significado; e considerá-los como independentemente válidos pode favorecer distorções como a reificação, a "coisificação" e o fetichismo que importunam a cena artística de hoje.

Se a experiência estética constitui então um fim intrínseco e um valor, talvez existam boas razões para assim definir a arte, mesmo que muitas obras de arte não consigam provocar essa experiência. Tal definição (de essência mais apreciativa do que lógica) não pretende cobrir toda a arte em termos históricos, mas sim evidenciar o que mais con-

[16] O poder da experiência estética pode ser forte a ponto de abalar as visões concorrentes; é assim que Habermas, por exemplo, contesta a crítica da razão tal como é conduzida por Nietzsche e pelos pós-modernos, por ter fundado sua base normativa alternativa na fascinante atração da experiência estética. Ver Jürgen Habermas, *Der philosophische Diskurs der Moderne*, Frankfurt am Main, Suhrkamp, 1985, pp. 104-14.

[17] Na verdade, mesmo sua condição artística é derivada de seu funcionamento numa tal experiência. Dewey não é o único a sugerir essa idéia. Nelson Goodman vai no mesmo sentido ao afirmar que, numa definição de arte, "a verdadeira questão não é 'quais objetos constituem obras de arte permanentes?', mas 'quando um objeto é uma obra de arte?'", e ao responder a esta última questão em termos do seu funcionamento dentro da experiência estética, em que o "funcionamento estético [...] fornece a base à noção de obra de arte". Ver Nelson Goodman, *Ways of worldmaking*, Indianopolis, Hackett, 1978, pp. 66-7, e *Of mind and other matters*, Cambridge, Mass., Harvard Unversity Press, 1984, p. 145. Goodman caracteriza experiência estética e funcionamento em termos da predominância de certos traços de simbolização: densidade semântica e sintática, relativa saturação, exemplificação e referência múltipla ou complexa (*ibid.*, pp. 339-40); ele precisa seu valor em termos inteiramente cognitivos, que Dewey acharia demasiado restritos.

ta na arte, aumentando a sua apreciação, mesmo que isso signifique reconhecê-la fora de seu domínio. A experiência estética não está confinada nos limites restritos da prática artística historicamente definida e não é sujeita, portanto, ao controle exclusivo daqueles que dominam essa prática e determinam seus objetivos internos. Ela pode, então, servir como uma pedra de toque relativamente independente, ainda que não inteiramente externa, para criticar e melhorar a prática artística, especialmente quando a intenção é reorientá-la no sentido de permitir uma experiência estética mais rica e freqüente para um maior número de pessoas.

É evidente que a experiência estética não se limita ao domínio da prática artística historicamente estabelecida. Ela existe, em primeiro lugar, na apreciação da natureza, inclusive nesta parte da natureza que é o corpo humano. Mas nós também a encontramos em rituais e no esporte, nas paradas, nos fogos de artifícios, na mídia da cultura popular, na ornamentação doméstica e corporal, de tatuagens primitivas e pinturas rupestres a cosméticos contemporâneos e decoração de interiores e, com certeza, nas inumeráveis cenas cheias de cor que povoam nossas cidades e embelezam nossa vida cotidiana.

Dois argumentos são, por vezes, apresentados contra a independência da experiência estética. O primeiro alega que toda experiência consumada e significativa requer uma prática anterior; que nenhuma experiência estética é possível separadamente da prática artística. Embora possa parecer espontânea no seu imediatismo, a experiência estética (como Dewey mesmo afirma) sempre depende de um fundo de percepções prévias, orientações preexistentes e significações de base que motivam as práticas anteriores. Mas tudo o que decorre deste ponto é que *alguma* prática anterior é requerida, não necessariamente a prática artística historicamente definida e classificada.

O segundo argumento se baseia no fato de que o termo "estética", apesar de sua raiz grega, foi "inventado" somente no século XVIII, como parte do mesmo processo de diferenciação das esferas culturais (a ciência, a práxis e a arte) que também deu origem ao nosso conceito moderno de arte enquanto prática restrita às belas-artes. Se o conceito de "estética" não existia antes da arte se estabelecer na modernidade como uma prática distinta, então a experiência estética não poderia jamais ter existido sem ele, do qual continua dependente. Assim, mesmo quando concentrada na natureza, a experiência estética deriva sua qualidade e atitude particular de hábitos apreciativos aprendidos na prática artística moderna e, portanto, continua essencialmente limitada por ela[18].

Este argumento é extremamente problemático. Em primeiro lugar, mesmo que admitamos que a emergência da experiência estética seja historicamente dependente da evolução moderna do conceito e da prática da arte, isso não implica que ela continue inteiramente circunscrita hoje por esta prática. Tal conclusão representaria uma ocorrência um tanto grosseira de ilusão genética, especialmente quando consideramos o quanto a prática artística e a noção da arte evoluíram de maneiras distintas e mesmo opostas desde o fim do século XVIII. Em segundo lugar, alegar a impossibilidade da experiência estética antes do aparecimento do termo "estética" parece-nos ser um argumento lingüístico simplista. Pela mesma lógica, teríamos de alegar (como o faz Collingwood) que aquilo que chamamos de artes gregas não era realmente arte, dado que era descrito pelos termos *techné* e *poiésis* — a concepção e a prática modernas da arte não tendo ainda sido formadas (nem sequer suas raízes latinas). Mas isso é o mesmo que dizer que ninguém sofreu de apendicite antes que a doença tivesse sido diagnosticada e nomeada. Experiências do belo e do sublime precedem, sem dúvida alguma, o nascimento da estética no século XVIII, e não poderiam ser excluídas de seu domínio. Na verdade, o termo "estética" foi introduzido para explicar e estruturar essas experiências, muito variadas em qualidade para serem subsumidas aos termos "belo" e "sublime", muito ricas em significados para serem descritas como mero gosto e, obviamente, muito extensas para serem circunscritas pela prática artística[19].

[18] Habermas adota esse argumento quando insiste na "origem moderna da experiência estética" (*Der philosophische Diskurs der Moderne,* p. 249) e sustenta que as críticas radicais da razão modernista, que recorrem à experiência estética como uma *outra* alternativa, comportam uma profunda contradição, visto que a experiência estética depende, para sua existência, da arte como produto do desenvolvimento e da diferenciação das esferas culturais peculiares à razão moderna (*op. cit.*, pp. 339-40). De maneira similar, porém menos explícita, Richard Wollheim (*Art and its objects*, pp. 212-5) afirma que nossa atitude e nossos sentimentos estéticos referentes à natureza derivam daqueles que temos pela arte, tanto que não podemos considerar adequadamente tais sentimentos "fora das instituições da arte ou anteriores a elas" (*op. cit.*, p. 115). Mas ele evita prudentemente a questão de saber se essas instituições existiam nas sociedades pré-modernas.

[19] Kant, por exemplo, insiste que a experiência estética existe de maneira mais pura em relação à natureza, cuja apreciação pode ser totalmente livre de

É claro que os teóricos fundadores da estética não deram simplesmente um nome novo a experiências familiares que existiam de maneira invariável desde a aurora da humanidade. A experiência estética não constitui uma classe ontológica nem uma espécie natural que possui uma essência permanente. Ao qualificar de "estéticas" as experiências do belo e do sublime e o juízo de gosto, e ao definir o sentido dessa qualificação, os teóricos tentaram também desenvolver e reformar essas experiências em determinadas direções. Não é de se surpreender que a maioria dos filósofos aplicaram-se em orientar a experiência estética no sentido de uma maior racionalização e uma maior espiritualização. E uma das formas para efetuar isso foi afastá-la da materialidade robusta da beleza natural, confiando seu futuro à prática das belas-artes, cuja criação racional e intencional de objetos não pode ser questionada, e cujo potencial espiritual tem sido confirmado por séculos de arte religiosa. Esse passo em direção a uma estética incorporal e à desnaturalização fica bem claro com Hegel, que não apenas privilegia a beleza artística sobre a natural, mas também classifica as artes de acordo com sua liberdade em relação à matéria, a poesia sendo a superior por ser a mais ideal; a mesma iniciativa motiva a visão de que a experiência estética é circunscrita à prática da arte e dependente de sua definição histórica.

2. Confiar a experiência estética à prática artística não é apenas restritivo, é progressivamente limitante, uma vez que essa prática parece, quase paradoxalmente, crescer ao tornar-se mais restrita e especializada. As tendências constritivas e exclusivistas implícitas na arte como prática histórica representam outro perigo dessa definição. Se a noção da arte antes incluía uma enorme variedade em termos de habilidade, competência, formação, profissão e tecnologia, hoje ela é reservada à prática das belas-artes, do modo como foi constituída pela modernidade. Essa concepção restrita da arte pode, talvez, ser defendida simplesmente como um esclarecimento do conceito. Mas, como afirmaria Dewey, a classificação redutora da arte às belas-artes reflete, tanto quanto reforça, uma divisão viciosa da sociedade moderna entre traba-

conceitos, ao passo que a experiência de objetos de arte nos remete necessariamente ao conceito de arte. Ver Kant, Immanuel, *Critique de la faculté de juger*, Ferdinand Alquié (org.), Paris, Gallimard, Folio, 1985, Prefácio, VIII, §§ 2, 42, 48 e 51 (início). [Ver Kant, Immanuel, *Crítica da faculdade do juízo*, Rio de Janeiro, Forense Universitária, 1993.]

lho prático (tido como intrinsecamente desagradável) e experiência estética (tida como fonte de alegria, embora sem função), divisão que se manifesta com freqüência no antagonismo entre produção industrial, desagradavelmente inestética, e belas-artes, perfeitamente inúteis[20].

A divisão nítida que se estabeleceu entre belas-artes e profissões produtivas repousa sobre uma oposição fundamental entre a prática e a estética que necessita ser questionada. Não há dúvida de que os trabalhos práticos possam ser executados e apreciados esteticamente (basta pensar em *hobbies* como a marcenaria, a cerâmica, a pesca), assim como os esforços estéticos podem servir a fins práticos (o amor romântico, os cultos religiosos, as cerimônias sociais, e assim por diante). A suposta oposição entre prática e estética, se não é simplesmente um preconceito residual das diferenças de classe (entre uma classe trabalhadora, muito submersa num trabalho penoso para saborear as coisas esteticamente, e uma classe ociosa, distante da vida prática e dedicada aos prazeres nobres), baseia-se então no fato de interpretarmos erroneamente a distinção funcional entre os meios e os fins como uma divisão fundamental ou uma oposição natural. Confundindo os meios com meras condições causais de um fim, supõe-se, falsamente, que aquilo que serve como meio não pode ser livremente escolhido e apreciado como um fim; quando, ao contrário, seria necessário reconhecer que os meios podem perfeitamente ser saboreados enquanto um aspecto que contribui ao fim a que servem[21]. Os meios utilizados na pintura (suas cores, linhas e formas representativas) não constituem simplesmente causas externas necessárias à realização da experiência estética como fim, são elementos integrantes dela. A conduta suave e a velocidade impetuosa de um carro esportivo são, ao mesmo tempo, instrumento e fonte de satisfação imediata na experiência de dirigir. Se essa integração satisfatória dos meios e dos fins é, como pensa Dewey, ca-

[20] Reencontramos essa oposição na distinção que Kant estabelece entre arte, propriamente dita, e arte "liberal", "artesanato" ou "arte mercantil". Esta última é "um trabalho, isto é [...] uma atividade em si desagradável (penoso), atraente apenas pelos seus efeitos (por exemplo, o salário), que pode, muitas vezes, ser imposta de maneira constrangedora" (*CJ*, § 43. 3).

[21] Sobre a crítica de Dewey que concerne à separação tradicional dos meios e dos fins, e também à confusão dos meios com as causas puramente externas, ver *AE*, pp. 201-4. Ver também *EN*, pp. 296-300, onde Dewey expõe o erro da dicotomia meios/fins e a falsa percepção dos meios como condições materiais coercitivas dentro das condições de produção e do sistema de classes na antiga Atenas.

racterística da experiência estética, e se tal experiência pode ser encontrada tanto no útil como nas belas-artes, então não existe nenhuma justificativa para a distinção nítida entre ambos, nem tampouco razão para menosprezar as normas estéticas nas artes industriais e comerciais. Pode-se considerar uma vitória do poder da experiência estética sobre as tendências classificatórias da teoria e das belas-artes, o fato de que o desenho industrial e os produtos comerciais estejam desenvolvendo uma consciência mais estética e tornando-se mais gratificantes.

A restrição empobrecedora da arte não se limita a sua redução à prática das belas-artes, estabelecida pela modernidade. Afinal, nosso conceito de belas-artes é em si comprometido com uma especialização cada vez mais rígida, especialmente quando ela é definida através de sua história. Definir historicamente as belas-artes significa fazer história da arte através das belas-artes, que, por sua vez, significa que a arte e sua experiência estética autêntica tornam-se essencialmente confinadas à tradição das belas-artes e de sua vanguarda elitista e "marcadora de época". Governado pelo que Danto chama de "imperativos históricos", onde o sucesso artístico "consiste em produzir uma inovação aprovada", o progresso artístico, ao menos neste século, tem tornado cada vez mais difícil a apreciação da arte para a maioria das pessoas[22].

Filósofos diferentes como Adorno e Ortega y Gasset afirmam categoricamente que a arte moderna tem de ser "essencialmente impopular" e até mesmo "antipopular", pelo fato de ela se identificar basicamente com a vanguarda do progresso artístico. Mesmo para ser tradicional, a arte deve renovar-se constantemente, uma vez que tal

[22] Danto, *The philosophical disenfranchisement of art*, pp. 108-9. Danto pensa que a arte completou finalmente sua missão histórica, à maneira hegeliana, transformando-se em filosofia da arte. No entanto, visto que a arte e o mundo artístico são, para Danto, essencialmente definidos pela história, o fim de sua história representa o fim da arte. O prognóstico de Danto de que "as instituições do mundo artístico, [...] que são fundadas na história e registram, por conseguinte, o que é novo, vão pouco a pouco perder o viço" é acertadamente equilibrado pelo reconhecimento do "enorme privilégio de ter vivido na história" do mundo artístico (p. 115); uma confissão que fala, por meio de um silêncio eloqüente, sobre todos aqueles que, desprivilegiados, foram excluídos de seu reino e, portanto, de toda experiência artística legitimada. Entretanto, esperando que o fim da sua história "vá devolver a arte aos fins humanos" e "às necessidades permanentes do homem" (xv, p. 115), Danto converge de maneira interessante com a estética pragmatista.

novidade é embutida na tradição; portanto ela "deve estar em concordância com o nível socialmente mais avançado das forças produtivas [e] da consciência"[23]. O resultado é que essa nova arte é acessível apenas a "uma minoria especialmente privilegiada", "uma aristocracia distinta de gostos sofisticados"; sua experiência é, com razão, tão acessível ao "não-especialista" quanto o são "os mais recentes desenvolvimentos da física nuclear". Mesmo que Adorno (em oposição a Ortega) ainda queira ver na arte, finalmente, uma força para a solidariedade e a liberação humana, ele afirma que ela "só pode realizar a sua universalidade humana ao agir dentro do quadro da especialização" da tradição da arte erudita e em seu constante avanço. "Todo o resto", argumenta, "é falsa consciência", porque vai contra o progresso histórico que define a arte. Tudo o que agrada à experiência mais popular e ao entendimento menos erudito é, portanto, relegado a um domínio artístico inferior e qualificado pejorativamente de *kitsch*, divertimento ou "indústria" de cultura popular. Sua apreciação e o *status* de seus admiradores são declarados culturalmente ilegítimos, de tal forma que, no lugar de unificar a sociedade humana com o seu poder comunicativo, a arte vem dividi-la entre os amadores da verdadeira arte e a massa cega que se embriaga com seus falsos substitutos.

Não há nada de particularmente errado com a especialização, a erudição e o vanguardismo da arte; arrasar o nobre edifício da arte erudita para satisfazer a uma pressão populista em favor da nivelação seria um verdadeiro empobrecimento. O problema é a pretensão exclusivista de que a tradição comporta todo o domínio da arte legítima e da estética. Parece-me difícil fugir a essa pretensão quando a arte é definida em termos de história da arte que, na prática, é a história das belas-artes através de suas progressivas transformações renovadoras (mesmo que muitas dessas transformações tenham, sem dúvida, sido alimentadas pela energia e pelos conteúdos de uma cultura mais popular). Mas se consideramos a experiência estética como sendo mais crucial na arte do que suas credenciais históricas, nós temos uma base

[23] Adorno, *Aesthetic theory*, p. 59. Através deste trabalho, Adorno insiste na "autoridade do novo" na arte moderna como uma "fatalidade histórica"; ele a relaciona (como o faz Dewey) à demanda capitalista do novo para o estímulo da consumação (pp. 30-1). As outras citações deste parágrafo são da p. 334, assim como de Ortega y Gasset, *The dehumanization of art*, Princeton, Princeton University Press, 1968, pp. 5-6.

sólida para combater toda tendência à exclusão e à redução presentes na história institucional da arte, a qual, se Danto tem razão, seguiu um caminho evolutivo de purificação até o ponto de sua dissolução. Podemos, assim, resgatar como arte legítima, para uma experiência estética legítima, as formas que a história oficial da arte e suas instituições elitistas privaram durante muito tempo de respeitabilidade; e podemos fazê-lo sem ter de legitimá-las em termos da estética erudita dominante, mas simplesmente em nome da forte experiência estética que ela nos oferece.

3. Dois últimos problemas existentes na comparação da arte com sua prática histórica envolvem coações teoricamente impostas a essa prática bem antes da associação da arte moderna com a arte erudita e sua vanguarda. O primeiro é a visão da arte como algo completamente distante da realidade ou da vida. O segundo é a definição de que a produção artística é uma prática de criação externa, cujos fins são concebidos como objetos independentes, dissociados dos efeitos que possam ter nos seus criadores. Se a teoria da *mimesis* de Platão inaugurou a primeira definição, a classificação aristotélica da arte como *poiésis* (fazer, fabricar) em contraste com *praxis* (ação ou prática), ela estabeleceu, efetivamente, a segunda. Ambos os passos teóricos serviram, claramente, para sujeitar a arte a outro domínios, tais como a filosofia, a ética, a política, vistos como domínios que se implicam em realidade e ação, e não simplesmente em sua imitação através de objetos fabricados artificialmente. Ambas as manobras limitaram o papel da arte e sua apreciação, mas algumas das dificuldades que criaram podem, talvez, ser melhor contornadas se acentuarmos a idéia da arte como experiência.

(a) A divisão que Platão estabeleceu astuciosamente entre arte e realidade tornou-se um dogma inquestionável que tem sido tratado e reforçado por inúmeras obras de arte. Mas, obviamente, a idéia dessa divisão é simplesmente falsa. A arte é inegavelmente real; ela existe concreta e vividamente em nosso mundo e em nossas vidas, e constitui, para muitos de nós, parte insubstituível e apreciada do que chamamos de viver bem. É evidente que podemos sempre distinguir um objeto real da sua representação artística, mas isso não implica que a representação seja irreal ou intrinsecamente enganosa.

Separar a arte da realidade não apenas serviu para rotulá-la como algo sem valor cognitivo, mas também para isolá-la da vida prática e da ação socio-política enquanto objeto meramente fictício. Assim, apesar da arte ter sido altamente estimada pela estética moderna, seu papel e apreciação continuam distanciados das esferas do conhecimento, da prática e da ética; a arte foi deixada de quarentena num campo essencialmente definido desde Kant, por seu absoluto desinteresse, "sua completa indiferença" em relação "a real existência" das coisas[24]. Essa visão não apenas contradiz os esforços de artistas que buscaram mudar o mundo pela transformação de nossas atitudes, mas também encorajar a prática e a recepção da arte como algo essencialmente gratuito e sem objetivo. Ignorando o amplo potencial sociocognitivo da arte, ela inspirou duas imagens: a do artista enquanto sonhador solitário e renegado social e a do puro esteta enquanto *dandy* frívolo e extravagante.

Por fim, a separacão histórica entre a arte e a vida resultou no empobrecimento da experiência estética: desligada dos apetites e energias corporais, seu prazer é definido em contraste com as satisfações sensoriais da vida. Desde a determinação kantiana de que o prazer estético é totalmente "independente dos atrativos e da emoção" e não deve "misturar a seu fundamento [...] nenhuma satisfação empírica", a estética filosófica colocou a experiência artística num caminho de espiritualização incorporal, onde a ardente satisfação coletiva requintou-se na forma de uma apreciação anêmica e distanciada de poucos. Os prazeres legítimos da arte erudita tornaram-se muito ascéticos e etéreos para a maioria das pessoas, ao passo que as formas expressivas que nos oferecem um prazer mais intenso são normalmente desclassificadas como mero divertimento.

Ver a arte como experiência responde a todos esses problemas colocados pela separação entre arte e vida. Como experiência, a arte é evidentemente uma parte de nossa vida, uma forma especialmente expressiva de nossa realidade, e não uma simples imitação fictícia dela. Em segundo lugar, dado que a experiência precisa combinar os diferentes motivos e materiais que constituem nosso meio, e visto que nós abordamos cada contexto através de uma percepção intencional, podemos esperar que a experiência artística acolha elementos práticos e cognitivos sem perder sua legitimidade estética. Dewey é bem explícito em relação a esse ponto. "A experiência estética é sempre mais do que estética". Seus materiais diversos, que não são em si intrinseca-

[24] Kant, *CJ*, § 2.

mente estéticos, "tornam-se estéticos à medida que entram num movimento rítmico ordenado em vista de uma consumação. O material é amplamente humano" (e inclui "o prático, o social e o educativo"), e a função da arte é a de moldá-lo num todo integrado[25]. Enquanto a arte, como coleção de objetos sagrados, pode ser trancada em museus, segregada do resto da vida, o mesmo não acontece com a experiência estética, cujos efeitos se dirigem a nossas outras ocupações, enriquecendo-as. Finalmente, Dewey enfatiza que a experiência estética é um prazer totalmente corporal, envolvendo "a criatura inteira na sua vitalidade unificada" e rica em satisfações sensoriais e emocionais, desafiando a redução espiritual que faz do prazer estético um mero deleite intelectual.

(b) Platão condenou a arte como irreal e ilusória em parte porque temia seu poder de penetrar e contaminar a alma humana, poder capaz de corromper, deste modo, a ação. A criação artística e sua apreciação eram por ele concebidas como uma forma de irracionalidade, em que o artista e o público eram ligados numa corrente de possessão divina, cuja fonte era a Musa. A reação de Aristóteles foi separar a arte da ação, apresentando-a como uma atividade racional de fabricação externa, como *poiésis*. A atividade poética, enquanto produção de um objeto distinto através de uma habilidade técnica, diferencia-se da atividade superior que é ação prática (ou *praxis*), que deriva do caráter interior do agente e ajuda, reciprocamente, a formá-lo. Enquanto o fazer artístico tem seu fim externo a ele mesmo e ao seu autor (seu fim e valor estão no objeto fabricado), a ação tem seu fim tanto nela mesma como em seu agente, que é afetado pela maneira como age, embora, afirma Aristóteles, não o seja por aquilo que produz[26].

Desde Aristóteles, a prática da arte tem sido governada por esse modelo de fabricação, e repensar a arte como experiência apresenta-se como uma forma possível para compensar a parcialidade e a distorção dessa visão. A preocupação com o modelo de produção conduziu ao fetichismo dos objetos de arte e à desconsideração de seu uso real em nossa experiência apreciativa. Enormes somas são destinadas à aquisição e à proteção de obras de arte, enquanto quase nada é in-

[25] *AE*, pp. 329-30. Ver também a afirmação de Dewey segundo a qual "todos os elementos de nosso ser que são colocados em relevo dentro de realizações parciais de outras experiências são unificados dentro da experiência estética" (p. 278).

[26] Aristóteles, *Ética a Nicômaco*, livro VI, 1140 a 1-1140 b 25.

vestido em educação estética, que permitiria que essas obras fossem melhor aproveitadas no enriquecimento da vida de maior número de pessoas. Além disso, equiparar a arte à produção de objetos definidos, independentes dos artistas que os fazem, não apenas revela uma desconsideração em relação a formas de expressão artística em que não podemos pensar em termos de uma obra definida e independente (como na dança de improvisação), como, mais grave ainda, uma ignorância dos efeitos inegáveis que a arte tem sobre seus criadores e seu público. Repensar a arte como experiência, ao invés de pensá-la como produção externa, induz à lembrança de que a criação artística é em si uma experiência intensa, que forma tanto o artista como a obra.

Finalmente, conceber a arte sob o modelo de fabricação tende a sugerir uma separação radical entre o artista e a audiência, entre o criador ativo e o receptor contemplativo, ou o autor e o leitor. Uma forma de transpor essa divisão problemática consiste em reconsiderar a apreciação como uma produção criativa, em que o leitor reconstrói ativamente o objeto estético; Dewey insiste neste ponto (*AE*, 261, 285). Mas o modelo de arte como produção externa, associado às pressões profissionais e institucionais da crítica acadêmica, engendrou recentemente uma visão mais radical, na qual a apreciação legítima é identificada exclusivamente com a produção de novos textos, de tal maneira que a única forma válida de ler seria a de reescrever e revisar o texto, fazendo-o dizer o que nós queremos através da produção de um texto interpretativo. Essa redução da apreciação à produção crítica, num ato de auto-afirmação, nega o enriquecimento e o prazer que poderíamos encontrar ao nos submetermos à alteridade da arte e a seu poder sedutor. O ideal de fabricação reflete o modelo do artista como um criador que sabe exatamente o que quer fazer e que tem absoluto controle do processo produtivo. Mesmo que esse modelo "machista" de produção tenha sido uma resposta útil à condenação platônica da arte enquanto possessão passiva e irracional, ele persevera na sua falsa parcialidade, sendo eloqüentemente refutado por testemunhos de artistas que reconhecem elementos de entrega e perda de controle no processo de criação e inspiração.[27]

Repensar a arte como experiência resolve o impasse conflituoso entre essas duas visões, combinando seus princípios contrários como

[27] Ver, por exemplo, A.E. Houseman, *The name and nature of poetry*, Cambridge, Cambridge University Press, 1933, pp. 40-50; e T.S. Eliot, *Of poetry and poets*, Londres, Faber, 1957, pp. 97-9.

momentos necessários e complementares da experiência. Afinal, a experiência, como sustenta Dewey, envolve tanto a atitude receptiva como a ação produtiva, ambas absorvendo e reconstruindo, em retorno, o que é vivenciado, onde o sujeito da experiência molda e é ele próprio moldado. Maior justiça é assim feita à plenitude da arte através da noção de experiência, que liga o artista e o público num único processo duplo. A arte, em sua criação e apreciação, é tanto produção dirigida quanto recepção aberta, construção controlada e absorção cativante.

V

Aí estão algumas boas razões para redefinir a arte em termos de experiência estética. Mas existem, é claro, certas dificuldades a respeito dessa noção: risco de subjetividade, culto à unidade orgânica, trivialidade ao tomar como fim a busca pelo prazer e seu fracasso na demarcação dos limites aceitos da arte.

1. Um problema é que o caráter escorregadio da noção de experiência estética coloca em questão seu poder esclarecedor. Mesmo se sua existência é inegável, ela não se dá como algo que podemos claramente isolar e definir; por isso, ao definir a arte como experiência estética, definimos o relativamente claro e determinado através de algo obscuramente alusivo e indefinível.

Dewey é bem inconsistente sobre esse ponto. Por um lado, ele gera uma longa e detalhada discussão sobre os traços característicos da experiência estética, pressupondo que ela *possa* ser adequadamente definida. Assim, a experiência estética envolve todo o ser, integrando o diverso numa unidade, tanto em si como em conecção com o resto da experiência (*AE*, 42-9, 61-3, 166); de uma intensidade relativamente elevada, ela possui uma qualidade de envolvimento que lhe permite juntar suas partes num todo distinto (*AE*, 22-4, 33, 196-9); ativa e dinâmica, ela se desenvolve segundo um progresso rítmico que inclui momentos de relativa pausa (*AE*, 57-60, 159-62, 177); é formada através de obstáculos e resistência que possibilitam que ela seja esteticamente expressiva, e não simplesmente emotiva (*AE*, 67-70); constitui uma experiência da forma satisfatória, em que meios e fins, sujeito e objeto, ação e submissão são integrados numa unidade (*AE*, 53-5, 142-4, 201-4, 253-5); é, sobretudo, uma "experiência imediata", cujo valor é "diretamente atingido" e não adiado para algum outro fim ou experiência (*AE*, 87, 91, 120-6). Dewey até define "a acumulação, a tensão, a conservação, a antecipação e a realização como formas características de uma experiência estética" (*AE*, 149).

Por outro lado, ele também parece persuadido da impossibilidade de definirmos a experiência estética (ou mesmo de termos dela um conhecimento discursivo). Pois, ao salientar seu "imediatismo" como uma "necessidade estética", insiste igualmente que um tal "imediatismo da existência é inefável [...] e pode ser indicado, sugerido por palavras, mas não descrito ou definido" (*AE*, 123 e *EN*, 73). De fato, quando Dewey fala, posteriormente, sobre a qualidade particular que unifica e assim constitui uma experiência enquanto estética, afirma que "ela pode ser apenas sentida, isto é, imediatamente vivenciada [...] [e] não pode ser descrita nem mesmo *especificamente* indicada — visto que qualquer coisa especificada numa obra de arte constitui uma de *suas* diferenciações" (*AE*, 196).

Se a experiência estética é essencialmente indefinível, explicar a arte em função dessa noção não nos fará avançar muito[28]. Ainda pior, tal definição pode inspirar confusões no domínio da estética, similares àquelas do "mito do dado" na epistemologia, em que a certeza que concerne a testemunha da experiência depende de seu absoluto mutismo. Pois, definindo-se arte como experiência, podemos pensar ter adquirido um critério para classificar em termos de arte e de não-arte os objetos e os eventos vivenciados, de acordo com seus efeitos e sua capacidade de nos afetar. Além disso, ficamos tentados a estabelecer a experiência como um critério suficiente para julgar e hieraquizar os trabalhos artísticos. Mesmo um filósofo meticuloso como Monroe Beardsley sucumbiu a essa tentação. Talvez o único grande filósofo analítico a apreciar a teoria da experiência de Dewey, Beardsley afirmou que podemos explicar fundamentalmente nossos juízos de gosto e nossa classificação das obras de arte segundo sua capacidade de produzir uma experiência estética de "importância razoavelmente grande"; quanto maior a importância, melhor a obra[29].

[28] O mesmo pode ser dito a respeito da descrição que Dewey faz da arte como "qualidade de atividade", dado que as qualidades, sendo "concretas e existenciais", não podem ser capturadas numa formulação discursiva genérica (*AE*, 218-9, 227); para Dewey, "qualidade é qualidade, direta, imediata e indefinível" (*EN*, 93).

[29] Monroe C. Beardsley, *Aesthetics: Problems in the philosophy of criticism*,

Mas, dada a inefabilidade de seu rico, embora passageiro, imediatismo, a experiência estética é inadequada como critério para justificar um juízo crítico. Como poderíamos medir (para não falar em comunicar) a grandeza de uma experiência que nem mesmo pode ser definida ou demarcada? O crítico não pode, de nenhuma maneira, provar seu veredito a outros recorrendo simplesmente a sua experiência imediata, que, em sua qualidade evanescente, não pode ser demonstrada discursivamente nem conservada a título de prova. Claro, ele pode tentar justificar seu veredito através de descrições da obra, com o intuito de provocar uma experiência semelhante em seu leitor, mas isso já envolve muito mais do que um simples apelo à experiência imediata.

Isso não quer dizer, como notamos anteriormente, que as satisfações tidas na experiência estética não forneçam uma certa demonstração direta, vigorosa, do valor da arte, a qual é extremamente importante tanto para compreender omo para regular nossa orientação artística. Mas ao admitirmos isto, devemos também reconhecer que uma tal evidência não pode fazer o sério e detalhado trabalho epistemológico da justificação crítica; e traduzi-la em termos proposicionais resulta em afirmar que a arte (ou qualquer obra de arte) é válida por ser vivenciada de tal forma, o que não quer dizer grande coisa[30]. Então, dada a pobreza epistemológica da experiência estética, por que deveríamos definir a arte nesses termos?

Para Dewey, a resposta a essa questão passa por uma definição da teoria filosófica em geral, segundo termos claramente pragmatistas: esta não deve visar à resolução de problemas filosóficos abstratos, mas sim nos permitir a realização de objetivos mais concretos e elevados dentro da experiência (embora a satisfação intelectual das abstrações filosóficas não seja excluída de tais objetivos). Dewey não busca uma

Nova York, Harcourt, Brace, 1958, pp. 530-1. Sentindo, talvez, que a experiência não pode fazer sozinha todo o trabalho crítico necessário, Beardsley também insiste nos três critérios de julgamento — a unidade, a complexidade, a intensidade — que, embora pertençam à experiência, podem também ser demonstrados no produto artístico (pp. 456-70 e 534).

[30] Ainda que a experiência não seja uma noção epistemologicamente útil, isso não quer dizer que ela seja insignificante e sem nenhum valor cognitivo. Quer seu imediatismo inefável possa ou não ser conhecido, senti-lo ainda é essencial para uma grande variedade de conhecimentos, e é o que fornece o fundamento estrutural para os esforços críticos epistemológicos.

teoria-embalagem que resulte numa definição formal da arte que proporcione suas condições necessárias e suficientes ou um algoritmo para classificar e avaliar seus trabalhos, pois, como diz, tais "definições formais nos tornam frios" (*AE*, 155)[31]. Ao contrário, ele pensa que "a definição é boa quando [...] aponta a direção que podemos prontamente tomar para ter uma experiência" (*AE*, 220). Logo, uma boa definição da arte deveria, efetivamente, guiar-nos na direção de mais e melhores experiências.

Definir a arte como experiência nos dirige a este objetivo através de duas formas. Em primeiro lugar, nos incita a buscar e cultivar a experiência estética em nossas relações com a arte, lembrando-nos que a *experiência* (mais do que o colecionar ou o criticar) é, em última instância, a essência da arte. Em segundo lugar, ajuda a reconhecer e valorizar formas expressivas que uma experiência estética nos fornece, mas que poderia fazê-lo ainda melhor, caso fosse reconhecida e cultivada como arte legítima. Repensar a arte como experiência é, portanto, a motivação de meus esforços para defender a legitimidade artística da cultura popular (capítulos 3 e 4), e também serve de base para o ideal ético da beleza vívida através da modelação da vida como arte (capítulo 5). Enfim, redefinir a arte como experiência a libera do estrangulamento da prática institucional das belas-artes. Não mais limitada a certas formas e certos materiais tradicionalmente privilegiados (autorizados e dominados pela prática artística histórica), a arte, enquanto produção intencional da experiência estética, abre-se de maneira mais gratificante à experimentação futura, através da grande variedade de materiais experimentados na vida, os quais ela forma e transfigura esteticamente.

2. Nesta altura, um outro problema referente à definição de Dewey precisa ser colocado: sua tentativa de transformar a teoria em prática é em si impraticável, uma vez que seus anseios revisionistas são de uma ambição quixotesca. A teoria filosófica é atrofiada demais para

[31] Isso se aplica não somente à arte e a seus conceitos dependentes, mas também à beleza, termo presente em meu livro, embora não me esforce para defini-lo. A beleza parece ser tão qualitativamente imediata e indefinível quanto a experiência estética, e Dewey a vê, realmente, como "o ponto mais afastado" de uma concepção que poderia ou deveria ser definida pela filosofia (*AE*, 195). De qualquer modo, penso que a estética contemporânea tem questões mais urgentes para resolver.

sequer conseguir chegar perto do objetivo de Dewey de redefinir a arte. Nosso esquema classificatório conceitual em relação à arte é incrustado demais para ser examinado pelo estilo global de Dewey. Simplesmente não há maneira de considerar a contabilidade como uma forma de arte, mesmo se calcularmos nossos impostos da maneira mais imaginativa possível. Desta tentativa de redesenhar os limites conceituais da arte através de sua redefinição em termos de experiência estética nada pode resultar, exceto confusão.

Duas respostas podem ser apontadas a esse argumento. A primeira é que a intenção de Dewey (e sobretudo a minha) não é tanto efetuar uma reclassificação global da arte, mas promover uma melhor experiência estética. Definir a arte como experiência pode realizar esse objetivo sem mudar nossos hábitos de classificação; a definição funciona aqui tão-só como um instrumento retórico de persuasão para chamar nossa atenção em relação à dimensão da experiência inerente à arte e para apreciar o valor estético daquilo que não está classificado sob esse termo, mas que poderia estar, caso pudéssemos agrupar as coisas segundo sua capacidade de nos satisfazer pela experiência. A segunda resposta concerne a nossos hábitos classificatórios. Mesmo que a revisão global dos limites conceituais da arte possa parecer fútil, existem casos extremos em que uma mudança classificatória *pode* ser feita, particularmente no que concerne às formas de expressão da cultura de mídia, normalmente relegadas à categoria de mero divertimento. Aqui, pensar a arte como experiência pode ajudar a legitimar artisticamente uma forma como o rock, que fornece uma experiência estética intensamente gratificante a tantas pessoas de tantas nações, culturas e classes.

É com esse enfoque preciso que meu projeto difere do de Dewey. Enquanto ele luta audaciosamente para alcançar uma redefinição global da arte enquanto experiência estética, atendo-se a descrever as características essenciais dessa experiência indescritível, eu não estou interessado em definir o indefinível, nem em estabelecê-lo como uma definição filosófica geral da arte. Se a definição de Dewey é válida, seu valor não reside no fato de realizar uma revolução conceitual global, satisfazendo nosso tradicional anseio por uma definição exaustiva, mas no fato de nos indicar como remediar as limitações penosas que encontramos na prática artística institucional. Tentar curar todos esses males através de uma definição global que reconstrua a arte como experiência constitui um esforço heróico. Mas me parece que é melhor admirar tal heroísmo, adaptando-o, ao invés de segui-lo à risca. Em lugar de seguir essa busca de uma definição global, pretendo tratar de casos mais específicos, no espírito pragmatista de trabalhar por etapas, com o intuito de estender os limites da arte a formas de cultura popular e à arte ética de estilizar a vida.

3. Mas mesmo esses objetivos delimitados, como os meus, são questionáveis por um argumento mais radical que afirma a futilidade de qualquer tentativa de revisar o conceito estabelecido da arte, ou de sua prática, através da intervenção teórica. Esse argumento, que surge de maneira problemática dentro do próprio campo pragmatista, insiste (nas palavras de Stanley Fish) em que a "teoria não tem conseqüência alguma" sobre a prática, dado ser ela "um projeto impossível"[32]. Ora, isso é impossível em seu sentido clássico, enquanto algo puro e desligado da prática, uma teoria governando-a de cima, dotada de privilégio transcendental e destituída de interesse prático. Mas como o pragmatismo sustenta acertadamente, toda teoria, assim como

[32] Ver Stanley Fish, "Consequences", W.J.T. Mitchell (org.), *Against theory*, Chicago, University of Chicago Press, 1985, pp. 110-5. Mais recentemente, Fish suavizou essa postura. Embora sustente que a "verdadeira" teoria (aquela que visa a oferecer um saber transcendental) não tem conseqüência alguma por não poder existir, ele reconhece que a "teoria discursiva" (a prática do discurso teórico — o que, de fato, nós entendemos por prática teórica) pode "trazer conseqüências". Para Fish, "a distinção entre teoria e teoria discursiva é a mesma distinção existente entre um discurso afastado de toda forma prática (e tal discurso nem poderia existir) e um discurso que fosse, ele próprio, uma prática" ("Introduction: going down the anti-formalist road", *Doing what comes naturally*, Durham, N.C., Duke University Press, 1989. p. 14). Mas essa distinção, manifestamente estabelecida a fim de oferecer uma definição tão restrita da teoria que a torne impossível, é condenada em nome dos próprios critérios textuais de Fish. Uma vez que não há maneira de imaginar uma teoria sem um discurso, qual é o interesse de distinguir aquilo que sequer pode existir isoladamente? Em lugar de introduzir essa distinção questionável entre teoria e teoria discursiva, seria bem mais útil (e mais razoável, de um ponto de vista pragmático) preservar e aperfeiçoar a distinção entre teoria e prática, reinterpretando a teoria não como fundamento transcendental, mas como uma forma de prática discursiva, criticamente persuasiva. Fish parece bem próximo dessa posição quando, mais tarde, tenta relegar a teoria ao nível de uma "prática", de modo que "a teoria torna-se aquilo que sempre foi de qualquer maneira, uma entre várias formas retóricas cujo impacto e dominação são uma função de contingências imprevisíveis e incontroláveis (da história institucional, de necessidades evidentes, de crises emergentes etc.)" (*ibid.*, pp. 25-6).

todo pensamento humano, ocorre sempre dentro de uma situação particular, e é motivada por intenções que ajudam a definir essa situação. Trata-se, mais precisamente, de um conflito ou um problema formado na prática, que nós tentamos resolver pela teoria. A teoria não é, então, apenas elaborada por motivos práticos, mas é fundada na prática e constitui em si uma prática.

Mas se a teoria é impossível enquanto revelação transcendental de verdades eternas que governam a prática, independentemente de qualquer contexto, que conseqüências reais pode ela oferecer? Reconsiderar a teoria sob o modelo de um espelho, como reflexão fiel da prática e de suas contingências, a torna muito mais razoável, mas lhe rouba todo poder de transformação; de tal forma que a teoria da arte, como vimos, reduz-se a uma representação pacífica da história da prática da arte. Assim, se a teoria não é desligada da prática, ela simplesmente colapsa na prática e não pode constituir uma força para redirecioná-la.

Além de ignorar os efeitos duráveis e palpáveis da teoria, esse argumento negligencia a possibilidade de uma posição pragmatista intermediária que situe a teoria entre o privilégio cognitivo e a impotência servil, que reconheça a prioridade da prática, mas também o poder da intervenção teórica. A teoria é aqui entendida como uma reflexão crítica e imaginativa sobre a prática, nascendo da prática e dos problemas dela derivados: os problemas de justificação (como determinar o que constitui propriamente a prática) e problemas de projeção (como devemos manter ou transformar a prática). Não apenas enraizada num fundo prático, a teoria é também julgada do ponto de vista pragmatista em função de seus frutos para essa prática que ela ajuda a desenvolver e aperfeiçoar. Suas proposições e recomendações a favor de transformações não gozam de qualquer posição epistemológica privilegiada que seria intrinsecamente superior à prática; e, se elas mudam a prática, não é por um *fiat* transcendental ou uma demonstração apodítica, mas por persuasão, que pode sempre ser contestada, e pelo sucesso experimentado das mudanças que elas propõem[33].

[33] À parte seu maior otimismo, o pragmatismo parece diferenciar-se das teorias desconstrutivistas e da teoria crítica da Escola de Frankfurt ao salientar que a teoria ajuda a transformar a prática não somente através da crítica e da persuasão retóricas, mas também pelas proposições concretas alternativas que devem ser testadas na experiência.

Os argumentos apresentados para recusar um papel para uma teoria tal como o pragmatismo a concebe são todos problemáticos[34]. Pretender, como Stanley Fish, que as controvérsias encontradas na prática são prontamente resolvidas de maneira "imediata e óbvia", derivando "'naturalmente' — sem maiores reflexões — de sua posição como um agente profundamente situado" que "interiorizou minuciosamente" a prática[35], é ignorar a evidência de que a simples resolução dessas questões não foi alcançada. Assim, o debate sobre a prática se inflama, porque a prática interiorizada sempre é marcada por conflitos e divergências. A função da teoria é estimar criticamente essas diferentes direções e, através dessa crítica, promover a concepção e a continuação de outras melhores.

Evidentemente, Fish está certo ao observar que a reflexão crítica não resulta "necessariamente" numa mudança da prática, e que tal consciência elevada e tal mudança podem ser produzidas por outros meios[36]. Mas isso não refuta, de maneira alguma, o poder de intervenção próprio à teoria; simplesmente nega a irresistibilidade e a exclusividade desse poder. Similarmente ao argumento segundo o qual a teoria não pode guiar ou alterar a prática por "ser ela mesma uma forma de prática", essa questão implica meramente uma confusão de ordem lógica: somar as noções de teoria e de prática, homogeneizando, assim, todas as diferenças entre as variedades de prática (que incluem

[34] Ver, para a distinção entre questões de primeira ordem e questões de segunda ordem na prática, Joseph Margolis, *Pragmatism without foundations*, Oxford, Blackwell, 1986, p. 42.

[35] Stanley Fish, "Dennis Martinez and the uses of theory", *Doing what comes naturally*, *op. cit.*, pp. 386-9.

[36] S. Fish, "Consequences", *ibid.*, p. 121. Fish recentemente colocou em questão até mesmo a possibilidade da autoconsciência crítica, notando que ela requer algo impossível, ou seja, "uma mente capaz de ter um distanciamento de sua própria forma de pensar para poder criticá-la" de uma perspectiva neutra e desinteressada (Stanley Fish, "Critical self-consciousness, or Can we know what we're doing?", *ibid*, p. 437). Mas, como sempre, Fish nos distancia com esta reviravolta. Pois tudo o que a autoconsciência crítica demanda é a capacidade de distanciar-nos de *algumas* de nossas maneiras de pensar para criticá-las, a partir do ponto de vista alheio. Essas outras maneiras evidentemente não são, para os pragmatistas, neutras nem desengajadas; mas elas não precisam ter essas qualidades para poder nos ajudar a mudar nossas idéias a respeito de uma prática precisa.

práticas de teoria)[37]. O fato de a *teoria* da arte ser em si uma *prática* não implica que ela seja a prática que teoriza (ou que seja inteiramente redutível a esta) — o que não significa que ela não deva se fundamentar sobre a prática da arte e, em certo sentido, continuá-la.

Resta ainda mais um argumento pragmatista que denuncia a impotência radical da teoria. Visto que a teoria é estruturada e mesmo orientada em função da prática existente, sua imaginação e perspectiva crítica devem ser totalmente aprisionadas pelo horizonte desta prática e, assim, destituídas de qualquer capacidade real de transformá-la. Assim, Fish conclui: "Nenhuma teoria pode impelir uma mudança que não tenha já, em certo sentido, ocorrido"[38]. As práticas, segundo Fish, podem mudar apenas através de seus mecanismos internos, dado que tudo o que se encontra fora do sistema da prática não pode ser compreendido como apropriado e, por conseguinte, ser aceito; do mesmo modo que nenhuma mudança proposta pode ser efetuada, a menos que já tenha sido compreendida e aceita. Mas esse argumento apresenta dois problemas. Primeiro: a afirmação razoável de que nada novo pode ser compreendido sem que seja relacionado a uma estrutura de pensamento e de prática já existente é ligada à suspeita opinião de que tudo o que compreendemos deve ter um lugar *definido* dentro dessa estrutura. Segundo: o argumento negligencia não apenas a profunda imprecisão de nossas práticas, mas também sua variedade

[37] S. Fish, "Change", *ibid.*, p. 154. Fish repete este ponto, lembrando que "a teoria é uma prática como qualquer outra e que [...] a prática é um novo universal mutável, em relação ao qual nada existe de superior" (*ibid.*, p. 26). Mas o fato de não haver uma separação profunda em termos de privilégio cognitivo entre a teoria e a prática não implica que elas sejam idênticas ou incapazes de influenciar-se reciprocamente, não mais do que a igualdade epistemológica torna diferentes as práticas idênticas. Tal confusão deriva de duas tendências niveladoras de Fish: assimilar todas diferenças importantes, capazes de fornecer uma direção crítica a uma relação rígida "de superioridade ou de direção" (*ibid.*, p. 337); e confundir as noções de teoria e prática, no lugar de buscar as diferenças que existem entre elas no interior de um contexto particular de prática e de reflexão teórica. Enfim, a distinção entre a teoria e a prática é puramente funcional e contextual: aquilo que aparece como uma teoria histórica torna-se uma prática de primeira ordem para a teoria da história.

[38] *Ibid.*, p. 154. O argumento seguinte, segundo o qual a mente não é "capaz de levar em conta algo que não tenha sido já pressuposto", é particularmente tratado nas páginas 145-7.

freqüentemente conflitante, visto que se cruzam e se sobrepõem, o que possibilita à teoria criticar tal prática pelas perspectivas oferecidas através de outras.

Ainda que nossa imaginação teórica seja amplamente compelida pela prática existente, ela não se contenta com a conformidade servil e a repetição reativa. Afinal, circunstâncias mutáveis e encontros com outras práticas podem oferecer novo alimento à reflexão e ocasionar uma outra orientação. Dado que nenhuma prática é definida por todas situações possíveis, haverá sempre a necessidade de recorrer a projeções imaginativas, bem como a decisões criativas para saber qual das projeções deve realmente ser seguida, decisões perfeitamente contestáveis — o que recoloca os problemas de segunda ordem, de como justificar essas decisões. Visto que nenhuma prática existe num perfeito isolamento, sem ser afetada por outras práticas, a necessidade de estabelecermos relações e arbitragens entre as diferentes práticas é mantida. Enquanto nossas práticas nos apresentarem tais problemas e reclamarem melhoria, a teoria não será apenas possível como também necessária.

Assim concebida neste estilo pragmatista, que reconhece a prioridade bem como os problemas da prática, a teoria não é eliminada, mas revitalizada pela perda de seu privilégio cognitivo. Uma vez que não esperamos que ela nos revele os princípios invariáveis e necessários da prática, pois abandonamos essa esperança de uma justificação final e apodítica, e uma vez que enxergamos nossas práticas (e nossas teorias) como produtos contingentes, cujos encontros com situações mutáveis demandam reajustes, esclarecimentos, justificações e melhoramentos contínuos, então, a função permanente da teoria enquanto reflexão crítica da prática ficará mais do que garantida. A filosofia continua perene, mas num novo sentido.

2. A IDEOLOGIA ESTÉTICA, A EDUCAÇÃO ESTÉTICA E O VALOR DA ARTE NA CRÍTICA

I

A beleza, qualquer que seja seu significado, possui tal poder de atração sobre os seres humanos que ela se legitima por si mesma, dispensando qualquer apologia. A arte já não tem a mesma sorte. Desde o primeiro ataque formulado por Platão até sua emergência como campo autônomo, a arte tem sofrido um difícil processo de legitimação. Obras como *Apologia da poesia* de Sidney ou *A defesa da poesia* de Shelley mostram que a legitimação da arte tem sido, desde Aristóteles, com sua primeira resposta a Platão, uma questão central da estética. Um dos motivos disso é que a defesa da arte, assim como sua definição, nunca tenha alcançado uma solução satisfatória e decisiva, que silenciasse questionamentos futuros. Tudo se passa como se cada época devesse lutar mais uma vez para determinar a natureza da arte e seu valor, em função das diferentes necessidades de seu tempo (em termos de formas artísticas e estilos dominantes) e respondendo às diferentes acusações levantadas contra ela.

Algumas dessas acusações (blasfêmia de "imagens santas", inutilidade frívola da arte, divulgação da ilusão) apresentaram-se continuamente no decorrer da história, enquanto outras (como sua cumplicidade com hierarquias sociopolíticas opressivas) surgiram recentemente. O futuro, caso possamos pensar num futuro para a arte, está destinado a apresentar outras ainda. Não podemos, portanto, esperar uma justificação definitiva que abafe toda crítica radical em relação ao fenômeno ou à instituição da arte. Ela nem mesmo seria desejável. Afinal, a arte apoia-se sobre sua crítica para evoluir; e o fim da crítica rigorosa, na complacência de seus valores absolutos, significaria seu próprio fim e a detenção de sua evolução.

Muitos de meus argumentos desenvolvidos no capítulo anterior são dirigidos a uma concepção da arte que dominou longamente o pensamento e a experiência estética, limitando a instituição artística e empobrecendo sua prática. A ideologia estética dominante identifica a arte com a instituição das artes maiores. Nomeando essa visão de "concepção museológica da arte", Dewey nota, convenientemente, suas duplas dimensões: institucionalização compartimentada e elitismo, separação da vida e da prática, distância das pessoas comuns e de sua experiência. Os capítulos seguintes desenvolvem uma crítica a essa concepção restrita da arte, que exclui, através de seu monopólio, a arte popular como forma estética ilegítima, exclusão que ajuda a sustentar formas de opressão sociocultural (o que não quer dizer que a arte popular também não tenha sido explorada como instrumento dessa opressão).

Minha longa crítica poderia dar a impressão de que as artes maiores devam ser repudiadas, suas instituições desmembradas e suas obras abandonadas como irremediavelmente repressoras e socialmente perniciosas. Mas rejeitar o caráter restritivo de nossa concepção dominante da arte significa rejeitar suas próprias rejeições exclusivistas, e não rejeitar a arte que representa essa concepção. Além disso, o fato de a instituição arte ter sido, durante muito tempo, elitista e opressiva não significa que deva continuar a sê-lo; que a arte seja, necessariamente e por natureza, "uma inimiga do povo" contra a qual "nós devemos resistir"[1].

O projeto pragmatista no campo estético não é abolir a instituição arte, mas sim transformá-la. O objetivo não é fechar os museus e destruir sua arte, adaptando a metáfora do museu proposta por Dewey, mas sim ampliá-los. A resposta pragmatista à acusação de que a arte é necessariamente uma força conservadora de opressão e privilégio de classe envolve uma dupla abertura. Em primeiro lugar, uma abertura do conceito de arte, a fim de incluir as artes populares, cujo apoio e satisfações se estendem para além dos limites da elite sociocultural. Em segundo lugar, uma abertura para as possíveis maneiras pelas quais as artes maiores possam desenvolver um programa político-social progressista, dedicando mais atenção às dimensões éticas e sociais de suas obras (muitas das quais já apresentam uma forte crítica em relação às limitações éticas e aos perigos socioculturais das artes maiores). Este segundo ponto será, talvez, melhor desenvolvido através da crítica concreta de obras específicas, e esta é minha intenção em relação ao poema "Retrato de uma senhora", de T.S. Eliot.

Mas visto que os filósofos, mesmo em estética, preferem a argumentação à interpretação, parece-me prudente iniciar este estudo con-

[1] Ver Roger Taylor, *Art, an enemy of the people*, Atlantic Highlands, N.J., Humanities Press, 1978, p. 155.

siderando alguns dos fortes argumentos que podem, provavelmente, ser levantados contra as artes maiores do ponto de vista ético. Do mesmo modo, também seria prudente lembrar que meus contra-argumentos em defesa das artes maiores não pretendem exonerá-las como absolutamente inocentes, e sim resgatar seu valor ético e social em termos de compensações atenuadas, mas de potencial promissor.

II

1. A tradição das artes maiores serve à ordem social estabelecida na medida em que promovem uma certa devoção ao passado, uma nostalgia aduladora que se realiza através da mistificação da beleza das obras de arte antigas. Seu gênio encantador tende a inspirar uma atitude de humilde admiração diante dos indivíduos, da época e da ordem que as originaram, o que implica, para retomar as palavras de T.S. Eliot, que hoje "a única sabedoria que podemos esperar adquirir/ é a sabedoria da humildade" diante de tais realizações do passado[2]. Mas essa humildade é uma maneira de nos prevenirmos contra todo pensamento novo e de criticarmos qualquer idéia nova que se pretenda superior à ideologia herdada do passado. A arte oferece, assim, uma arma poderosa ao conservadorismo opressor para sustentar o privilégio existente e a dominação, para afirmar o *status quo* e o passado que o engendrou, apesar de sua miséria e de suas injustiças. Seduzidos pela gloriosa arte da Grécia, esquecemos sua escravidão e sua barbárie, assim como as nossas. É a razão pela qual a existência contínua das artes maiores pode ser vista como uma ameaça à criação cultural radicalmente nova e à liberação social, motivo pelo qual o movimento cultural "Proletkult", que surgiu após a revolução na Rússia, pretendia eliminá-las inteiramente: "Em nome de nosso futuro, queimamos Rafael, destruímos os museus e pisamos nas flores da arte"[3].

Mas será necessário que as artes maiores continuem suscitando essa humildade pacífica em relação à nossa tradição ideológica e à

[2] Ver T.S. Eliot, "East coker", versos 97-8, em *The complete poems and plays of T.S. Eliot,* Londres, Faber, 1969, p. 179.

[3] Esta citação de Bogdanov aparece na obra de H. Arvon, *L'esthétique marxiste*, Paris, PUF, 1970, p. 56.

ordem social herdada, favorecendo um encantamento cego e um olhar impotente diante de seus males que, embora enraizados, sempre podem ser alterados? É historicamente falso que as obras das artes maiores jamais tenham funcionado como instrumentos de crítica social, protesto e transformação. Existem novelas, poemas, peças, e mesmo pinturas que constituíram críticas sociais amargas. A crítica social artística não precisa seguir o estilo político radical de Brecht para ser persuasiva. Em segundo lugar, além do interesse pela crítica social, a visão dos universos sociais alienados e dos estilos de vida que as obras do passado nos oferecem pode nos ajudar a compreender que nossas próprias práticas sociais não são necessárias nem ideais, abrindo-nos um caminho para a mudança. A acusação segundo a qual as obras-primas reforçam e garantem implicitamente o *status quo* repousa sobre duas falsas suposições. A primeira afirma que existe uma comunidade essencial entre a ordem social estabelecida, a disposição e os valores de hoje e aqueles de gerações e culturas passadas. Mas isso simplesmente não existe, e descobrir esse fato é um dos maiores benefícios que podemos tirar da apreciação das obras do passado. Em sua alteridade, elas revelam o egocentrismo do presente, um presente obcecado com seu próprio momento de mudança e com o culto da superficialidade do novo. A arte do passado, como a história, mostra como as coisas podem ser de outra maneira (uma vez que já o foram), e essa diferença pode, de certa maneira, ser melhor. Ela demonstra que o que parece ser atualmente uma necessidade social natural é uma contingência criada pela história e, por isso, uma contingência alterável. Enfim, ela pode, efetivamente, criar a consciência necessária para uma troca e uma crítica social mais explícita.

Além do contraste crítico que oferecem em relação ao presente, as obras do passado e as visões da vida que elas retratam não são, em si, reciprocamente consistentes e reforçadoras. Esta segunda falsa suposição de tal convergência é que torna admissível afirmar que, ao admirar a arte antiga, nós nos submetemos à ideologia opressiva do *status quo*. Nossa tradição é intrinsecamente pluralista, contestatória e aberta; desenvolve-se tanto pelo debate contínuo como pelo consenso; e as obras de arte que ajudam a constituí-la participam desse debate, representando ideologias rivais, que afrontam-se e criticam-se reciprocamente. As artes maiores, vistas holisticamente como um campo composto de obras de arte competitivas, podem gerar uma autocrítica, estimulando uma consciência mais crítica e refinada por parte de seu público, o qual deve digerir, comparar e intermediar as diferentes visões e valores da arte, apropriando-se de suas obras e determinando sua importância. Isso introduz uma terceira razão para não condenar as artes maiores enquanto promotoras fatais de um conservadorismo repressor, ao induzirem, através da beleza e da aura de suas obras-primas, à afirmação admirativa do passado. Tal acusação deposita, injustamente, toda a culpa na obra, ao invés de criticar nossa maneira devota de apreendê-la. Apesar de seu poder de expressão, a arte permanece muda sem a presença de uma recepção inteligente com a qual possa dialogar. Ela não pode, portanto, ser julgada em si, isoladamente de sua forma de apropriação. O resultado é que as obras de arte são menos culpadas pelo seu poder perverso do que pela sua impotência de determinar seu próprio significado e uso. "Esta é a razão pela qual" Adorno afirma ser a crítica "um complemento essencial e necessário às obras de arte"[4]. A importância da arte depende da maneira como ela é apropriada e empregada, e deveríamos ser capazes de nos apropriar de obras de arte para realizar fins éticos e sociais. Na verdade, dadas as estratégias hermenêuticas em prática atualmente — como a contra-leitura do texto, que busca ver o que ele tenta ocultar ou suavizar —, até mesmo uma obra expressamente conservadora pode ser empregada para propor posições opostas.

Mas essa linha de argumento cria uma objeção em relação aos dois pontos precedentes da defesa. O modo padronizado de apropriação e de crítica das obras na nossa instituição artística é estritamente "estética", no sentido em que a estética é principalmente definida por sua forte separação da práxis da vida. A instituição arte limita a recepção das obras ao domínio autônomo da contemplação estética imaginativa, isolado do mundo material e real da práxis. Assim, qualquer que seja a crítica social encontrada nas obras de arte, qualquer que seja a intensidade da consciência dessa crítica (atingida pela justaposição de suas diferentes visões), tudo é neutralizado pelo simples fato de pertencer à instituição artística. Desta forma, muitos protestos político-sociais presentes nas artes maiores foram, efetivamente, estetizados e neutralizados.

No entanto, não há razão suficiente para aceitar os limites estéticos impostos pela ideologia dominante da arte autônoma (ou mesmo para aceitar sua definição tradicional da estética como um domí-

[4] T.W. Adorno, *Aesthetic theory*, p. 131; abreviado *infra: AT*.

nio profundamente desengajado da vida prática e dos interesses materiais). Porém, contestar a forma estabelecida da autonomia da arte não significa rejeitar a idéia geral de uma instituição artística relativamente autônoma, pois tal autonomia não precisa ser construída através de uma separação radical entre a práxis e a arte. O simples fato da arte possuir uma estrutura específica para produção e distribuição de suas obras, assim como de seus modos de recepção, consiste numa forma de autonomia, a qual pode, no entanto, sobrepor e cruzar instituições e discursos não-artísticos.

A idéia da autonomia radical da arte como totalmente divorciada da práxis ética e social possuía uma validade estética e uma força de emancipação social no momento em que a arte se libertava de sua tradicional função de servir à ideologia da Igreja e da Corte. Mas seu isolamento rígido da práxis da vida para preservar sua pureza não é mais proveitoso nem crível. Uma das grandes contribuições da crítica marxista e feminista foi mostrar como a arte e a estética são profundamente políticas e solicitam, por isso, a crítica de um ponto de vista ético e social. Tal crítica dedica-se a expor as injustiças e os antagonismos da vida social, que sempre se refletem na arte de alguma maneira, dada a sua natureza de produto social, ainda que ela vise a transcendê-los na intenção de criar harmonias e unidades satisfatórias. Esses traços de conflito social podem ser encontrados tanto na forma como no conteúdo das obras de arte. As críticas ética e social das artes maiores devem não apenas visar às obras individuais, mas também, e principalmente, a estrutura institucional da arte que organiza sua recepção, assim como as instituições não-artísticas que ajudam a formar a arte e a determinar sua função em nossa sociedade.

2. Um segundo argumento para condenar as artes maiores como um mal social opressor é o fato de fornecerem uma estratégia devastadora, através da qual a elite sociocultural pode, ao mesmo tempo, ocultar e afirmar sua pretensão de superioridade, por meio de sua privilegiada associação com a ilustre tradição artística. Pois essa tradição (que inclui não só obras canonizadas, mas também modos de apreciação canonizados) não é familiar nem acessível às classes culturalmente desprivilegiadas, que o são devido à dominação política e socioeconômica. Sua incapacidade de apreciar as artes maiores, determinada por fatores sociais, é reinterpretada como o sinal de uma inferioridade mais intrínseca, uma falta de gosto ou de sensibilidade, termos que

sugerem uma incompetência natural e não socioeconômica[5]. Num contraste mais radical, o respeito aparentemente humilde da elite cultural em relação à supremacia da tradição artística exprime, na verdade, uma forte afirmação de sua própria supremacia enquanto seus únicos guardiões e intérpretes. Assim, a arte serve para naturalizar e legitimar a diferença social enraizada na hierarquia de classes, não apenas pela sua posse, mas também pelo seu modo de apreciação.

Devemos suspeitar da resposta típica dos humanistas a este argumento que consiste em sonhar que mesmo as classes desfavorecidas adquiririam a apreciação necessária diante das grandes obras, caso dispusessem de mais tempo e educação, caso Shakespeare fosse mais ensinado nas escolas e o canal de televisão PBS apresentasse mais óperas. Pois a lógica dominante das artes maiores e sua estética têm mantido, há muito tempo, uma diferenciação e uma distância implacáveis dos modos de entendimento e de experiência comuns. Tal diferenciação é expressa não apenas através da apreciação dos estilos radicalmente novos ou das obras incompreensíveis àqueles que não são *cognoscenti*, mas também através de novas maneiras de apropriação do que já foi apreciado por um público mais geral (como as leituras desconstrutivistas de clássicos literários).

O elitismo persistente das artes maiores e seu afastamento da vida comum são fortemente confirmados pelo fracasso das vanguardas artísticas em desafiar a situação cultural da burguesia através da negação de suas qualidades autônoma e sacral[6]. Duchamp, ao conferir satiricamente o *status* de obra de arte a objetos funcionais produzidos em massa, como urinóis e porta-garrafas que pertencem claramente à experiência ordinária, assim como Tzara, ao dar as instruções de como fazer um poema Dada, ou ainda Breton, ao escrever textos automáticos, realizaram tentativas de desafiar e mudar a idéia da arte como um

[5] Para mais detalhes sobre esta questão, ver meu artigo "Of the scandal of taste: Social privilege as nature in the aesthetic theories of Hume and Kant", *Philosophical Forum*, 20, 1989, pp. 211-29; e sobretudo Pierre Bourdieu, *La distinction*, Paris, Minuit, 1979, cap. 1.

[6] Para uma análise mais detalhadada e precisa do fracasso da vanguarda em realizar seu ideal revolucionário, ver Peter Bürger, *Theory of the avant-garde*, Minneapolis, University of Minnesota Press, 1984. Bürger nota, entretanto, que a vanguarda conseguiu expor fortemente a existência da arte como instituição burguesa isolada da práxis, levando-a a uma autocrítica considerável.

domínio elitista do gênio individual e do gosto refinado, distanciado da vida ordinária e das pessoas comuns. Mais recentemente, a arte de performance foi, às vezes, motivada por intenções semelhantes. Mas enquanto essas tentativas são facilmente neutralizadas e reapropriadas pela instituição das artes maiores, elas chocam e mistificam profundamente as pessoas menos cultivadas, cuja incompreensão serve somente para reforçar seu sentimento de inferioridade e a aparente justiça de sua dominação cultural. Assim, mesmo em seus momentos mais liberais, as artes maiores parecem ser um obstáculo intransponível para a emancipação sociocultural.

O fracasso da vanguarda em liberar nosso conceito de arte através da negação da instituição das artes maiores e do rompimento com sua ideologia elitista, poderia sugerir uma conclusão significativa. A liberação da arte e sua reintegração na práxis da vida cotidiana não podem ser realizadas simplesmente através das tentativas da arte de produzir uma reforma radical. A instituição das artes maiores é muito forte, seu poder de acomodar e reapropriar seus produtos de protesto é muito ágil e efetivo para que ela possa sozinha vencer sua ideologia dominante e seu controle da legitimidade artística. Seria agradável imaginar que a crítica da arte e a teoria estética pudessem oferecer os instrumentos necessários para acabar com a dominação exclusiva das artes maiores e transformar nossa concepção da arte. Mas elas, tão cativadas que são pela ideologia institucional da arte, precisam de uma base cultural alternativa para alimentar sua crítica. A arte popular poderia oferecer essa base, apresentando-se como uma força promissora para orientar nosso conceito de arte e suas instituições na direção de uma liberdade maior e de uma melhor integração na práxis da vida. As artes populares da cultura de mídia (cinema, comédias e novelas de televisão, música pop, vídeos etc.) são apreciadas por todas as classes de nossa sociedade; reconhecer sua legitimidade estética enquanto produtos culturais ajudaria a reduzir a identificação opressiva da arte e do gosto estético com a elite sociocultural das artes maiores. Além disso, como até mesmo seus críticos afirmam[7], a direção estéti-

[7] Ver Bourdieu, *op. cit.*, pp. II e 33-5, e Bürger, *op. cit.*, p. 54. Este último insiste no fato de que, ainda que a arte popular "seja integrada na práxis", seu "objetivo prático é impor uma certa atitude de consumação"; conseqüentemente, ela não é "um instrumento de emancipação [...] mas de submissão". Este é o caso, com freqüência, mas, como demonstrarei no próximo capítulo, a exploração rude-

ca da arte popular caminha no sentido de uma reintegração da arte na vida.

Evidentemente, como veremos no próximo capítulo, a questão da arte popular está longe de ser simples: a própria distinção entre artes maiores e arte popular é problemática, sua posição sociocultural e seu funcionamento (ou mau funcionamento) emancipatório são complexos e equivocados. Na verdade, assim como é errado ver a arte popular como uma fonte de empobrecimento cultural, também não devemos ver os criadores e os iniciados das artes maiores como a classe dominante da sociedade contemporânea. Esta não é composta pela elite de artistas nem por seu público de intelectuais, mas por homens de negócios, magnatas das finanças e da indústria. Nem a arte é seu maior instrumento de dominação. Ao contrário, sob o disfarce do populismo democrático, ela explora as artes da cultura popular assim como a arte manipuladora da publicidade para promover um doce conformismo e o culto do novo, que mantêm o consumidor num delírio confuso de modas, inseguro sobre seus gostos. Em oposição, as artes maiores (paralelamente à educação) representam, ao menos no momento, a única séria oposição ao capital material e à consumação como fonte de *status* social, ainda que possamos lamentar que muito de seu potencial legitimador vem de suas características tradicionais de classe. O que Bourdieu chama de simbólico "capital cultural"[8] constitui a arma maior do artista e do intelectual contra a hegemonia do dólar; e é o dólar, não a ópera, que sustenta e motiva as injustiças sociais que muitos de nós deploramos.

3. As artes maiores devem também enfrentar a acusação de reforçar implicitamente a situação lamentável da realidade social por oferecer um universo imaginário de substituição em que nossos desejos frustrados de uma vida mais feliz e nossa necessidade de uma sociedade melhor sao deslocados, sublimados e satisfeitos, embora somente na imaginação. A práxis progressiva é assim paralisada pelo êxtase alucinante do que Marcuse chama de "ilusão real" da arte[9]. O encan-

mente comercial da arte popular pode ser uma conseqüência do fato de ignorarmos seu potencial estético, abandonando-a ao jogo de forças do mercado.

[8] Ver Bourdieu, *op. cit.*, pp. 56, 128-9, 331.

[9] Herbert Marcuse, "Über den affirmativen Charakter der Kultur" (1937),

tamento produzido pelos gloriosos produtos da arte, oculta as miseráveis condições materiais em que são produzidas e admiradas. Seduzidos pela beleza e perfeição da arte, somos levados a pensar que seus criadores — a humanidade e a sociedade — também se aproximaram da perfeição e da satisfação, ao menos no mundo espiritual da arte, julgado superior à existência prosaica e material. Tais ilusões escapistas nos permitem tolerar, e assim perpetuar, as condições reais que não são menos deploráveis quando ignoradas e disfarçadas pela superfície cativante da estética. É com razão que Dewey denuncia a instituição da arte como o "salão de beleza de nossa civilização"[10]. E Marcuse apresenta o mesmo ponto de vista ao criticar o que ele chama de "caráter afirmativo da cultura". Tanto por sua imagem gratificante de uma ordem melhor de unidade e de liberdade, como por sua intenção de ser universalmente apreciada como superior à realidade material, a arte serve como "justificação da forma de existência estabelecida" (*AZS*, 195).

> *Seu caráter mais importante reside na afirmação da existência de um mundo universalmente obrigatório* [...]: *um mundo essencialmente diferente do mundo factual da luta cotidiana pela existência, mas que cada indivíduo pode realizar* [...] *por si mesmo, "do interior", sem transformação alguma do real.* (AZS, 192)

Essa concentração sobre o cultivo e a apreciação pessoal do mundo elevado da arte fornece uma perigosa evasão interior, assim como o isolamento individual, que reforça (e reflete) a fragmentação solitária da sociedade, inibindo a solidariedade na práxis. Na verdade, mesmo quando a arte protesta contra a miséria social e a solidão, esse protesto é reapropriado esteticamente e solto, de maneira gratificante, na experiência imaginária individual, como parte integrante do prazer que a obra lhe proporciona, e não como crítica real e desejo de

em *Aufsätze aus der Zeitscrift für Sozialforschung 1935-1941*, Frankfurt am Main, Suhrkamp, 1979, pp. 223 e 225; abreviado *infra: AZS*. Através da ilusão cativante que produz a arte, "os homens podem se sentir felizes mesmo que não o sejam. A ação de aparência vem desmentir a afirmação da felicidade pessoal" (*AZS*, 216).

[10] John Dewey, *AE*, p. 346.

mudar o mundo. Assim, Marcuse conclui que mesmo "a idéia rebelde se torna um acessório para a justificação" (*AZS*, 216).

Podemos reconhecer a força considerável dessa linha de argumento sem, no entanto, concluir que as obras sedutoras das artes maiores devam ser evitadas como sereias fatais. Devemos simplesmente cuidar para que nossa crítica da arte seja eticamente mais intensa, mais engajada do ponto de vista político e social, para que nos conduza de uma apreciação estética das obras individuais à crítica de nossa realidade sociocultural (e, inclusive, de nossa instituição artística). Reconheçamos, acima de tudo, que muitas obras nos impelem a tal crítica, ao apontar os limites éticos e sociais das artes maiores e sua ideologia estética purista. Assim, Adorno observa que mesmo que todas as obras de arte sejam, em certo sentido, "socialmente culpadas", "as mais valorosas dentre elas tentam redimir sua culpa"(*AT*, 348). Nós podemos encontrar tal expiação através da autocrítica ética e social presente até mesmo na poesia de um conservador político e cultural como T.S. Eliot, ao qual eu retorno agora.

III

Embora muitas vezes condenado como formalista e esteta[11], Eliot reconhece a essência e a função sociais da arte. Mas ele também insiste (contra Shelley, Arnold e Richards) que a arte em si não pode salvar o mundo nem oferecer uma salvação pessoal. Desfazendo severamente o pretenso *status* do poeta como legislador do mundo, profeta e salvador, Eliot afirma que teria prazer em garantir ao poeta "um papel a cumprir na sociedade tão útil quanto o do comediante de *music-hall*"[12]. E embora a dificuldade de seus poemas sugira uma qualidade elitista, o ideal poético de Eliot é alcançar o público mais vasto possível. Isso é evidente no seu elogio de Dante e de Shakespeare, mas ainda mais na sua defesa do drama poético e no seu próprio esforço de atingir uma platéia maior voltando-se para o teatro. "Acredito que o poeta prefere

[11] Ver, por exemplo, Terry Eagleton, *Literary theory: an introduction*, Oxford, Blackwell, 1983, p. 51. Analiso este ponto e outras condições da teoria crítica de T.S. Eliot no meu livro *T.S. Eliot and the philosophy of criticism*, pp. 1-17.

[12] T.S. Eliot, *The use of poetry and the use of criticism*, Londres, Faber, p. 154.

naturalmente escrever para o público mais vasto e diversificado possível [...] Eu mesmo gostaria de ter um público que não soubesse ler nem escrever [...] O meio ideal para a poesia é, para mim, [...] o teatro"[13].

Ainda que profundamente envolvido com a tradição e as normas das artes maiores, Eliot é, ao mesmo tempo, crítico em relação a suas pretensões e conseqüências, isto é, a divisão social e o isolamento. Se por um lado ele insiste no poder da arte para educar e edificar, por outro nos previne de seu poder para decepcionar e corromper. Esta é a razão pela qual condena Hardy e Lawrence como escritores heréticos[14]. Eliot, de fato, pensa que a arte é mais perigosa e distorciva quando é apreciada através do simples ponto de vista estético — quando, por, exemplo, um texto é lido "por simples prazer". Ele critica, assim, a idéia de apreciação literária pura como uma "abstração" perigosa, sustentando que a crítica literária vai além do estritamente literário, incluindo a crítica ideológica — por exemplo, uma "crítica de um ponto de vista moral e teológico"[15]. Eliot, como Adorno, defende uma teoria em dois níveis para o julgamento artístico: um primeiro de aceitação aprazível da obra e de sua visão do mundo, e um segundo em que uma crítica ideológica se afirma[16]. Não existe, portanto, uma resposta única à questão do valor ético, social e cognitivo da arte. Depen-

[13] Eliot, *ibid.*, pp. 152-3.

[14] Eliot, *After strange gods*, Nova York, Hartcourt, Brace, 1934, pp. 59-66. O próprio Eliot falará mais tarde sobre essa condenação de Lawrence como o julgamento de "um homem doente" (cf. Helen Gardner, *The composition of "Four Quartets"*, Londres, Faber, 1978, p. 55). Mas ele nunca renunciou à idéia de que a crítica literária deveria ser completada por uma crítica ideológica.

[15] Ver Eliot, *Selected prose of T.S. Eliot*, Frank Kermode (org.), Londres, Faber, 1975, pp. 97 e 103; *Selected essays*, Londres, Faber, 1976, p. 271; e *Use of poetry*, pp. 98 e 109.

[16] Para uma análise detalhada dessa teoria em dois níveis proposta por Eliot, ver meu livro *T.S. Eliot and the philosophy of criticism*, cap. 6. Sua teoria antecipa a de Adorno, que também insiste sobre os dois níveis, ou dois pontos de vista, o de uma compreensão (*Verstehen*) simpática imanente e o de uma crítica ideológica externa (ver *AT*, pp.183-6, 362-4, 409-10, 517-8). Por um lado, para compreender a arte, o sujeito "deve entrar na obra", "entregar-se à obra" (pp. 362 e 409). Por outro, "uma comprensão total e imanente das obras de arte é um modo de compreensão falso e deficiente, pois permanece submisso ao sortilégio da arte [...] [Uma compreensão correta das obras] só pode ser alcançada através de uma dupla abordagem: a

dendo da maneira como cada um desses níveis é satisfeito, a arte pode revelar-se uma fonte de educação ou uma experiência decepcionante. No estudo que se segue, tento aplicar essa idéia à própria poesia de T.S. Eliot, com o intuito de mostrar como a arte exige uma apropriação crítica que revele, ao mesmo tempo, seus defeitos e seus potenciais de um ponto de vista ético e social.

RETRATO DE UMA SENHORA*

Thou hast commited —
Fornication: but that was in another country,
And beside, the wench is dead.
The jew of Malta[17]

I
Entre a fumaça e a neblina de uma tarde de dezembro,
Aí está a cena disposta — como deverá
[apresentar-se —
Com um: "Reservei-lhe toda esta tarde";
E quatro velas na penumbra da sala
Quatro anéis de luz no teto ao alto
Uma atmosfera de tumba de Julieta
Propícia a que tudo se diga, ou permaneça não dito.
Digamos que estivéssemos a ouvir o derradeiro polonês
Transmitir os Prelúdios com seus cabelos e as pontas
[de seus dedos.
"Tão íntimo, esse Chopin, que penso deveria sua alma

experiência específica ligada a uma teoria capaz de refleti-la" (pp. 184-5). "A situação alcançada pela análise imanente da arte deve ser transcendida na direção de uma segunda reflexão crítica, [...] [visto que,] limitada em sua concepção, a análise imanente ajuda a sufocar as idéias críticas e sociais sobre a arte" (p. 518). "Aqueles que têm uma simples visão interior da arte não podem compreendê-la, enquanto os que a vêem apenas de fora tendem a falsificá-la, por falta de afinidade para com ela. Ao invés de flutuar casualmente entre esses dois pontos de vista, a estética deve expor sua interconexão necessária com relação a obras específicas" (p. 520).

[17] Christopher Marlowe, *O judeu de Malta* (1592), ato IV, cena 1: "Haveis fornicado,/ Mas isto foi em outro país,/ E além disso, a moça está morta" (N. da T.).

* Cf. original em inglês ao final do capítulo.

Ressuscitar apenas entre amigos
Uns dois ou três, que não tocariam o frescor
Resvalado e discutido na sala de concerto."
— E assim a conversa desliza
Entre leviandades e remorsos notados com medida
Através de tons tênues de violinos
Misturados a remotos cornetins
E começa.
"Vocês não sabem o quanto eles significam para mim,
[meus amigos,
E quanto, quanto é raro e estranho, encontrar
Numa vida composta de tantos, tantos retalhos
(Pois na verdade não a amo... sabia? Você não é cego!
Como você é sensível!)
Encontrar um amigo que possui essas qualidades,
Que possui e oferece
Essas qualidades sobre as quais repousa a amizade.
O que importa que eu lhe diga isto —
Sem tais amizades — a vida, que cauchemar*!*

Entre as ondulações dos violinos
E as arietas
Dos cornetins estridentes
Dentro de minha cabeça um surdo batucar
Martelando absurdamente seu prelúdio,
Caprichosa salmodia:
No mínimo, uma clara "nota dissonante".
— Vamos tomar ar, no torpor do tabaco,
Admirar os monumentos,
Discutir os últimos eventos,
Acertar nossos relógios pelos relógios públicos.
Então, sentar por meia hora e tomar nossa cerveja.

II
Agora que os lilases florescem,
Ela tem um vaso de lilases em sua alcova
E gira um entre os dedos enquanto fala.
"Ah, meu amigo, você não sabe, você não sabe
O que é a vida, você que a tem em suas mãos";

(Lentamente retorcendo o talo do lilás)
"Você a deixa passar, você a deixa passar,
E a juventude é cruel e nenhum remorso tem
E sorri de situações que sequer consegue ver."
Sorrio, é claro,
E continuo a tomar chá.
"Mas com aqueles poentes de abril, que de algum
[modo recordam
Minha vida enterrada, e Paris na primavera,
Sinto uma paz infinita, e vejo o mundo
Maravilhoso e jovem, por fim."

A voz retorna como a insistente dissonância
De um violino quebrado numa tarde de agosto:
"Estou sempre certa de que você compreende
Meus sentimentos, sempre certa de que sente,
Certa que do outro lado do abismo alcançará sua mão.

Você é invulnerável, não tem o calcanhar de Aquiles.
Prosseguirá, e quando tiver vencido
Poderá dizer: neste ponto mais que um falhou.
Mas que tenho eu, que tenho eu, meu amigo,
Para lhe dar, o que você pode receber de mim?
Apenas a amizade e a simpatia
De alguém que já chega ao fim de sua viagem.

Estarei sentada aqui, servindo chá a amigos."

Pego meu chapéu: como posso covardemente reparar
O que ela disse para mim?
Você me verá toda manhã no parque
Lendo história em quadrinhos e a página de esportes.
Noto particularmente que
Uma condessa inglesa sobe ao palco,
Um grego foi assassinado numa dança polonesa,
Outro espoliador confessou sua culpa.
Conservo meu semblante,
Permaneço controlado
Exceto quando um realejo, mecânico e cansado

Repete uma velha canção comum
Com o perfume dos jacintos através do jardim
Relembrando coisas que outros já desejaram.
São certas ou erradas essas idéias?

III

Cai a noite de outubro; retornando como antes
Exceto por um leve mal-estar
Subo os degraus e giro a maçaneta da porta
E sinto como se tivesse subido de quatro.
"Então vai partir para o estrangeiro; quando volta?
Mas esta é uma pergunta inútil.
Você dificilmente sabe quando vai voltar,
Encontrará tanto a aprender."
Meu sorriso cai densamente entre objetos antigos.

"Talvez possa me escrever."
Meu autocontrole vacila por um momento;
Isto *é como eu havia calculado.*
"Tenho-me perguntado com freqüência ultimamente
(Porém nossos princípios nunca conhecem nossos fins!)
Porque não nos tornamos amigos."
Senti-me como alguém que sorri, e ao voltar-se percebe
De repente, sua expressão num vidro.
Meu autocontrole se consome pelo fogo; estamos
[realmente no escuro.

"Pois todos assim dizem, todos nossos amigos,
Todos eles estavam certos de que nossos sentimentos
[se ligariam
Tão intimamente! Eu mesma dificilmente posso entender.
Devemos agora deixar isso ao destino.
Você escreverá, em todo caso.
Talvez não seja tarde demais.
Eu estarei sentada aqui, servindo chá a amigos."

E preciso emprestar todas as formas volúveis
Para encontrar uma expressão... dançar, dançar
Como um urso bailarino,

Gritar como um papagaio, tagarelar como um macaco.
Vamos tomar ar, no torpor do tabaco...

Bem, e se ela devesse morrer numa tarde qualquer,
Tarde cinza e enfumaçada, anoitecer amarelo e rosa;
Devesse morrer e deixar-me, sentado, a caneta na mão
Com a fumaça caindo sobre os telhados;
Duvidoso, por um instante
Sem saber o que sentir ou se entendi
Ou se sábio ou doido, tarde ou muito cedo...
Não teria ela a vantagem, afinal?
Essa música é feliz ao concluir com um "decrescendo"
Agora que nós falamos em morrer —
E deveria eu ter o direito de sorrir?

Este poema, composto em 1910-11, descreve a relação embaraçosa entre uma velha mulher sentimental, cujo amor pela arte e maneira estética beiram o limite da afetação, e um jovem que possui uma consciência dolorosa dessa artificialidade estética, ao mesmo tempo que um medo aflitivo da emoção autêntica que ela guarda em si. Essa relação é retratada em três visitas que o jovem (o narrador do poema) faz à sua casa, no período de dezembro a outubro. Embora mais jovem que Prufrock de Eliot, o narrador compartilha de sua ironia, sua autoconsciência aflita no confronto com as mulheres (que em ambos os poemas é associada à dificuldade de subir escadas), assim como de sua incapacidade de comunicar diretamente as emoções. O narrador se revela, na última estrofe, enquanto autor do poema, "sentado, a caneta na mão", recordando e descrevendo a relação[18]. Ele não parece se incomodar com trabalhos comuns, dado que pode ser visto "toda manhã no parque"; e, como a senhora reconhece, ele é, ao mesmo tempo, prometedor e ambicioso: "Você é invulnerável, não tem o calcanhar de Aquiles./ Prosseguirá, e quando tiver vencido/ Poderá dizer: neste ponto mais que um falhou". Seu último encontro, na verdade, se passa quando ele parte para o "estrangeiro", onde "encontrará tanto a aprender".

A rica ironia desse poema se manifesta em pelo menos dois níveis. Apreciamos a moderação do narrador em relação ao romantismo ob-

[18] Este ponto importante é evidenciado por Stephen Spender, *Eliot*, Londres, Fontana, 1972, p. 46.

soleto da mulher, mas também vemos que aquilo que ele apresenta como preocupação legítima — guardar sua individualidade integral e seu "autocontrole" — não é nada mais que uma máscara de seu egoísmo inexperiente e medo de qualquer franqueza. Os temas de "auto-suficiência" e de "falta de comunicação" são, sem dúvida, centrais no poema, como o sugerem Hugh Kenner e Stephen Spender. Do mesmo modo que a tensão insatisfeita entre "o romantismo decadente" e o irônico "realismo sombrio", como evidencia A.D. Moody[19]. O que eu ainda considero central, e que será o tema motivador de minha leitura, é a tensão entre as duas visões sobre o valor ético e social da arte: a idéia romântica da arte enquanto educadora moral, que desperta e aprofunda nossa simpatia humana e nosso interesse pelos outros, contra a idéia contrária de que a arte corrompe moralmente, por engendrar afetação, sentimentos desgovernados e elitismo. Ao longo do poema, Eliot vacila entre essas duas visões e, no final, revela-nos o que parece ser uma defesa da arte correspondente à de sua prosa teórica. A idéia expressa é que a arte só é moralmente válida através da crítica de suas limitações morais e de seus perigos. E essa idéia é astuciosamente demonstrada e expressa através de nossa reflexão crítica sobre as limitações do próprio poema, enquanto obra do jovem narrador-poeta. Mas antes de examinar como esse poema retrata e resolve a controvérsia sobre o valor ético e social da arte, devemos aprofundar nosso conhecimento dessas duas visões contraditórias.

O texto de referência para a doutrina romântica da arte como educadora moral é a obra de Schiller, *Über die ästhetischen Erziehung des Menschen in einer Reihe von Briefen* [A educação estética do homem], de 1795[20]. Escrevendo sob o impacto da Revolução Francesa,

[19] Ver *ibid.*, pp. 43-6; Hugh Kenner, *The invisible poet*, Londres, Methuen, 1965, pp. 20-6, e A.D. Moody, *Thomas Stearns Eliot: Poet*, Cambridge, Cambridge University Press, 1980, pp. 21-2. A preocupação do jovem em relação a si mesmo e o isolamento que isso envolve são sugeridos na imagem atomista da frase "at this point many a one has failed" ("nesse *ponto* mais que *um* falhou").

[20] Friedrich Schiller, "Über die ästhetischen Erziehung des Menschen in einer Reihe von Briefen", *Sämtliche Werke*, vol. 5, G. Fricke und H.G. Göpfert, München, Winkler, 1980. As referências das páginas serão dadas entre parênteses no decorrer de meu texto, precedidas da abreviação *ÄEM*. [Ver Friedrich Schiller, *A educação estética do homem*, trad. Roberto Schwarz e Márcio Suzuki, São Paulo, Iluminuras, 1990.]

Schiller afirma que podemos alcançar uma boa sociedade política e um pensamento intelectual de alto nível através do "enobrecimento do caráter". Mas como isso pode ser alcançado sem a dependência circular de uma boa sociedade e de um bom pensamento? "O instrumento são as artes maiores", responde Schiller, uma vez que elas fornecem exemplos de beleza e perfeição que podem inspirar e elevar nosso caráter (*ÄEM*, carta IX, 1 e 2). A arte, primeiramente relacionada à aparência e guiada pela imaginação, não permanece confinada às condições políticas e intelectuais de sua época. A imaginação estética pode perceber a beleza enobrecedora e a verdade das obras do passado, produzidas em tempos mais harmoniosos. "A humanidade perdeu sua dignidade; mas a arte a salvou, preservando-a nas pedras cheias de significação. A verdade sobrevive na ilusão, e é através da cópia que a imagem original será restaurada" (*ÄEM*, carta IX, 4). A imaginação artística pode procurar também ver as formas irrealizadas de beleza existentes no reino da aparência (*ÄEM*, final da carta IX). É em vão, diz Schiller, que se tenta apurar o caráter ou o sentimento pela imposição de regras morais ao "homem grosseiro e puramente sensorial". "Devemos começar por alterar sua natureza" (*ÄEM*, carta XXIII, 5) por meio da estética. "Expulse de seus prazeres o arbitrário, a frivolidade, o rude, e, de maneira imperceptível, você acabará por expulsar isso de seus atos e, portanto, de suas inclinações. Envolva-os [...] com as formas maiores e mais nobres do gênio, com os símbolos da pefeição, até que a aparência conquiste a realidade, e a arte triunfe sobre a natureza" através de seu aprimoramento (*ÄEM*, carta IX, 5).

Schiller baseia sua visão da necessidade da educação estética numa teoria básica sobre a natureza humana. O homem tem duas pulsões fundamentais: uma "sensorial ou material" (*Stofftrieb*), que "deriva de sua existência física, de sua natureza sensorial", e outra "formal" (*Formtrieb*), que "deriva da existência absoluta do homem, ou de sua natureza racional" (*ÄEM*, carta XII, 2 e 5). A pulsão sensorial nos leva a experimentar o mundo e suas mudanças a fim de satisfazer nossas necessidades materiais. Ligada à instabilidade mundana, ela "exige constantemente a mudança", de maneira a experimentar "os mais múltiplos contatos com o mundo" (*ÄEM*, carta XIII, 1 e 3). A pulsão formal, ao contrário, refletindo a "existência racional e absoluta", visa a estabilidade e a imobilidade. Como no mundo oscilante da sensação a absoluta estabilidade é impossível, nossa natureza formal "insiste na unidade e na permanência" presentes na mudança, e visa a atingi-las através de um retiro parcial do mundo instável, com o intuito de atingir formas mais estáveis, que ela busca, então, impor à experiência. Para Schiller, a noção de uma "Pessoa constante, estável [...] apesar de todas as mudanças de condição" constitui, através de sua unidade de forma, o modelo, e mesmo a condição, da racionalidade humana e da liberdade necessárias à moralidade (*ÄEM*, carta XI, 2 e 6).

Schiller não pode reconhecer que as pulsões conflitantes do sentido e da razão sejam completamente incompatíveis, pois isso implicaria que nossa natureza é condenada a ser dividida. Mas ele salienta sua tendência para entrar em conflito; por isso "a obrigação da cultura [...] deve [...] a ambas a mesma equidade" (*ÄEM*, carta XIII, 2). Aqui a arte intervém. Schiller introduz uma terceira pulsão mediana "na qual as duas outras agem em concordância" (*ÄEM*, carta XIV, 5). Ele chama essa pulsão de "pulsão de jogo" (*Spieltrieb*), que julga estar no coração da arte e da estética. Assim como "o objeto da pulsão sensorial [...] é a vida, e o objeto da pulsão formal [...] é a forma, nós poderíamos nomear [...] o objeto da pulsão de jogo como forma do viver: um conceito que serve para designar todas as qualidades estéticas dos fenômenos, enfim, aquilo que no sentido mais amplo do termo denominamos beleza" (*ÄEM*, carta XV, 2). Os esforços da pulsão de jogo para harmonizar os princípios da vida e da forma raramente alcançam sucesso. O resultado, então, é que a beleza tende a ser "enérgica" ou "serena", de acordo com o domínio da vida ou da forma na "forma do viver" (*ÄEM*, carta XVI, 2).

No entanto, visto ser apenas no jogo que as duas pulsões básicas do homem entram em certa harmonia, "o homem [...] só é plenamente um ser humano quando joga". O jogo servirá, então, de base para "todo o edifício da arte do belo e da mais difícil ainda arte do viver" (*ÄEM*, carta XV, 9). Schiller conclui que devemos introduzir arte e beleza em todas as dimensões da vida, e colocá-la no coração de nossa educação, "pois é apenas a partir do nível estético e não do físico, que a moral pode se desenvolver" (*ÄEM*, carta XXIII, 6). Pois é a beleza que melhor "age sobre nossa sensibilidade" (*ÄEM*, carta XVIII, 4) inspirando "sentimentos sublimes" (*ÄEM*, carta XXIII, 5) e nos fazendo "desejar de maneira mais nobre" (*ÄEM*, carta XXIII, 8). O papel da arte na criação de uma sociedade mais civil reside não somente na educação moral do indivíduo através do desenvolvimento de um espírito harmonioso e de sentimentos nobres, mas também em seu poder de comunicação. "O apetite insocial é forçado a renunciar a seu egoísmo" (*ÄEM*, carta XXVII, 11) nas graças da beleza.

> *Embora talvez seja a necessidade que leve o homem a se agrupar socialmente e a razão que lhe inspire os princípios do comportamento social, apenas a beleza pode conferir-lhe um caráter social. Apenas o gosto introduz harmonia na sociedade, porque cria a harmonia no indivíduo. Todas as outras formas de percepção dividem o homem, porque são fundadas exclusivamente sobre a parte sensorial ou sobre a parte espiritual de seu ser; apenas o modo estético de percepção faz dele uma totalidade, pois obriga suas duas naturezas a entrar em harmonia. Todas outras formas de comunicação dividem a sociedade, pois se relacionam exclusivamente ou com a receptividade privada ou com a atividade privada de seus membros individuais, ou seja, com aquilo que distingue um homem de outro; apenas o modo estético de comunicação une a sociedade, pois ele relaciona aquilo que é comum a todos [...] Nenhum privilégio, nenhuma autocracia são tolerados quando o gosto prevalece e o reino da aparência estética estende seu domínio.* (ÄEM, carta XXVII, 10 e 11)

Contra essa idéia romântica de que a arte desenvolve nossa sensibilidade e aumenta nossa sensibilidade moral e compreensão humana, dois tipos de argumentos podem ser apresentados, renovando as acusações feitas no início do capítulo. O primeiro é que a preocupação constante com a arte torna nossos sentimentos artificiais, que a devoção à educação estética gera um esteticismo decadente. Nossas simpatias naturais tendem a ser rejeitadas como ordinárias ou vulgares, mais do que aprimoradas artisticamente. Além disso, existe o perigo de que nosso potencial de sensibilidade e de emoção profunda sejam dirigidos às obras de arte e não aos outros. Assim, as emoções estéticas da arte não estimulam realmente o sentimento e a ação morais, mas servem como um substituto superficial e insuficiente deles. Nunca será demais recordar o refinamento estético dos oficiais nazistas que choravam de emoção ao ouvir Beethoven enquanto orquestravam barbaramente o massacre global de crianças inocentes. E esse paradoxo se repete constantemente sob formas menos extremas, como quando saímos do teatro, ainda emocionados pelas vítimas sociais retratadas na peça, e passamos apressados, sem dar atenção, ao lado das vítimas reais que mendigam nas ruas geladas que são seu abrigo. A aparência da arte não é inocente nem moralmente efetiva como sugere Schiller. A beleza como aparência e a arte como jogo de imaginação estimulam a concepção compartimentada da estética como um escape da realidade, uma idéia que ajuda a legitimar a brutalidade do mundo real e não-estético.

Em segundo lugar, não podemos mais acreditar na atração universal e democrática da arte, tampouco na independência do gosto em relação a "privilégios" e "autarquia". O que Schiller (assim como Hume e Kant) designavam por universalidade não era o gosto natural de todas as pessoas em todas as classes, incluindo as inclinações vulgares e comuns, mas basicamente o gosto compartilhado por uma sociedade culturalmente privilegiada. Ao invés de unir a sociedade, a arte, através de sua distinção entre artes menores, divertimento e arte popular, divide a sociedade e comunica essa divisão. E através de uma distinção complementar entre modo de interpretação privilegiado e modo vulgar ou ordinário, a arte chega a dividir a sociedade em dois pólos: a elite privilegiada e de *bom gosto*, que sabe apreciá-la, e aqueles aos quais ela agrada, mas que supostamente não a compreendem como se deve. Essas duas séries de argumentos contra os valores moral e social da arte podem ser observados mais claramente no poema de Eliot, ao qual voltamos agora.

IV

A velha anfitriã sentimental representa a educação estética no que ela tem de bom e de ruim. Ela parece profundamente dedicada às alegrias da arte e aos prazeres da amizade, os dois pilares da vida ideal de G.E. Moore e da ética de Bloomsbury[21]. Seu sentimento pelo jovem é estável, constante e expresso numa forma estética. Na verdade, sua estabilidade e seu retiro do mundo (expressos no doloroso refrão "Estarei sentada aqui, servindo chá a amigos") fazem dela a representação da concepção schilleriana da forma. Seu ritual do chá captura

[21] Ver G.E. Moore, *Principia ethica*, Cambridge, Cambridge University Press, 1959, pp. 188-208. Comparamos a ética de Moore a tentativas mais recentes de estetização do ético no cap. 5 deste livro.

aquilo que Schiller nomeia por "beleza serena" (*ÄEM*, carta XVI, 3), dominada por formas de energias vitais esgotadas, como a heroína confessa mais tarde, quando fala de sua "vida enterrada". Além disso, assim como a pulsão formal constitui o princípio estrutural, a heroína constitui a figura diretriz do drama. Diante de seu desejo pela amizade, o jovem se contenta em reagir de modo passivo (e evasivo), convindo perfeitamente ao modelo da pulsão sensorial que, segundo Schiller, é fundamentalmente receptiva e reativa.

Mas o gosto da anfitriã pela arte e pela estética revela nuances de afetação, sentimentalismo e esnobismo, ao menos aos olhos irônicos do jovem narrador. Ela arranja seu encontro como uma "cena" romântica:

> *Com um: "Reservei-lhe toda esta tarde";*
> *E quatro velas na penumbra da sala*
> *Quatro anéis de luz no teto ao alto*
> *Uma atmosfera de tumba de Julieta*

Ainda que a cena evoque tanto a forma artística como sua aura (através das quatro velas e dos quatro círculos de luz), vemos sua representação romântica como artificial e inapropriada para sua relação. Ela não é uma jovem Julieta acolhendo seu Romeu, e seu retrato irônico não é simplesmente o de uma mulher de idade, mas o "de uma senhora", o que associa ambos, tanto ela como a arte do retrato, a diferenças e privilégios de classe. Do mesmo modo, seus comentários musicais (descritos com sarcasmo pelo narrador como "tons tênues de violinos/ Misturados a remotos cornetins», mais tarde "ondulações dos violinos/ E as arietas/ Dos cornetins estridentes") indicam menos uma apreciação atenta que uma postura estética elitista:

> *"Tão íntimo, esse Chopin, que penso deveria sua alma*
> *Ressuscitar apenas entre amigos*
> *Uns dois ou três, que não tocariam o frescor*
> *Resvalado e discutido na sala de concerto."*

Esse esnobismo é diretamente associado a sua busca da amizade, através do tema "amigos", sugerindo que não se trata da busca moral de uma comunidade geral, mas de uma busca que envolve igualmente certo esnobismo elitista, que aceita apenas "um amigo que tenha essas qualidades" da distinção que faz da amizade uma arte refinada. Representando fielmente a pulsão formal, ela dá à arte a primazia sobre a vida ("Pois na verdade eu não a amo"), uma vez que ela acha que "a vida é composta [...] de tantos retalhos", e não da maneira estética como ela tenta compor a sua. A própria descrição da sala, arranjada artisticamente como "o túmulo de Julieta", revela fortemente a associação de sua visão da arte com uma morte asfixiante; não é de se surpreender que o jovem, símbolo de energia de vida, sinta-se ansioso e intimidado nesse ambiente.

Por sua natureza reativa e agitada, por seus desejos grosseiros, seu senso impaciente do tempo e dos acontecimentos, sua inclinação à mudança e à vida, o jovem representa a pulsão sensorial. Ele é o visitante sempre em movimento, aquele que "prosseguirá", que "partirá", não conseguindo ficar calmamente sentado no espaço formal de sua visita, propondo em vez disso:

> — *Vamos tomar ar, no torpor do tabaco,*
> *Admirar os monumentos,*
> *Discutir os últimos eventos,*
> *Acertar nossos relógios pelos relógios públicos.*
> *Então, sentar por meia hora e tomar nossa cerveja.*

Seu papel como símbolo da vida sensorial, mutável torna-se mais explícito ainda na queixa da mulher: "Ah, meu amigo, você não sabe, você não sabe/ O que é a vida, você que a tem em suas mãos"; e sua natureza subumana, sua pulsão sensorial pela vida são capturadas na imagem da metamorfose animal, que expressa sua reação aos sentimentos humanos da anfitriã:

> *E preciso emprestar todas as formas volúveis*
> *Para encontrar uma expressão... dançar, dançar*
> *Como um urso bailarino,*
> *Gritar como um papagaio, tagarelar como um macaco.*
> *Vamos tomar ar, no torpor do tabaco...*

A última linha constitui o refrão do narrador, com seu movimento exterior, contrastando acentuadamente com a cerimônia interior do chá, presente no refrão da mulher.

Como leitores, partilhamos do desgosto do narrador pela artificialidade esnobe da vida estética da mulher e sua referência elitista à arte e à amizade, e compreendemos seu "prelúdio" aborrecido expresso num protesto de ritmo primitivo:

Entre as ondulações dos violinos
E as arietas
Dos cornetins estridentes
Dentro de minha cabeça um surdo batucar
Martelando absurdamente seu prelúdio,
Caprichosa salmodia:
No mínimo, uma clara "nota dissonante".

Sua nota dissonante é colocada entre aspas, o que sugere, considerando-se a ironia do narrador, que a monotonia caprichosa é dissonante apenas em função das normas estilizadas e artificiais da "verdadeira" música aprovada pelo gosto romanticamente apurado da mulher. Dado que tal gosto e tais normas, longe de ser naturais, são o produto de um condicionamento cultural elaborado (senão mesmo de uma afetação) no seio de uma sociedade artificial, a "nota dissonante" primitiva do batucar parece mais natural, mais verdadeira e "exata" que "as ondulações dos violinos/ E as arietas/ Dos cornetins estridentes", que exprimem sua refinada abertura à amizade. Essas tentativas da anfitriã de educar esteticamente seus sentimentos são claramente expressas na outra seção como a "insistente dissonância/ De um violino quebrado numa tarde de agosto", quando ela tenta comovê-lo, com a ajuda da beleza dos lilases, "girando um entre os dedos enquanto fala". Longe de comunicar de maneira potencial ou universal, a estética em suas mãos é tão seletiva quanto irremediavelmente ineficaz. Tudo o que o narrador pode ter delas é o desejo de "pegar [seu] chapéu" e fugir.

A educação estética romântica e sem crítica da mulher parece envolver fracasso e hipocrisia. Mas se as formas tradicionais das artes maiores e da estética são muito artificiais para comunicar e formar os sentimentos humanos, enriquecendo assim nossas vidas, o narrador crítico tem algo melhor a propor? Não é o que parece. Embora repelido e aparentemente assustado com seu reino estético de aparência, de arte bela e amizade, ele não parece mais feliz na "vida real", para a qual foge e, em certo sentido, representa. Pois o que é sua vida senão uma consumação ordinária de acontecimentos sensacionais fragmentados e divertimentos vulgares típicos da vida moderna alienada?

Esses sensacionais retalhos, consumidos para alimentar sua pulsão sensorial, não são vivenciados diretamente e de forma integral, mas só através daquilo que Walter Benjamin reconhece como o material fragmentário do jornal:

> *Você me verá toda manhã no parque*
> *Lendo história em quadrinhos e a página de esportes.*
> *Noto particularmente que*
> *Uma condessa inglesa sobe ao palco,*
> *Um grego foi assassinado numa dança polonesa,*
> *Outro espoliador confessou sua culpa.*

Esses eventos são "retalhos" tão insignificantes, sensações sem nada de sensacional, como que para abalar o sarcasmo pouco romântico do narrador quando ele escuta "o derradeiro polonês/ Transmitir os Prelúdios com seus cabelos e as pontas de seus dedos" (mais do que através de sua alma). Pois até mesmo o romantismo entediado de Chopin parece ser superior ao realismo lúgubre, apagado e, de certa forma, irreal da mídia — escândalos de jornais, quadrinhos e esportes. Mas essas linhas sobre o escândalo não evocam apenas degradação social e corrupção. A morte do grego num baile polonês (que remete à origem de Chopin) é uma alusão indireta à maneira pela qual a estética na Grécia antiga — onde a arte era muito mais robusta, democrática e integrada à vida real da sociedade — foi morta por um romantismo artificial que espiritualiza a arte num reino etéreo de puro estetismo[22].

De qualquer forma, a vida real do narrador, fragmentada e insignificante, não parece ser melhor do que a afetação estética da senhora. Isso absolutamente não o abala, ainda que a indiferença lhe pareça preferível à ameaça do sentimento real que a beleza pode suscitar. A beleza e o sentimento constituem, com efeito, uma ameaça,

[22] Esta visão não deve ser atribuída à preferência geral que Eliot manifesta pelo classicismo sobre o romantismo, pois a idealização da estética grega está longe de ser estranha aos pensadores românticos. Na verdade, Schiller compartilha essa idealização e, se tivesse vivido para ver o estetismo do último romantismo e da arte pela arte, teria endossado a crítica a seu freqüente escapismo em relação à vida. Pegando como ideal a integração da vida e da arte, a educação estética de Schiller visa a melhorar a vida real da sociedade, e não a promover a salvação individual e privada.

uma vez que colocam em risco sua auto-suficiência egoísta, sugerindo que existem projetos de realizações mais gratificantes (embora também mais arriscados) do que os ditados pela pulsão sensorial e pelo cálculo de interesses próprios. Nessa rotina do dia-a-dia, ele nota:

> *Conservo meu semblante,*
> *Permaneço controlado*
> *Exceto quando um realejo, mecânico e cansado*
> *Repete uma velha canção comum*
> *Com o perfume dos jacintos através do jardim*
> *Relembrando coisas que outros já desejaram.*
> *São certas ou erradas essas idéias?*

Dotado de uma ironia digna de Laforgue contra a familiar legião do esteticismo — os prelúdios purpúreos de Chopin, romanticamente trabalhados e apurados, e os lilases, muito provavelmente purpúreos, do sofisticado sentimento da anfitriã —, o narrador impressiona-se, no entanto, com a música e a beleza mais naturais da rua e do jardim. Estas não são retidas por uma elite, mas são abertas a todos e compartilhadas por todos. A canção é comum, na rua, enquanto o jardim é, logicamente, ao ar livre. Embora produzidas mecanicamente ou com menos arte que o recital do polonês e a encenação da anfitriã, esses objetos estéticos são ao menos mais honestos, mais diretos e abertos do que "as ondulações dos violinos" e o "retorcer do talo do lilás". Eles são, portanto, emocionalmente mais eficazes.

A experiência estética é uma necessidade humana, profunda e natural, que, se frustrada no domínio das artes maiores, buscará satisfação noutro lugar. Como Dewey lamenta, "quando, por causa de seu distanciamento, os objetos reconhecidos como obras de arte pelos especialistas parecem anêmicos à maioria das pessoas, a sede estética provavelmente busca o barato e o vulgar" (*AE*,12). Essa acusação contra a divisão elitista e espiritual das artes maiores é apoiada por Eliot, que nem vê nas canções de rua uma grande arte, nem as acusa de serem vulgares ou sem valor (assim como também não condena o narrador por se comover com elas). Podemos ver pelas imagens da canção do realejo — "mecânico e cansado", "velha" e "comum" (esta última sendo ambígua por ter dois sentidos: o positivo de "compartilhar" e o negativo de "vulgaridade") — que tal arte não representa um ideal estético. O mesmo pode ser dito sobre o ritmo primitivo do jovem em reação à melodia artificial da mulher. Trata-se de um "surdo batucar" "martelando absurdamente" uma "caprichosa salmodia"[23]. Isto não visa a representar, é claro, as qualidades que a arte deve ter (nem mesmo para o jovem narrador), ainda que o batucar seja mais vívido e atraente que o romantismo decadente da mulher. Eliot parece sugerir que, embora a arte não deva abandonar suas raízes, seus ritmos e energia mais primitivos, o retorno completo ao primitivismo também não é uma solução viável para a estética ocidental. Ainda que desprezemos a decadência sofisticada, não podemos nos satisfazer plenamente com um primitivismo *naïf* que, finalmente, não corresponde à nossa experiência sociocultural e envolve, para nós, uma postura artificial e um escapismo em si mesmo.

O dilema, expresso na imagem negativa do batucar e da velha canção, pode também ser reencontrado na pessoa do narrador. Sabemos que provavelmente é um homem cultivado, se não por sua linguagem e aparente carreira de poeta, ao menos pela atenção e pelo louvor que a sofisticada senhora lhe concede. Sua crítica irônica da arte romântica tardia e do estetismo sugere um requinte estético bem superior ao ímpeto sentimental da mulher, um condicionamento cultural que parece torná-lo incapaz de se satisfazer plenamente pelas formas primitivas, "velhas e comuns" da arte popular.

Nem aparenta ser extremamente insensível a qualquer sentimento. Percebe claramente os sentimentos da mulher sem se impressionar com eles, como um conhecedor discerne uma qualidade estética ou uma emoção sem realmente senti-la. Sua insensibilidade é uma falha de sentimento humano, não de percepção. Ele teme que o sentimento destrua seu "autocontrole", lançando-o, talvez, aos excessos sentimentais da mulher e à dependência da amizade. Tão absorto e atento a si mesmo, ele só consegue ver os motivos dessa busca de amizade como uma ameaça, recuando, assim, por medo deles. Schiller parece quase descrever esse jovem quando afirma: "Uma orgulhosa auto-suficiência aperta o coração do homem do mundo, um coração que no homem natural ainda bate com simpatia [...] Apenas pela completa renúncia da sensibilidade podemos, pensa-se, nos pôr a salvo de suas

[23] Não posso resistir à idéia de identificar Eliot, jovem poeta, à experiência do batucar ["*tom-tom*" em inglês] e à atitude de autocontrole do narrador. Eliot era então chamado de "Tom" pelos amigos; a crítica do enfadonho batucar e do egoísmo do narrador sugere uma autocrítica de Eliot.

aberrações" (*ÄEM*, carta V). Tal homem, que pode ser encontrado até mesmo "entre os mais cultivados", beira o estado de barbárie. "Inconsciente de sua própria dignidade humana, está longe de respeitá-la nos outros; e, consciente de sua avidez selvagem, teme o mesmo de toda criatura que a ele se assemelhe. Nunca vê os outros nele, mas sempre se vê nos outros; e a vida comunitária, ao invés de transformá-lo num representante da espécie, apenas o confina, de maneira cada vez mais restrita, à sua própria individualidade (*ÄEM*, carta XXIV). Sua vida egocêntrica de sensações resulta numa "monotonia circular de fins, numa constante vacilação de juízos" (*ÄEM*, carta XXIV) que evoca não somente a rotina cotidiana do narrador — ler o jornal todas as manhãs, fumar e vagar "pelos monumentos públicos", "relógios públicos" e cafés — como também sua incerteza quanto a saber se as idéias são "certas ou erradas".

No entanto, como afirma Schiller, o charme estético pode tocar e mesmo amolecer os mais duros corações; e o jovem de Eliot comove-se autenticamente com as canções de rua e com os jacintos. Ainda que não inteiramente excitado com o desejo humano e a simpatia por essas belezas simples e comuns (tampouco com o batucar primitivo citado atrás), ele é ao menos arrebatado de seu autocontrole de maneira suficiente para considerar o que "outros já desejaram" e a validade ou o valor desses desejos: "Essas idéias são certas ou erradas?". Esta questão, entretanto, está ainda longe de anunciar uma autocrítica ética e uma mudança. Pois "certo ou errado" não implica necessariamente "certo ou errado" do ponto de vista ético, mas pode tão-só significar "verdadeiro ou falso" ou meramente "bom ou ruim" do ponto de vista instrumental (como podemos falar de uma boa maneira de trapacear ou de torturar).

Além disso, no terceiro encontro podemos ver que o jovem mantém seu autocontrole e sua recusa desses sentimentos humanos de simpatia que o assustaram na mulher. No entanto, seu autocontrole parece já um pouco enfraquecido pela experiência estética da última estrofe. Ao aproximar-se do apartamento da mulher, ele confessa "um leve mal-estar", como se tivesse subido os degraus "de quatro". Despedindo-se, antes de partir para o estrangeiro, o jovem precisa enfrentar toda a força do sentimento da senhora, seu contínuo desejo de amizade (agora por correspondência), e sua decepção ao ver sua afeição não correspondida.

"Talvez possa me escrever".
Meu autocontrole vacila por um momento;
Isto *é como eu havia calculado.*
"Tenho-me perguntado com freqüência ultimamente
(Porém nossos princípios nunca conhecem nossos fins!)
Por que não nos tornamos amigos".
Senti-me como alguém que sorri, e ao voltar-se percebe
De repente, sua expressão num vidro.
Meu autocontrole se consome pelo fogo; estamos
[realmente no escuro.

Se lermos atentamente esses versos, veremos que não são mais seu pedido e suas queixas que perturbam o autocontrole do narrador, mas o fato de ele perceber que sua resposta falsa e cruelmente sorridente, como a consciência crítica que alguém pode ter de si ao ver seu sorriso embaraçoso no espelho, "sua expressão num vidro". Mas a metáfora do espelho, apreendendo uma imagem, remete-nos precisamente à velha metáfora usada para a arte e sua *mimesis*. Eliot, então, está sugerindo através dessa figura, que a arte pode transtornar o autocontrole endurecido de um homem pela representação crítica de sua imagem ou ação. A arte pode ajudar-nos a criticar os males da vida e da sociedade simplesmente representando-as, e tal crítica é um passo necessário à melhoria ética e social. A educação estética só é possível se envolve uma crítica; a arte edifica apenas quando suas imagens refletidas não são simplesmente produzidas ou consumidas, mas quando são compreendidas e apropriadas criticamente. Este tema será reforçado na última estrofe do poema.

Antes disso, na penúltima estrofe, a arte não só reflete, mas intensifica a imagem que captura. A intensificação da tradução artística aparece na rima repetida e no ritmo pungente do apelo final da mulher:

"Devemos agora deixar isso ao destino.
Você escreverá, em todo caso.
Talvez não seja tarde demais.
Eu estarei sentada aqui, servindo chá a amigos."

Aqui, mais uma vez, parece que o engenho do sentimento, mais que o sentimento em si, vence o autocontrole do narrador, revelando-lhe sua própria desumanidade. Sua resposta não chega ao nível da humanidade nem do poder estético do apelo da mulher; suas tentativas grosseiras e instáveis de achar uma expressão se comparam aos gracejos grotescos de um animal de circo.

E preciso emprestar todas as formas volúveis
Para encontrar uma expressão... dançar, dançar
Como um urso bailarino,
Gritar como um papagaio, tagarelar como um macaco.
Vamos tomar ar, no torpor do tabaco...

A última estrofe encontra o narrador sozinho no estrangeiro, pensando na possibilidade da morte da senhora sentimental. Não tinha ela já citado sua "vida enterrada" quando lhe oferecia "a amizade e a simpatia/ De alguém que já chega ao fim de sua viagem"? Imaginando sua morte com detalhada inventividade, sentado com a "caneta na mão" para reavivar a memória de sua recusa renovada a cada oferta que ela lhe fazia de sua simpatia, o jovem revela-se como o poeta que escreveu a retrospectiva em questão, assim como o homem que explora o sofrimento dos outros como material para sua arte. A arte pode apropriar-se do sentimento humano mais do que desenvolvê-lo; na verdade, pode chegar a negá-lo e a deformá-lo para melhor utilizá-lo. Por outro lado, a representação poética da morte da mulher acaba por levar o jovem a questionar a validade de seus próprios sentimentos, assim como a legitimidade ética de sua postura de fria e sorridente ironia em relação ao sentimento dos outros. Aqui as artes maiores da poesia parecem conseguir inspirar um sentimento moral real, para o qual tanto o batucar primitivo como a velha canção da rua sao inadequados. Mas consegue de fato? A conclusão complexa do poema reclama uma investigação minuciosa.

Bem, e se ela devesse morrer numa tarde qualquer,
Tarde cinza e enfumaçada, anoitecer amarelo e rosa;
Devesse morrer e deixar-me, sentado, a caneta na mão
Com a fumaça caindo sobre os telhados;
Duvidoso, por um instante
Sem saber o que sentir ou se entendi
Ou se sábio ou doido, tarde ou muito cedo...
Não teria ela a vantagem, afinal?
Essa música é feliz ao concluir com um "decrescendo"
Agora que nós falamos em morrer —
E deveria eu ter o direito de sorrir?

É verdade que a tradução artística de sua morte faz com que ele questione seus próprios sentimentos, ou mesmo sua falta. Essa inventividade estética sugere ao narrado um triunfo do fervor sentimental da mulher, que ele desprezava como uma fraqueza embaraçosa. Aquele que libera seu sentimento do jugo do autocontrole, deixando-o seguir seu próprio curso, não precisa "saber para sentir". Não tem necessidade de saber, apenas sente. Além disso, é inegável que o retrato artístico de sua morte imaginária (não apenas em sua atmosfera retratada ricamente — "cinza e enfumaçada [...] amarelo e rosa" — mas também através de seu estilo musical "decrescente") evoca, na última linha do poema, a primeira questão do narrador realmente ética. Com efeito, em "deveria eu ter o direito de sorrir?", "deveria" e "direito" são os primeiros termos claramente éticos do poema, dado que idéias "certas ou erradas", como nós vimos, podem não ter valor ético algum.

Por outro lado, o poema pode querer sugerir que o triunfo final da mulher não acontece através de seu sentimento, mas sim de sua morte, o que significa o fim do sentimento. O jovem, agora apresentado como poeta e, portanto, sob a égide da arte, pode ser interpretado como aquele que afirma a morte artística sobre a vida dos sentimentos reais. A arte, com efeito, sempre afrontou a vida, assim como a morte se opõe a ela. Escrevendo esse poema sobre a mulher, ele tenta, mais uma vez, furtar-se do sentimento real em relação a ela; e a arte proporciona este subterfúgio. Desde o romantismo tardio e do princípio da "arte pela arte", pode-se notar que não é raro acentuar a separação e a purificação da arte, longe dos interesses e emoções da vida ordinária, uma visão segundo a qual as emoções estéticas não devem ser confundidas com aquelas da vidas real. Clive Bell, por exemplo, defende essa visão[24], assim como Eliot (por um curto período), embora este poema tenha sido escrito vários anos antes. Em 1920, no ápice dessa fase de crítica objetiva, ele afirma que "a crítica literária não deve apresentar outras emoções que não sejam as provocadas pela arte — e essas, quando válidas, [...] talvez nem devam ser chamadas emoções"[25].

[24] Ver Clive Bell, *Art*, Nova York, Capricorn, 1958, cap. 1.

[25] Eliot, *Selected prose*, p. 56. Sobre a evolução do pensamento de Eliot sobre a objetividade crítica, ver meu livro *T.S. Eliot and the philosophy of criticism*, cap. 3.

Então, a arte talvez não impulsione o jovem poeta-narrador ao encontro da emoção real e da simpatia, mas simplesmente ao da emoção estética. Ao invés de despertar ou alimentar uma prática moral e real, talvez ela forneça apenas um subterfúgio para a fuga, através da satisfação de sentir uma simpatia artística imaginária que pode ser figurada numa forma agradável, sem a necessidade de ação ou de confrontação imediata com o sentimento bruto. Assim, poder-se-ia dizer que o jovem poeta se mantém moralmente selvagem por ser esteticamente refinado, por não deixar os sentimentos humanos interferir na apreciação pura e estética da morte da senhora. Afinal, ele aprecia sua morte em termos claramente estéticos, como uma música que conclui "com um 'decrescendo'", e não em termos de morte real — de sofrimento, perda, tristeza ou remorso moral. Isso sugere que a educação estética, ao invés de nos abrir à moralidade ou à simpatia, nos induz a uma atitude estética refinada, mas moralmente insensível, em que tendemos a ver tudo, mesmo as pessoas, como objetos de uso estético. Mesmo na última estrofe, quando o narrador se encontra profundamente comovido, ele parece tratar a senhora como um objeto estético (o objeto de "Retrato de uma senhora") e não como um fim em si mesmo, possuindo dignidade humana. Podemos até mesmo questionar se ele está, de alguma maneira, comovido pela sua sorte real ou se, num narcisismo estético, comove-se apenas pela representação artística que ele faz dela. Na verdade, a autenticidade de seu sentimento — e com ele a inteira estetização da vida, que faz da brutalidade da morte um momento de deleite estético mais do que de sofrimento — parece ser questionada pelo próprio poeta-narrador. A questão que conclui o poema "E deveria eu ter o direito de sorrir?" reforça esse ponto, sendo tão complexa em significações que continua repercutindo longamente, uma vez que as palavras foram lidas.

A questão não é apenas saber se o jovem narrador deveria ter o direito de sorrir ironicamente em reação à louca fraqueza emocional da mulher no passado, e de sorrir com alívio de ter escapado, através de sua morte, de seus pedidos de sentimento real e de amizade. Também se trata de refletir se ele tem o direito de sorrir com satisfação pela maneira como transfigurou a emoção real e o sofrimento ameaçador da mulher numa obra de arte requintada e agradável, que oferece vida e sentimento através da emoção estética. Mas ele parece estar perfeitamente consciente de sua tendência para estetizar sua morte; e, dada sua capacidade de autocrítica (manifesta nas descrições de seu embaraço na perda de seu autocontrole), pode estar sorrindo ironicamente pelo reconhecimento de que essa postura estética em relação à vida e à morte humanas é totalmente imoral. Deveria eu ter o direito de sorrir, ele também se pergunta, de meu estetismo cruel e desumano, e mesmo da percepção "intelectual" superior que possuo por reconhecer esta falta moral? Temos o direito de rir criticamente de nós mesmos e de nossas fraquezas morais, se não existe aí, afinal, nenhum motivo para rir?

Essa questão não se restringe a esse ponto à espera de uma resposta; mas nos leva para além do narrador, ao poeta e, finalmente, ao leitor e ao crítico. Identificando o jovem poeta ao jovem Eliot, que escreveu essa obra aos vinte e três anos, podemos ver o próprio Eliot se perguntando se ele tem o direito de sorrir com superioridede crítica do esteticismo do jovem e de sua decepção ao perceber que a vida pode ser tratada como uma obra de arte. Ou ele sorri afirmando sua decepção? O que Eliot está fazendo ao escrever esse poema, senão repetindo o mesmo ato? Ao criticar a problemática estetização que a arte opera dos males (que demandam mais que um simples tratamento estético), ele reproduz o problema ao criar um outro objeto estético que irá satisfazer nossas emoções estéticas e até mesmo o gosto estético elevado que alguns de nós possuem pelos "conteúdos morais" presentes na arte. Mas a tradução artística refinada, ou a estetização desse conteúdo, desvia a atenção do problema das raízes, que tem sua origem na vida, e nela deve ser resolvido, não no domínio da arte. Aqui a arte revela uma de suas aporias, à medida que nos distrai do problema exatamente no ato em que nos dirige a ele.

Finalmente, o leitor-crítico também não está protegido dessa questão e dessa decepção. Deveria eu ter o direito de sorrir da estetização paradoxal que Eliot faz da ética ao tentar criticar precisamente este erro? Afinal, ele mesmo não sugere estar consciente desta dificuldade presente nessa questão ecoante, que pode ser dirigida contra si mesmo, enquanto autor do poema — isto é, alguém que se dedica mais à criação artística do que à crítica social e à ação moral? Se nós, leitores-críticos, apreciamos a mensagem moral e a charada do poema simplesmente como alimento estético, então não temos mais o direito de sorrir e de nos satisfazer com os nobres sentimentos e sutilezas de nossa leitura, não mais que Eliot ou o jovem narrador diante de sua habilidade para escrever.

Se existe algum esboço de resposta para esse paradoxo moral da arte, talvez possamos colocá-lo dessa forma: precisamos transformar nossa crítica das obras de arte e de seu conteúdo moral numa consciência crítica da função social da própria arte e, mais adiante, ampliá-la numa crítica de nosso mundo social, no qual a arte se apresenta tão distante da vida e das relações humanas. Tal consciência crítica pode ser estimulada pela arte, mas não por ela determinada. A arte, como vimos no "Retrato de uma senhora", pode quando muito chegar a uma questão ambígua e cativante, a qual a crítica — tomada em seu sentido mais amplo, como crítica filosófica, moral e social — deve esclarecer e tentar resolver.

E temos nós o direito, então, de parar por aqui? Na verdade, temos o dever de continuar a crítica de nossa fragmentação sociocultural, em que a amizade se funde no medo, na fuga e no isolamento, em que a beleza e o sentimento são vivenciados não em feliz comunhão, mas na ilusão artística da morte solitária de uma senhora e no remorso de um jovem isolado. Nossa fragmentação sociocultural encontra expressão e suporte na forte separação existente entre as artes maiores e as formas populares de expressão artística. Recusa-se o *status* de arte às formas populares. Na nossa cultura, para se obter plena legitimidade estética, é necessário vencer a íngreme escalada da espiritualização e do refinamento elitista, assim como o jovem precisa subir os degraus para alcançar o santuário artístico da senhora. E se tudo lá em cima parece sufocante e sombrio, ninguém ousa abrir as janelas para deixar entrar o ar fresco e a música popular das ruas. Aquele que lá está é reduzido a sentir-se como um bárbaro ou um animal ("um urso bailarino") incapaz de respirar o ar puro da arte, sendo impelido a fugir para um outro domínio cultural.

Se o jovem representa as formas mais populares de expressão artística, enquanto a senhora sustenta as artes maiores, seu fracasso em comunicar ou ficar juntos simboliza um grave problema cultural. Exilada de toda respeitabilidade ou aceitação dentro da tradição cultural, a arte popular é destituída de controle e atenção artísticos que poderiam torná-la mais satisfatória e sensível de um ponto de vista estético. Abandonada à deformação das pressões da vida, sobretudo pressões desumanizadoras de interesse econômico, ela cresce robusta e tecnicamente sofisticada, mas brutalmente crua em termos de sensibilidade. Ao contrário, as artes maiores, como a senhora, são entregues à morte, sozinhas, na sua sufocante pureza e árida espiritualidade, longe das energias vivificantes (a "beleza enérgica" de

Schiller) que pertencem às formas de expressão popular, bem como ao jovem narrador.

Essa dicotomia lamentável entre a autenticidade das artes maiores e a ilegitimidade da cultura popular parece nos colocar um dilema estético inaceitável: escolher entre a artificialidade moribunda e sufocante das artes maiores ou o primitivismo brutal e desumanizador do popular. Esse dilema e essa dicotomia devem ser desafiados pela crítica contínua de nossa ideologia institucional da arte e sua absoluta rejeição da arte popular, como ilegítima do ponto de vista estético e corrupta do ponto de vista sociocultural.

PORTRAIT OF A LADY

Thou hast committed —
Fornication: but that was in another country,
And besides, the wench is dead.
The Jew of Malta

I

Among the smoke and fog of a December afternoon
You have the scene arrange itself — as it will seem to
[do —
With 'I have saved this afternoon for you';
And four wax candles in the darkened room,
Four rings of light upon the ceiling overhead,
An atmosphere of Juliet's tomb
Prepared for all the things to be said, or left unsaid.
We have been, let us say, to hear the latest pole
Transmit the Preludes, through his hair and fingertips.
'So intimate, this Chopin, that I think his soul
Should be resurrected only among friends
Some two or three, who will not touch the bloom
That is rubbed and questioned in the concert room.'
— And so the conversation slips
Among velleities and carefully caught regrets

Through attenuated tones of violins
Mingled with remote cornets
And begins.
'You do not know how much they mean to me, my
[friends,
And how, how rare and strange it is, to find
In a life composed so much, so much of odds and ends,
(For indeed I do not love it... you knew? you are not
[blind!
How keen you are!)
To find a friend who has these qualities,
Who has, and gives
Those qualities upon which friendship lives.
How much it means that I say this to you —
Without these friendships — life, what cauchemar*!'*

Among the windings of the violins
And the ariettes
Of cracked cornets
Inside my brain a dull tom-tom begins
Absurdly hammering a prelude of its own,
Capricious monotone
That is at least one definite 'false note.'
— Let us take the air, in a tobacco trance,
Admire the monuments,
Discuss the late events,
Correct our watches by public clocks.
Then sit for half an hour and drink our bocks.

II
Now that lilacs are in bloom
She has a bowl of lilacs in her room
And twists one in her fingers while she talks.
'Ah, my friend, you do not know, you do not know
What life is, you who hold it in your hands';
(Slowly twisting the lilac stalks)
'You let it flow from you, you let it flow,
And youth is cruel, and has no remorse
And smiles at situations which it cannot see.'

I smile, of course,
And go on drinking tea.
'Yet with these April sunsets, that somehow recall
My buried life, and Paris in the Spring,
I feel immeasurably at peace, and find the world
To be wonderful and youthful, after all.'

The voice returns like the insistent out-of-tune
Of broken violin on an August afternoon:
'I am always sure that you understand
My feelings, always sure that you feel,
Sure that across the gulf you reach your hand.

You are invulnerable, you have no Achilles' heel.
You will go on, and when you have prevailed
You can say: at this point many a one has failed.
But what have I, but what have I, my friend,
To give you, what can you receive from me?
Only the friendship and the sympathy
Of one about to reach her journey's end.

I shall sit here, serving tea to friends...'

I take my hat: how can I make a cowardly amends
For what she has to said to me?
You will see me any morning in the park
Reading the comics and the sporting page.
Particularly I remark
An English countess goes upon the stage.
A Greek was murdered at a Polish dance,
Another bank defaulter has confessed.
I keep my countenance,
I remain self-possessed
Except when a street-piano, mechanical and tired
Reiterates some worn-out common song
With the smell of hyacinths across the garden
Recalling things that other people have desired.
Are these ideas right or wrong?

III

The October night comes down; returning as before
Except for a slight sensation of being ill at ease
I mount the stairs and turn the handle of the door
And feel as if I had mounted on my hands and knees.
'And so you are going abroad; and when do you
[return?
But that's a useless question.
You hardly know when you are coming back,
You will find so much to learn.'
My smile falls heavily among the bic-à-brac.

'Perhaps you can write to me.'
My self-possession flares up for a second;
This *is as I had reckoned.*
'I have been wondering frequently of late
(But our beginnings never know our ends!)
Why we have not developed into friends.'
I feel like one who smiles, and turning shall remark
Suddenly, his expression in a glass.
My self-possession gutters; we are really in the dark.

'For everybody said so, all our friends,
They all were sure our feelings would relate
So closely! I myself can hardly understand.
We must leave it now to fate.
You will write, at any rate.
Perhaps it is not too late.
I shall sit here, serving tea to friends.'

And I must borrow every changing shape
To find expression... dance, dance
Like a dancing bear,
Cry like a parrot, chatter like an ape.
Let us take the air, in a tobacco trance —
Well! and what if she should die some afternoon,
Afternoon grey and smoky, evening yellow and rose;
With the smoke coming down above the housetops;

Doubtful, for a while
Not knowing what to feel or if I understand
Or whether wise or foolish, tardy or too soon...
Would she not have the advantage, after all?
This music is successful with a 'dying fall'
Now that we talk of dying —
And should I have the right to smile?

3. FORMA E FUNK: O DESAFIO ESTÉTICO DA ARTE POPULAR

I

A arte popular não tem gozado de tamanha popularidade junto aos filósofos e teóricos da cultura, ao menos no que concerne a seus momentos profissionais. Quando não é completamente ignorada, indigna até mesmo de desdém, ela é rebaixada a lixo cultural, por sua falta de gosto e de reflexão[1]. A difamação da arte popular ou da cultura de massa (o debate sobre o termo apropriado é significativo e instrutivo[2]) parece inevitável, dada a maneira como é endossada por intelectuais de visões e atividades político-sociais radicalmente diferentes. De fato, temos aqui um desses raros casos, onde reacionários de direita e marxistas radicais se dão as mãos por uma mesma causa.

É difícil fazer oposição a uma tal coalizão de pensadores. Ainda assim, por várias razões, essa é a minha intenção nesse capítulo. O pragmatismo deweyiano que professo leva-me não apenas a criticar o esoterismo alienador e as pretensões totalizadoras das artes maiores,

[1] Tenho prazer em observar que existem várias exceções em relação a essa atitude filosófica geral. Devemos notar especialmente os estudos favoráveis de Stanley Cavell, Noël Carroll e Alexander Nehamas sobre a televisão e o cinema. Ver, por exemplo, Cavell, *The world viewed*, Cambridge, Mass., Harvard University Press, 1979; *Pursuits of happiness*, Cambridge, Mass., Harvard University Press, 1981; "The fact of television", *Daedalus*, 111, 1984, pp. 235-68; Carroll, *Philosophical problems of classical film theory*, Princeton, Princeton University Press, 1988; *Mystifying movies*, Nova York, Columbia University Press, 1988; e os trabalhos de Nehamas citados *infra* nas notas 53 e 66. Ver também David Novitz, "Ways of art making the high and the popular in art", *British Journal of Aesthetics*, 29, 1989, pp. 213-29.

[2] O termo "popular" tem muito mais conotações positivas, enquanto "massa" sugere um agregado indiferenciado e característicamente desumano. Para mais detalhes sobre esse debate terminológico, ver Herbert J. Gans, *Popular and high culture: An analysis and evaluation of taste*, Nova York, Basic Books, 1974, p. 10, abreviado *infra*: *PH*.

como também a suspeitar fortemente de toda divisão essencial e irredutível estabelecida entre seus produtos e aqueles da arte popular. A própria história nos mostra claramente que o divertimento popular de uma cultura (o teatro grego ou mesmo elisabetano, por exemplo) pode tornar-se o grande clássico de outra época. Na verdade, até mesmo dentro do mesmo período cultural, uma mesma obra pode funcionar tanto como arte popular quanto como arte maior, dependendo da maneira com que é interpretada e apropriada pelo público. Na América do Norte do século XIX, Shakespeare fazia parte do teatro nobre assim como do *vaudeville*[3].

Como as fronteiras entre as artes maiores e a arte popular não são claras nem incontestáveis (muitos filmes, por exemplo, aparentemente se enquadram nas duas classificações), falar sobre elas da maneira simples e genérica com que pretendo fazê-lo implica uma boa abstração e simplificação filosófica. Mas sendo as condenações globais da arte popular feitas com os mesmos termos binários e simplistas, sinto-me autorizado ao utilizá-los para a sua defesa, esperando que tal defesa alcance a dissolução da dicotomia entre artes maiores e arte popular, dirigindo-nos para análises mais apuradas e concretas das diversas artes e de suas diferentes formas de apropriação[4].

Mas a razão mais urgente e profunda para defender a arte popular é a satisfação estética que ela nos oferece (mesmo a nós, intelectuais), forte demais para que toleremos as críticas globais feitas à sua degradação, desumanidade e ilegitimidade estética. Condená-la por convir apenas ao gosto grosseiro e ao espírito rude das massas ignorantes e manipuladas equivale a nos colocar não só contra o resto de nossa comunidade, mas também contra nós mesmos. Somos levados a desprezar as coisas que nos dão prazer e a sentir vergonha desse prazer. Enquanto as críticas conservadoras e marxistas lamentam permanentemente a fragmentação contemporânea da sociedade e dos

[3] Ver Lawrence W. Levine, *Highbrow/lowbrow: The emergence of cultural hierarchy in America*, Cambridge, Mass., Harvard University Press, 1988, pp. 13-81.

[4] Se fôssemos obrigados a definir a distinção entre arte popular e artes maiores, seria melhor fazê-lo não apenas pela diferenciação de seus objetos, mas também de seus modos de recepção ou de uso. O uso "popular" contrasta com o uso "nobre ou erudito" por ser mais próximo da experiência e menos estruturado e regulado por normas escolares impostas pelo sistema de educação formal e de instituições intelectuais dominantes.

indivíduos (acusando as forças da modernização, industrialização, laicização ou do capitalismo), a linha rígida de legitimação que estabelecem entre artes maiores e arte popular não só retoma como reforça essas mesmas divisões lamentáveis na sociedade e, de maneira ainda mais profunda, em nós mesmos. Além disso, a crítica contra a legitimidade da arte popular, conduzida em nome da proteção de nossa satisfação estética, representa um modo de renúncia ascética, uma das várias formas utilizadas pelos intelectuais desde Platão para subordinar o poder desgovernado e a invocação sensorial da estética.

Por essas razões, mesmo que a defesa da arte popular dificilmente possa realizar a liberação sociocultural dos grupos dominados que a consomem, ela pode ao menos ajudar as partes dominadas de nós mesmos, igualmente oprimidas pelas pretensões exclusivistas da cultura superior. Reconhecendo o desgosto da opressão cultural, tal liberação pode talvez servir de estímulo para uma reforma social mais ampla[5].

Quatro fatores tornam especialmente difícil a defesa da arte popular contra os ataques de seus formidáveis críticos intelectuais.

1. Em primeiro lugar, a defesa deve ser conduzida mais ou menos em território inimigo, pois a própria tentativa de reagir à crítica intelectual implica que aceitemos tanto sua exigência de reclamar uma resposta quanto os termos de sua acusação, os quais estão longe de ser neutros. Se as defesas da arte popular não são comuns, isso se deve parcialmente ao fato de que a maioria daqueles que se entusiasmam com a cultura popular não considera a crítica intelectual relevante ou suficientemente potente para merecer uma resposta. Eles não vêem necessidade de defender seus gostos contra as pretensões abusivas de intelectuais rígidos e alienados, assim como não vêem necessidade alguma de justificar a arte popular por meio de algo além da satisfação que proporciona a eles e a outrem.

2. Uma outra dificuldade, que tem relação com a apontada acima, é que os intelectuais que fazem a apologia da arte popular têm uma

[5] Pierre Bourdieu me fez notar que a justificação teórica da legitimidade da arte popular não basta para torná-la legítima no mundo social ou real. À medida que tal justificação corre o risco de nos desviar dos fatos sociais responsáveis por sua ilegitimidade (contribuindo assim para sua perpetuação), seria perigoso adotar tal estratégia. Minha resposta é a seguinte: vale a pena correr esse risco, pois as polêmicas justificativas não implicam uma cegueira frente às realidades sociais e porque a defesa teórica, a pesquisa empírica e a reforma sociocultural podem e deveriam contribuir para realizar a legitimação desejada.

tendência acentuada para fazer uma apologia de seus defeitos estéticos. Aceitando sem discernimento a ideologia estética das artes maiores e a crítica estética da cultura popular, eles defendem a arte popular fazendo apelo às "circunstâncias atenuantes" das necessidades sociais e dos princípios democráticos, em lugar de afirmar sua validade estética. Assim, Herbert Gans, um dos defensores mais ardentes da cultura popular, admite sua relativa pobreza e inferioridade estética em relação à cultura elevada. As artes maiores proporcionam "uma satisfação estética maior e talvez mais duradoura" por causa de sua "inovação" criativa, sua "experimentação de formas", sua exploração de "questões sociais, políticas e filosóficas" profundas e sua capacidade de "compreender em vários níveis" — características estéticas que a cultura popular não desfruta (*PH*, 76-9, 125). No entanto, Herbert Gans afirma que, uma vez que as classes inferiores "não se beneficiam das oportunidades socioeconômicas e educacionais necessárias para escolher as formas de cultura superior", elas não podem ser condenadas por apreciar os únicos produtos culturais que são capazes de apreciar; uma sociedade que não consegue lhes fornecer educação e lazer adequados à cultura superior "deve permitir a criação de conteúdos culturais que encontrem [...] suas necessidades e seus critérios de gosto" reais (*PH*, 128 e 129).

Embora admiravelmente humanitária, essa defesa da arte popular não nos convém. Ela consiste numa desculpa somente para aqueles cuja falta de educação e lazer impede a apreciação da cultura superior. Ganz deixa claro que "deveríamos escolher o conteúdo [cultural] que corresponde ao [nosso] nível de educação", sob pena de sermos censurados "caso escolhamos freqüentemente abaixo desse nível", mas elogiados se acima (*PH*, 126-7). A cultura popular, então, é boa apenas para os que não podem fazer melhor; não é algo em que as diferentes classes sociais (e faculdades humanas) podem se unir pelo prazer estético. Não deve ser celebrada, mas simplesmente tolerada até que possamos fornecer recursos educacionais suficientes "que permitam a todos escolher formas culturais de gosto mais sofisticado" (*PH*, 128). Tais apologias à arte popular aniquilam sua legítima defesa, uma vez que perpetuam o mesmo mito da pobreza estética miserável apresentado pelos críticos aos quais elas se opõem, assim como favorecem o mesmo tipo de fragmentação social e individual.

3. Uma defesa mais eficaz da arte popular exige sua justificação estética, mas uma terceira razão, que torna este projeto tão improvável, é que nós tendemos a considerar as artes maiores somente a par-

tir das mais célebres obras de gênio, ao passo que a arte popular é tipicamente identificada com as produções mais medíocres e padronizadas. Existem, no entanto, muitas obras medíocres e, infelizmente, até mesmo ruins dentro das artes maiores, como reconhecem os mais ardentes defensores da cultura superior. E, da mesma maneira que as artes maiores não constituem uma coleção impecável de obras-primas, a arte popular, devo dizer, não constitui um abismo padronizado de mau gosto, onde nenhum critério estético é exercido. Em ambos tipos de arte, a distinção entre eles sendo mais flexível e histórica do que rígida e intrínseca, existe necessidade assim como espaço para um julgamento de seus sucessos e fracassos do ponto de vista estético.

4. Enfim, o problema maior é a tendência do discurso intelectual para pensar o termo "estética" como adequado exclusivamente às artes maiores, como se a própria noção de estética popular fosse uma contradição de termos. É assim que alguns críticos, que vêem com simpatia as necessidades culturais populares e enxergam além da ideologia "desinteressada" e "não-comercial" da cultura superior, recusam-se a reconhecer a existência de uma estética popular que não seja inteiramente negativa, dominada e pobre. Pierre Bourdieu, o exemplo mais evidente dessa tendência lastimável, expõe rigorosamente a economia oculta e os interesses dissimulados da assim chamada estética desinteressada da cultura superior, mas se mantém, ainda assim, muito dominado pelo mito que ele mesmo desmistifica para reconhecer a existência de uma estética popular legítima. Referindo-se a essa noção apenas entre aspas, ou através de repetidas tônicas, ele afirma que a assim chamada estética popular não passa do "inverso negativo" do qual toda estética autêntica deve se distanciar para afirmar sua legitimidade[6].

Nós admitimos que o termo "estética" origina-se dentro do discurso intelectual, tendo sido freqüentemente aplicado às artes maiores assim como às mais refinadas formas de apreciação da natureza.

[6] Ver Pierre Bourdieu, *op. cit.*, V, pp. 33, 42, 59-60, abreviado *infra*: *D*. Roger Taylor comete um erro semelhante ao concluir que desde que nosso conceito de arte foi criado para servir a uma elite aristocrática opressiva, ele continuará sempre ligado aos poderes elitistas e, por isso, permanecerá inimigo do povo. Taylor também apresenta uma inversão interessante da crítica habitual segundo a qual a cultura popular corrompe as artes maiores, argumentando, em oposição, que a própria idéia de arte, devido a seu caráter essencialmente elitista, representa uma "influência corruptível sobre a cultura popular" (ver Roger Taylor, *Art, an enemy of the people*, Atlantic Highlands, N.J., Humanities Press, 1978, esp. pp. 40-58, 89-155).

Mas seu uso não é mais assim tão restrito. Basta considerar as inúmeras escolas de moda e os salões de cosméticos que são chamados de "salões de estética" e "institutos de beleza", e cujos profissionais são denominados "esteticistas". Além disso, predicados estéticos tradicionais, tais como "graça", "elegância", "unidade" e "estilo" são aplicados regularmente aos produtos da arte popular, sem equívoco aparente. Ninguém aprecia mais que Bourdieu os interesses político-sociais maiores de termos classificatórios tão prezados como "arte" e "estética", de forma que é surpreendente, até mesmo embaraçosa, sua disposição de entregá-los à posse exclusiva da cultura superior. Faz-se necessário, então, mais do que nunca, liberá-los desse monopólio pela defesa da legitimidade estética da arte popular.

Para possibilitar tal defesa, serei obrigado a reagir às principais acusações estéticas contra a arte popular; e como não posso pretender tratar de toda a arte popular, focalizarei aqui o rock e, mais particularmente, o gênero funk inspirado na cultura afro-americana. Meu estudo se tornará ainda mais específico, mas também mais concreto, no capítulo seguinte, dedicado à estética do rap e à análise de uma de suas obras. Estes dois capítulos juntos visam a demonstrar, através de uma combinação de argumentos gerais e análises concretas e detalhadas, que a arte popular não somente pode satisfazer os critérios mais importantes de nossa tradição estética, como também tem o poder de enriquecer e remodelar nosso conceito tradicional de estética, liberando-o de sua associação alienada a temas como privilégio de classe, inércia político-social e negação ascética da vida. Mas antes de empreender a defesa estética da arte popular, um problema mais geral deve ser considerado.

II

Dado que as acusações mais amargas e prejudiciais feitas contra a arte popular não se dirigem à sua situação estética, mas à sua influência perniciosa em matéria sociocultural e política, poderíamos alegar que uma defesa estética não pode fazer grande coisa pela legitimação da arte popular. Embora eu não tenha intenção alguma de ignorar os sérios efeitos da arte popular, essa objeção pode ser afrontada pela demonstração de que os aparentes perigos extra-estéticos que lhe são atribuídos ligam-se diretamente a seus supostos defeitos estéticos. Esta resposta não deve nos surpreender, nem passar por uma redução formalista do sociopolítico à estética, uma vez que reconhecemos que o próprio gosto estético é, enquanto produto cultural, social e politicamente modulado (a interdependência da estética e do contexto sociopolítico é um tema que desenvolverei mais amplamente no estudo sobre o rap). Podemos ver como as censuras mais gerais referentes à arte popular repousam sobre a estética, pela análise de uma lista suficientemente completa de acusações que Herbert Gans reuniu, dividindo-a em quatro grupos.

1. O primeiro grupo concerne ao "caráter intrinsecamente negativo da criação na cultura popular", mais particularmente, o fato de ser produzida por uma indústria comercial de grande escala, que "visa [puramente] ao lucro", e de ser "imposta de cima" a seus consumidores impotentes e "passivos" (*PH*, 19-20). Mas por trás dessas acusações de mercantilismo e manipulação, encontramos protestos essencialmente estéticos. A crítica não se limita simplesmente ao fato de que a arte popular vise ao lucro (pois as artes maiores também o fazem), mas que, com o intuito de ser lucrativa, "ela precise criar um produto homogêneo e padronizado que interesse um público de massa" (*PH*, 20), sacrificando, assim, os objetivos rigorosamente estéticos da expressão artística pessoal para vender-se ao gosto da maioria. Trata-se de uma acusação estética contra a criatividade, a originalidade e a autonomia artística da arte popular.

Do mesmo modo, a simples utilização da tecnologia industrial não pode tornar a arte popular indesejável, dado que as artes musicais, literárias e plásticas da cultura erudita ou superior também a utilizam. Trata-se, mais uma vez, de uma crítica fundamentalmente estética: a industrialização leva à padronização das técnicas e à uniformidade dos produtos, o que sufoca a livre expressão do criador e limita singularmente a escolha do público. O artista é rebaixado do nível autônomo de criador ao de trabalhador assalariado numa linha de montagem, enquanto o público é impelido a gostar daquilo que, na verdade, não o satisfaz, porque é programado para pensar que o produto lhe agrada e porque não existe outra alternativa real no mercado. Por fim, a acusação de Dwight MacDonald, segundo a qual "a cultura de massa é imposta de cima"[7], não traduz uma simples crítica

[7] Dwight MacDonald, "A theory of mass culture", Bernard Rosenberg e David M. White (orgs.), *Mass culture: The popular art in America*, Glencoe, Ill., Free Press, 1957, p. 60. A referência à expressão de Gans sobre "os consumidores passivos" é citada por MacDonald na mesma passagem.

de doutrinação cultural, pois a cultura superior sempre se impôs desta forma (quer vindo da Corte, da Igreja, da Academia ou dos poderosos santuários consagrados ao mundo da arte). A acusação real aqui é que tal imposição não é válida pelo fato de os produtos impostos não terem valor — mais uma vez, trata-se de um ponto de vista estético.

2. O segundo grupo de acusações socioculturais contra a cultura popular concerne a "seus efeitos negativos sobre a cultura superior" (*PH*, 19), e pode ser reduzido, segundo Gans, a duas críticas básicas: "que a cultura popular empresta o conteúdo da cultura superior, degradando-o, e que, oferecendo incentivos econômicos, a cultura popular é capaz de desviar os criadores potenciais do domínio da cultura superior, diminuindo assim a qualidade desta" (*PH*, 27). Mais uma vez, embora não se dirijam explicitamente ao valor estético da cultura popular, tais condenações baseiam-se em sua negação. Admitindo a inferioridade estética da arte popular, Ganz é obrigado a responder a essas acusações, argumentando que os casos de empréstimo não produziram, de fato, "uma degradação da cultura superior *per se*, ou de sua vitalidade", e que o mercado para as artes maiores é muito pequeno para acomodar todos os criadores potenciais, seduzidos economicamente pela arte popular (*PH*, 28-9). O argumento básico de Gans é de que a cultura popular deve ser tolerada, uma vez que "não representa uma verdadeira ameaça à cultura superior e a seus criadores" (*PH*, 51). Essa afirmação, um tanto duvidosa, nega o poder da cultura popular, e trata de devaneio paranóico a reação de defesa da cultura superior. Podemos responder de maneira mais radical a essas acusações, colocando em questão seus postulados estéticos. Podemos até mesmo admitir que o empréstimo de temas e criadores seja um desafio à cultura superior, e que isso talvez diminua seu poder, mas então devemos ir mais além e insistir que a arte popular, por outro lado, possui valor estético próprio.

Primeiro, nós devemos compreender que, no domínio cultural, não há nada de intrinsecamente errado em emprestar conteúdo. Na esfera artística da cultura superior, o conteúdo sempre foi emprestado, e muitas vezes de fontes populares[8]. Tal empréstimo proporcio-

[8] Basta pensar, por exemplo, na predileção da pintura impressionista e pós-impressionista pelo divertimento popular: cabarés, carnavais, danças, etc. Mesmo um modernista austero como Mondrian salienta sua dívida em relação à cultura popular na realização de obras como *Broadway Boogie Woogie*. De fato, pode-se

na, em parte, o sentido de interconexão que enriquece a tradição cultural. É claro que aquilo que legitima o empréstimo da cultura superior é o fato de suas obras terem mérito estético, ao passo que a arte popular supostamente não apresenta nenhum. Do mesmo modo, a acusação de que a arte popular atrai os talentos criativos, afastando-os da produção das artes maiores, deriva seu poder recriminador da premissa segundo a qual tais talentos são mal-aproveitados, visto que a arte popular não tem valor estético algum quando comparada à cultura nobre, tampouco qualquer outro valor compensatório.

3. A suposta ausência de valor estético da arte popular sustenta o terceiro grupo de críticas socioculturais, que concernem aos "efeitos negativos da cultura popular sobre seu público" (*PH*, 19). Gans reuniu aqui as acusações que especificam três efeitos: "a cultura popular é emocionalmente destrutiva, pois produz uma satisfação fictícia [...] ela é intelectualmente destrutiva, já que oferece um conteúdo evasivo que inibe a capacidade das pessoas de enfrentar a realidade e [...] ela é culturalmente destrutiva, enfraquecendo a capacidade das pessoas de participar da esfera da cultura superior" (PH, 30). Tais críticas, rejeitadas por Gans pelo fato de não serem confirmadas por evidências empíricas conclusivas, apóiam-se na suposta pobreza estética da arte popular. A condenação da satisfação ilusória sugere uma incapacidade de produzir prazer estético autêntico. Porém, não se pode dizer que a satisfação seja uma mera substituta sublimada de prazeres mais diretos ou primitivos, pois tal acusação aplica-se melhor aos prazeres refinados das artes maiores. Da mesma forma, dizer que a arte popular só pode divertir com temas evasivos presume uma impotência estética de nos tocar com uma forma significativa e um conteúdo realista. E a crítica de que a arte popular arruina a inteligência e corrompe nossa capacidade de atingir uma verdadeira cultura pressupõe também que ela não tem a sutileza necessária para estimular e compensar nossa atenção estética e intelectual. Todas essas afirmações sobre o caráter intrinsecamente negativo da arte popular podem ser contestadas, o que faremos ao longo deste capítulo.

dizer que o modernismo de vanguarda associou-se fortemente à cultura popular com o intuito de distanciar-se do academicismo. Ver Thomas Crow, "Modernism and mass culture in visual arts", B. Buchlosh, S. Guilbart e S. Solkin (orgs.), *Modernism and modernity*, Nova Scotia, Press of Nova Scotia College of Art and Design, 1983, pp. 215-64.

4. Por fim, o último grupo de acusações "não-estéticas" concerne aos "efeitos negativos da cultura popular na sociedade" — mais precisamente, "não apenas o fato de ela reduzir o nível da cultura — ou da civilização — da sociedade, mas também o de estimular o totalitarismo, criando um público passivo, particularmente receptivo às técnicas de persuasão de massa" (*PH*, 19). Gans reage à primeira acusação, evidenciando sua falta de prova empírica e argumentando que, pelo menos em termos estatísticos de consumação, houve um aumento de interesse pela cultura superior (provavelmente como conseqüência da melhoria na educação), desde o aparecimento da arte popular divulgada pela mídia (*PH*, 45). Mas ele também insiste, mais adiante, que a liberdade e o prazer das pessoas são mais importantes que as "qualidades culturais" *per se*, "que o nível global do gosto dentro de uma sociedade não é tão significativo quanto o bem estar de seus membros como critério para julgar sobre a virtude dessa sociedade" (*PH*, 130). Quanto à segunda acusação, Gans nega que a cultura popular tenha o poder de promover uma ditadura ou o dever de "ser uma fortaleza contra perigos tais como o totalitarismo". Ambas as negações são contestáveis, assim como o é a afirmação segundo a qual a mídia simplesmente reage à opinião pública, contribuindo, no máximo, para "reforçar as tendências sociais já existentes", ao invés de formá-las ou transformá-las (*PH*, 46-7)[9].

Se achamos a defesa de Gans inadequada, podemos mais uma vez encontrar uma resposta alternativa, colocando a nu os pressupostos estéticos que servem de base para as duas acusações. A idéia de que a qualidade cultural da sociedade deve cair pela presença da cultura popular (ao invés de ser reforçada e enriquecida pela introdução de uma variedade estética e cultural) supõe pura e simplesmente que os produtos da cultura popular têm, invariavelmente, um valor estético negativo e, assim, "baixam [...] o nível geral do gosto da sociedade" e sua qualidade cultural (*PH*, 43-4). Mas por que aceitar um tal afir-

[9] Todd Gitlin, adotando uma posição mediana entre esses dois extremos de manipulação e transparência ingênua, afirma, com maior precisão, que se por um lado a mídia não pode, por razões comerciais, ignorar as atitudes existentes, ela com certeza pode, por outro, modulá-las, canalizá-las e, de certa forma, transformá-las. Ver Todd Gitlin, "Television's screens: hegemony in transition", Donald Lazere (org.), *American media and mass culture: Left perspectives*, Berkeley, University of California Press, 1978, pp. 240-65.

mação, sobretudo quando conhecemos os preconceitos intelectualistas que a motivam? Além disso, acusar a arte popular de induzir ao conformismo totalitarista sob o pretexto de que ela requer uma recepção estúpida e passiva equivale, mais uma vez, a afirmar que a arte popular não pode inspirar nem recompensar uma atenção estética fora desse âmbito de passividade sem crítica. Tal acusação seria efetivamente destruída se conseguíssemos demonstrar que a arte popular pode ser não só intelectualmente estimulante, como intensamente crítica em relação às "tendências sociais existentes". O estudo sobre o rap desenvolvido no próximo capítulo mostra isso e revela outras características estéticas, cuja presença na arte popular tem sido negada por críticos avessos à cultura de massa. Mas como preparação a essa tarefa, e tendo demonstrado que as condenações tidas como político-sociais são fundadas em acusações estéticas, eu gostaria primeiramente de examinar com mais atenção estas últimas.

Defendendo a arte popular, não estou tentando alvejar totalmente sua reputação estética. Admito que seus produtos são muitas vezes miseráveis do ponto de vista estético, pouco interessantes, assim como reconheço que seus efeitos sociais podem ser muito nocivos, especialmente quando consumidos de forma passiva e sem crítica. O que quero contestar são os argumentos filosóficos segundo os quais a arte popular constitui um fracasso estético necessário, inferior e inadequado em função de sua constituição peculiar, pois existem, segundo Dwight MacDonald, "razões teóricas pelas quais a cultura de massa não é e nunca poderá ser boa"[10].

No debate sobre a arte popular, minha defesa se situa numa posição intermediária, entre dois pólos, do pessimismo reprovador (característico das elites culturais reacionárias) e do otimismo celebrador (presente, por exemplo, na Popular Culture Association e no *Journal of Popular Culture*). Enquanto o primeiro pólo, com um terror quase paranóico, denuncia a arte popular como meio de manipulação destituído de redenção estética ou de mérito social, o segundo, com um otimismo ingênuo, a toma como livre expressão daquilo que há de melhor na vida e na ideologia americana — um otimismo que pode muito bem ser visto como o mais cínico dos pessimismos. Minha posição intermediária é a de um *meliorismo*, que reconhece os sérios

[10] D. MacDonald, "Theory of mass culture", *op. cit.*, p. 69.

abusos e os defeitos da arte popular, mas também seus méritos e seu potencial. Sustento que a arte popular *deveria* ser melhorada, porque ainda deixa muito a desejar, e ela *pode* ser melhorada, porque pode alcançar, e tem alcançado, um mérito estético real, servindo a fins sociais de valor. Minha posição insiste em que a arte popular merece uma atenção estética séria, uma vez que considerá-la indigna de consideração estética equivale a abandonar sua apreciação e seu futuro às pressões mais mercenárias do mercado. A longo prazo, a intenção do meliorismo é de conduzir a pesquisa para além das condenações ou glorificações gerais, de forma que a atenção possa ser focalizada em problemas mais concretos e em melhorias mais específicas. Mas por enquanto os argumentos filosóficos gerais, apresentados para demonstrar a nulidade estética intrínseca à arte popular, são muito influentes para ficar sem resposta. Eles são, ao mesmo tempo, diversos mas profundamente relacionados, de forma que a divisão a seguir, em seis tipos distintos de críticas, arrisca uma certa simplificação ou sobreposição.

III

1. O protesto essencial contra a arte popular é de que ela não consegue oferecer nenhuma satisfação estética. É claro, até os críticos mais hostis sabem que o cinema diverte milhões de espectadores e que o rock faz um público considerável dançar e vibrar de prazer. Mas esses fatos, evidentes e incômodos, são claramente deixados de lado, sob o pretexto de que essas satisfações não são autênticas. Os prazeres, as sensações e as experiências que a arte popular oferece são rejeitados como falsos e enganosos, enquanto as artes maiores são, ao contrário, tidas como fonte de algo autêntico.

Leo Lowenthal, por exemplo, associa "as diferenças entre a cultura popular e a [verdadeira] arte" à diferença existente "entre uma satisfação ilusória e uma experiência autêntica"; Clement Greenberg condena igualmente as artes populares (as quais ele tacha coletivamente de "kitsch") por fornecerem apenas "uma experiência de substituição e sensações ilusórias".[11] Adorno, que também ataca as satisfações "exauri-

[11] Leo Lowenthal, "Historical perspectives of popular culture", Rosenberg e White (orgs.), *op. cit.*, p. 51; e Clement Greenberg, "Avant-garde and kitsch", *ibid.*, p. 102.

das" e "falsas" da arte popular, explica que somente "sendo as massas privadas do prazer verdadeiro, elas, por ressentimento, deliciam-se com os substitutos que aparecem em seu caminho", apresentados pela "arte ordinária" e pelo "divertimento"[12]. Além disso, críticos como Bernard Rosenberg e Ernest van den Haag salientam que os pseudo-prazeres e "as satisfações substitutas" da "indústria de divertimento" nos impedem de atingir "uma experiência realmente satisfatória", pois a "diversão" que eles nos oferecem "nos distrai da vida e do prazer real"[13].

Um exame minucioso dessas citações revelará que o entusiasmo em recusar à arte popular qualquer coisa positiva, como o prazer, levou seus críticos não só a negar que as experiências e os divertimentos que proporcionam sejam *esteticamente* legítimos, como a negar, mais radicalmente, sua própria realidade. Enfim, a presunção de falsidade, uma estratégia do imperialismo intelectual, implica que a elite cultural não apenas tenha o poder de determinar, contra a opinião popular, os limites da legitimidade estética, mas também de decretar, contra a evidência empírica, o que pode ser chamado de experiência ou prazer reais. Mas o que pode fundamentar tão radical presunção? Na verdade ela não é fundamentada, mas sustentada pela autoridade de seus proponentes e pela aparente ausência de oposição. É compreensível que ela não enfrente um grande desafio por parte dos intelectuais adulados por ela, ou por parte dos não-intelectuais, que não têm a força ou o interesse de contestá-la, preferindo ignorá-la como "besteira abstrata", sem efeito prático sobre seu mundo.

O que, de fato, se pretende ao afirmar que "as satisfações oferecidas pela cultura popular são ilegítimas", e quais argumentos suportam essa suposição[14]? Seria apenas um gesto retórico o de negar a legitimidade e o valor dessas satisfações pelo dasafio de sua realidade? Talvez a interpretação mais honesta dessa acusação de ilegitimidade seja que os prazeres da arte popular não são reais por não serem sentidos profundamente, e que são falsos por serem simples "sensações

[12] Ver T. W. Adorno, *Minima moralia*, Frankfurt am Main, Suhrkamp, 1951, p. 269, e *Aesthetic theory*, *op. cit.*, p. 340, abreviado *infra*: *AT*. [Ver *Minima moralia*, trad. Luís Eduardo Bicca, São Paulo, Ática, 2ª ed., 1993.]

[13] Bernard Rosenberg, "Mass culture in America", Rosenberg e White (orgs.), *op. cit.*, p. 9; e Ernest van den Haag, "Of happiness and of despair we have no mesure", *ibid.*, pp. 533-4.

[14] Van den Haag, *ibid.*, p. 531.

dissimuladas", "exauridas". Mas a experiência do rock, que pode ser tão intensamente arrebatadora e poderosa a ponto de ser comparada à possessão espiritual, desmente facilmente tal afirmação. Mesmo os críticos mais severos do rock, quando deploram suas graves conseqüências para a educação e a exploração comercial de seu poder, reconhecem a potência passional e os prazeres exaltados de sua experiência. Torturado por seu incomparável poder de envolver e exprimir os desejos e a experiência dos jovens de hoje, Allan Bloom denigre o rock como "um fenômeno de sarjeta". Pertence à sarjeta, não porque deixa de agradar, mas porque o prazer que oferece aos jovens é tão intenso que "torna muito difícil para eles a relação com a arte ou com as idéias, que são a substância de uma educação liberal", uma educação que Bloom concebe em termos extremamente tradicionais e intelectuais[15].

Ameaçadoras e reais em sua intensidade e seu poder de atração, as satisfações da arte popular às vezes são desprezadas como falsas num outro sentido, o da efemeridade. Elas não são reais por serem fugazes. "Nós nos divertimos temporariamente [...] mas não nos satisfazemos". "O que você consome pode lhe agradar no momento; [...] mais tarde você estará faminto de novo"[16]. Tal argumento, entretanto, não pode resistir à análise. Primeiro, de um ponto de vista lógico, é simplesmente falso concluir pela irrealidade de algo a partir de sua efemeridade. Esta conclusão arbitrária pode parecer convincente não só por ter um bom *pedigree* filosófico, remontando a Parmênides, mas também por servir um forte motivo psicológico — nosso profundo desejo de estabilidade, erroneamente interpretado como uma necessidade de absoluta permanência. Mas, apesar do suporte de preconceitos tão poderosos e duráveis, a inferência é claramente falsa. Aquilo que existe apenas por um período, ainda assim existe de fato, e a satisfação temporária é igualmente uma satisfação.

Além disso, o argumento segundo o qual a transitoriedade implica a falsidade, que as satisfações são irreais e enganosas quando mais tarde nos abandonam ansiosas por mais, não pode servir para desmerecer a arte popular em oposição à cultura superior. Pois, se aceito,

[15] Ver Allan Bloom, *The closing of the american mind*, Nova York, Simon e Schuster, 1987, pp. 76 e 79.

[16] As citações são, respectivamente, de Van den Haag, *op. cit.*, p. 534 e de Rosenberg, *op. cit.*, pp. 9-10.

tal argumento seria igualmente efetivo contra as satisfações das artes maiores. A leitura de um soneto ou a contemplação de uma dúzia de telas nos oferece uma satisfação permanente e duradoura? O caráter passageiro dessas satisfações implica que sejam impostoras? De modo nenhum, pois um dos traços positivos do prazer estético autêntico é que, ao agradar, também estimula o desejo por ele. Se o prazer estético que você experimenta por um objeto não o deixa desejando mais, ele provavelmente não o agradou em nada[17]. Na verdade, a exigência de uma satisfação durável deve ser questionada. Ela parece muito teológica e espiritual. Em nosso mundo de desejo e mudança contínuos, não existem satisfações permanentes, e o único fim para a transitoriedade do prazer e para o desejo insaciável é a morte.

Outra variação dessa acusação de efemeridade que normalmente se faz à arte popular não se refere à fugacidade dos prazeres obtidos, mas à brevidade de sua capacidade de agradar. Obras da arte popular não resistem à prova do tempo. Elas podem chegar a ser um *hit* por um período, mas rapidamente perdem seu poder de nos distrair, caindo no esquecimento; seus charmes e prazeres revelam-se assim ilusórios. As artes maiores, por outro lado, mantêm seu poder de agradar. As obras de Homero e o teatro da Grécia antiga demonstram a legitimidade das satisfações que podem nos proporcionar, pelo fato de as terem proporcionado a multidões durante séculos e de continuarem a fazê-lo ainda hoje — eis aqui um argumento bem freqüente. Não há nada na arte popular que possa ser comparado com essa história de durabilidade, nem mesmo os clássicos do cinema e as grandes "paradas de sucesso" da música popular.

Mesmo admitindo tudo isso, o argumento, ainda assim, é falho. Primeiro, é ainda muito cedo para concluir que nenhum de nossos clássi-

[17] Se muitas pessoas dizem se satisfazer plenamente com um concerto de música clássica por mês, é porque não devem realmente desfrutá-lo. Para muitas pessoas ativas, ser obrigado a ficar sentado na imobilidade sufocante da sala de concerto é fisicamente quase tão desagradável quanto ser forçado a andar sem pausa sobre esses pisos duros de museus, de pé, tentando evitar tanto a obstrução de outros visitantes quanto o olhar pouco acolhedor dos vigias. Nesses "prazeres" punitivos da grande cultura, cuja experiência é requerida para a legitimação cultural, mesmo que não seja compreendida nem desfrutada, encontramos mais razões para falar de "sensações dissimuladas" e de satisfações ilusórias do que no divertimento da arte popular. Mas isso não quer dizer, é claro, que as grandes artes não proporcionem satisfações intensas, autênticas e inestimáveis.

cos da arte popular vá sobreviver como objeto de prazer estético. E é mais fácil supor que alguns o farão do que acreditar que muitas pessoas ainda hoje lêem Homero por prazer. E, sobretudo, temos tendência para esquecer as razões socioculturais e institucionais que garantem que os clássicos das artes maiores continuem a agradar. A educação e a possibilidade de escolha têm um papel enorme, muitas vezes esquecido, na determinação dos objetos de prazer. De maneira geral, gostamos daquilo que somos treinados e condicionados a gostar e daquilo que as ocasiões e as circunstâncias nos permitem achar bom. Os clássicos têm sido há muito tempo sistematicamente disseminados, e sua apreciação rigorosamente inculcada por meio de instituições de educação, enquanto — ao menos até a era da mídia — não existia estrutura efetiva alguma, organizada com o intuito de transmitir e preservar as obras da arte popular. Não surpreende, portanto, que os clássicos tenham sobrevivido como objetos de atenção e, portanto, como objetos de prazer estético.

Os críticos da arte popular deliciam-se ao afirmar que os telespectadores não gostam realmente dos programas que vêem, mas que se divertem com eles, pois não há nada melhor disponível em outros canais; que o consumidor da arte popular é como "o prisoneiro que ama sua cela porque ele não tem nada melhor para amar"[18]. Mas a falta de escolha é um argumento que também podemos aplicar no "eterno" prazer de Homero, hoje tão insignificante, e que parece ser tão místico quanto seus deuses e heróis. Na verdade, é precisamente porque a mídia fornece um sistema alternativo de difusão e educação que a adoração exclusiva dos clássicos, aclamada pelo sistema escolar tradicional, é amplamente arruinada pelo interesse na arte popular. Mais uma vez, isso não quer dizer que os clássicos e as artes maiores não tenham interesse estético; o que rejeitamos simplesmente é seu monopólio tradicional da atenção estética legítima.

Este argumento segundo o qual a arte popular é ilegítima por ser efêmera também é falho pelo fato de esquecer que muitos dos gran-

[18] T. W. Adorno, "On the fetish character in music and the regression of listening", Andrew Arato e Eike Gebrardt (orgs.), *The essential Frankfurt School reader*, Nova York, Continuum, 1987, p. 280. Dwight MacDonald retoma esse mesmo argumento de condicionamento coercitivo no capítulo "Mass cult and mid-cult", *Against the american grain*, Nova York, Random House, 1962, pp. 9-10; assim como Donald Lazere, no artigo "Media and manipulation", Lazere (org.), *American media*, p. 31.

des clássicos das artes maiores foram originalmente produzidos e consumidos como arte popular. O teatro grego era um evento extremamente popular, assim como o teatro elisabetano; e muitos romances do século passado (como *O morro dos ventos uivantes*), hoje estimados, eram publicados primeiramente em jornais difamados como lixo comercial sensacionalista, do mesmo modo que os filmes, a TV ou o rock têm sido condenados em épocas mais recentes. Negar a sobrevivência de obras da arte popular, ignorando as origens populares das que foram consagradas é mais do que um erro inocente. Constitui uma exploração e uma apropriação dos recursos culturais da maioria subordinada por uma elite dominante. Afinal, uma vez que essas obras são reclassificadas como artes maiores, seu modo de recepção é redefinido de maneira a reservá-las essencialmente para o distinto deleite da elite cultural, desprezando sua apreciação popular.

Por fim, mesmo que reconheçamos que as obras da arte popular sejam transitórias e que seu poder de agradar seja relativamente breve, isso não significa que não tenham valor nem que seus prazeres sejam irreais. Supor isso seria confundir prazer ou valor com permanência. Mas existe valor em coisas efêmeras, e na verdade, às vezes na sua própria efemeridade. Encontros passageiros podem, às vezes, ser mais agradáveis do que relações duráveis. Rejeitar o valor do efêmero tornou-se um preconceito efetivo de nossa cultura intelectual, preconceito que talvez fosse de utilidade em condições passadas, onde a sobrevivência era tão incerta que a atençao e o valor deviam fixar-se no mais resistente. Mas se trata de um preconceito, ainda assim, que frustra e desalenta nossos prazeres. Preconceito que, com efeito, chega até a impedir um caminho maior para uma vida mais solidamente gratificante. Pois uma vez que os prazeres efêmeros são desmerecidos enquanto algo sem valor e importância, uma reflexão séria sobre como podem ser alcançados e melhor integrados na vida torna-se impossível. E, portanto, tais prazeres e seus efeitos, às vezes contundentes sobre a vida, são deixados aos caprichos do acaso, do desejo cego e das pressões da publicidade.

Ilusórias, as satisfações da arte popular ainda podem ser num outro sentido: como meras substitutas de prazeres que são, de algum modo, mais reais ou essenciais. Adorno, que denuncia com justiça as condições sociais que nos negam uma "real satisfação na esfera da experiência sensível imediata", deplora que a arte popular forneça substituições ilusórias de prazer, numa forma de escapismo, como a droga. "Sendo as massas privadas do prazer verdadeiro, elas, por ressentimento, deliciam-se com os substitutos que aparecem em seu caminho" (*AT*, 19, 340). Mas os prazeres das artes maiores, como Adorno reconhece, não são mais imediatos nem mais próximos da vida real, podendo também servir a fins evasivos.

Mais uma vez, a acusação de substituição situa o prazer legítimo no definitivo, e não no imediato, numa satisfação demorada e, por conseqüência, mais completa. Comparando explicitamente a arte popular à masturbação, por oferecer uma mera descarga de tensão ao invés de uma real satisfação, Van den Haag a condena por nos saturar de prazeres de substituição que sugam nossa energia, "incapacitando o indivíduo de alcançar verdadeiras [satisfações]" e privando-nos, assim, de uma "satisfação suprema"[19]. No mesmo estilo de insinuações sexuais, Allan Bloom insinua que os prazeres proporcionados pelo rock são tão ilusórios quanto o prazer sexual precoce: "O rock oferece um êxtase prematuro" a crianças e adolescentes, "como se eles estivessem prontos a gozar uma satisfação final e completa"[20].

É verdade que a resistência e o adiamento podem aumentar o prazer, mas onde encontrar uma satisfação "final e completa"? Dificilmente neste mundo, que não conhece limite nenhum para o desejo. A satisfação real é relegada a algum domínio transcendental — para Bloom, o reino das idéias platônicas; para Adorno, a utopia marxista; e para Van den Haag, o mundo do além-cristão. Os únicos prazeres que eles parecem querer legitimar são aqueles que não podemos alcançar, ao menos não neste mundo. Até os prazeres estéticos das artes maiores não são poupados de crítica: "num mundo falso", Adorno constata amargamente, "toda *hedone* é falsa. O mesmo vale para o prazer estético". E Van den Haag entoa gravemente a mesma mensagem angustiosa: "Quanto aos prazeres da vida, eles não valem a pena de serem buscados"[21]. Assim, criticar a arte popular por oferecer apenas prazeres ilegítimos é menos uma defesa do prazer real do que uma máscara para a negação global de todo prazer mundano, uma estratégia adotada por mentes ascéticas que temem o prazer como um desvio de seus objetivos transcendentais, ou simplesmente como uma ameaça incômoda para sua moral fundamentalmente ascética.

[19] Van den Haag, *op. cit.*, pp. 533-4.

[20] Allan Bloom, *op. cit.*, pp. 77-80.

[21] Ver Adorno, *AT*, 18; e Van den Haag, *op. cit.*, p. 536.

Duas últimas razões são, às vezes, apresentadas para justificar a ilegitimidade. A primeira afirma que uma vez que a "experiência autêntica [...] pressupõe uma participação vigorosa", a arte popular não pode oferecer uma "experiência realmente gratificante". A segunda insiste em que sua experiência não pode ser genuína por "não envolver totalmente o indivíduo em sua relação com a realidade"[22]. Para além da acusação de satisfação ilusória, esses argumentos nos conduzem a duas outras críticas importantes, que devem ser consideradas separadamente: uma relativa à passividade, a outra relativa à superficialidade.

2. A arte popular é sempre condenada por nunca fornecer um desafio estético ou uma resposta ativa. Em contraste com as artes maiores, cuja apreciação demanda um esforço estético e estimula, portanto, a atividade estética e sua conseqüente satisfação, a arte popular induz a uma passividade apática (da qual ela necessita). Sua "estrutura simples e repetitiva", segundo Bourdieu, só "induz a uma participação passiva e ausente" (*D*, 386). Esta passividade explicaria não somente seu grande poder de atração como também sua incapacidade de satisfazer verdadeiramente. Sua "inatividade" seduz facilmente aqueles de nós que estão cansados demais para buscar algo provocativo. Mas sendo o prazer, como nota Aristóteles, um produto derivado da atividade e essencialmente atrelado a ela, a falta de esforço ativo da nossa parte transforma-se finalmente em tédio. Em lugar de reagir à obra com vivacidade e energia (como acontece nas artes maiores), nós a recebemos lânguida e preguiçosamente num torpor passivo e apático. Tampouco ela poderia tolerar uma reação mais vigorosa ou atenciosa. Assim o público da arte popular é necessariamente reduzido de participantes ativos a "consumidores passivos", que devem ser "tão passivos quanto possível"[23].

Adorno e Horkheimer explicam como "todo divertimento sofre dessa doença incurável":

[22] As citações são respectivamente de Rosenberg, em *op. cit.*, p. 9, e de Van den Haag, *op. cit.*, p. 534.

[23] Ver Rosenberg, *op. cit.*, p. 5; MacDonald, *op. cit.*, p. 60; e Gilbert Seldes, "The people and the arts", Rosenberg e White (orgs.), *op. cit.*, p. 85. Adorno também afirma que as obras da música popular "não permitem uma audição atenciosa, sob pena de se tornar insuportável a seus ouvintes" ("On the fetish character in music and the regression of listening", *op. cit.*, p. 288).

> *[...] o prazer se cristaliza no tédio porque, para continuar sendo prazer, ele não deve exigir esforço algum, movendo-se assim rigorosamente nas velhas trilhas da associação. Nenhum pensamento independente deve ser esperado por parte do público: o produto prescreve toda reação: não pela sua forma natural (que não resiste à reflexão), mas por sinais. Toda conexão lógica que implique esforço mental é escrupulosamente evitada.*[24]

Boa parte das produções da arte popular enquadram-se realmente nesta análise de Horkheimer e Adorno. Mas o que também emerge de sua crítica é a confusão simplista que existe entre atividade legítima e pensamento sério, entre "qualquer esforço" e "esforço mental" do intelecto. As críticas da arte popular recusam-se a reconhecer que existem atividades fora do esforço intelectual que são gratificantes do ponto de vista estético e válidas do ponto de vista humano. Assim, mesmo que toda arte e todo prazer estético reclamem algum esforço ativo ou a superação de uma certa resistência, não se pode concluir daí que eles exijam o esforço de um "pensamento independente". Existem outras formas, mais somáticas, de esforço, resistência e satisfação.

O rock é tipicamente apreciado pelo mover-se, pelo dançar, pelo cantar junto com a música, num esforço tão vigoroso, que suamos, beiramos a exaustão. E tais esforços, como nota Dewey, envolvem a superação de resistências como "embaraço, medo, falta de jeito, constrangimento, [e] falta de vitalidade"[25]. É claro que, no nível somático, há muito mais atividade e esforço na apreciação do rock do que na música erudita, cujos concertos nos forçam a ficar sentados num silêncio imóvel que induz, muitas vezes, não apenas à passividade mas também ao ronco. O termo "funk", usado para caracterizar e elogiar muitas músicas de rock, deriva de uma palavra africana que significa "suor positivo" e expressa uma estética africana de engajamento vigoroso e

[24] Max Horkheimer e T.W. Adorno, *Dialetic of enlightenment*, Nova York, Continuum, 1986, p. 137. [Ver *Dialética do esclarecimento*, trad. Guido Antônio de Almeida, Rio de Janeiro, Jorge Zahar Ed., 1985.]

[25] Dewey, *AE*, 162. Isto não quer dizer que o rock não seja muitas vezes escutado passivamente, sem movimento, e a televisão e o vídeo podem talvez acentuar essa tendência.

comunitário, distante do isolamento desmotivado[26]. A resposta muito mais enérgica e dinâmica evocada pelo rock coloca em evidência a enorme passividade presente na atitude tradicional de desinteresse estético, de contemplação à distância — atitude que tem suas raízes na busca de um saber filosófico e teológico mais do que na busca do prazer; visando a uma iluminação individual mais do que a uma interação coletiva ou uma mudança social. Desta forma, as artes populares, assim como o rock, sugerem uma estética radicalmente revisada, com um retorno alegre e impetuoso da dimensão somática, que a filosofia reprimiu, por tanto tempo, a fim de preservar sua própria hegemonia (pela supremacia do intelecto) em todos os campos de valores humanos. Não é de se surpreender que a legitimidade estética de tal arte seja negada com veemência e que seus esforços corporais sejam ignorados ou rejeitados como regressão irracional em relação à verdadeira finalidade da arte — a finalidade intelectual. O fato de esta arte e sua apreciação ter raízes numa civilização não-ocidental as torna ainda mais retrógradas e inaceitáveis.

Para Adorno, a música pop é "regressiva", inválida do ponto de vista estético, por constituir "um estímulo somático"; para Alan Bloom, o problema com o rock é seu profundo apelo à "sensualidade" e ao "desejo sexual", o que o torna "*alogon*". "Além de não ser razoável, hostiliza a razão". Mark Miller comete o mesmo erro quando deduz a ilegitimidade estética e a corrupção intelectual do simples fato de o rock exercer uma atração sensorial mais imediata. "A música do rock'n'roll", deplora ele, citando John Lennon, "atinge você diretamente, sem passar pelo seu cérebro"; e este imediatismo sensorial é mal-interpretado, em termos de apatia e de "imobilidade" passiva, de forma que, segundo Miller, "todo o rock aspira à condição de Muzak". Em suma, como o rock pode ser apreciado sem "interpretação" intelectual, ele não é,

[26] A palavra do dialeto africano ki-kongo é "*lu-fuki*". Ver Robert Farris Thompson, *Flash of the Spirit*, Nova York, Vintage, 1984, pp. 104-5, e Michael Ventura, *Shadow dancing in the U.S.A.*, Los Angeles, J.P. Tarcher, 1986, p. 106. Esta etimologia africana de "funk" encontra uma provável derivação inglesa, onde o verbo "funk" significa "tremer de medo" (ver Eric Partridge, *A dictionary of slang and unconventional english*, Nova York, Macmillan, 1984, p. 436). Neste sentido, "*black funkiness*", em inglês, medo intenso, sugere os suores frios do escravo apavorado — uma imagem vergonhosamente negativa. Sua transformação pela cultura contemporânea afro-americana num termo que pode ser usado de maneira elogiosa é significativa, e exemplifica a complexidade semântica da linguagem afro-americana, que será discutida mais adiante no meu estudo do rap.

portanto, "cerebral" o bastante para ser esteticamente legítimo. Seus pretensos "artistas bem como seu público são antiintelectuais e, geralmente, drogados". O único e transitório valor do rock teria vindo da consciência crítica que ele tinha quando ainda representava uma sorte de transgressão; e numa observação que trai o desprezo cartesiano do corpo, característico dos críticos da cultura popular, Miller lamenta que "o corpo do rock tenha continuado a dançar [...] [depois] de ter perdido sua alma" de protesto que tinha originalmente[27].

Além de sua inspiração anti-somática, os argumentos de Adorno, Bloom e Miller partilham de duas inépcias lógicas. Primeiramente, o apelo sensorial do rock não implica um antiintelectualismo — nem por parte de seus criadores nem por parte do público. Tal conclusão só teria sentido caso o sensorial fosse essencialmente incompatível com o intelecto; e por que deveríamos nós, intelectos sensuais, supor isto? Somente a presunção de exclusivismo intelectualista, um preconceito filosófico tenaz desde Platão, é que leva esses pensadores a considerá-los mutuamente exclusivos. Uma segunda falácia é inferir que, como a música do rock pode ser apreciada sem pensamento ou interpretação árduos, então o prazer que ele oferece não pode sustentar ou recompensar uma análise reflexiva. Se ele *pode* ser apreciado num nível intelectual superficial, isso não quer dizer que *deva* ser assim apreciado e que não tenha mais nada a oferecer.

3. Consideremos então a acusação segundo a qual a arte popular é muito superficial para engajar o intelecto. Se ela pudesse apenas engajar e satisfazer dimensões somáticas ou mentalmente pouco maduras da experiência humana, seu valor seria limitado intensamente, ainda que longe de ser desprezível. Essa acusação pode se dividir em duas afirmações específicas:

(a) A primeira é que a arte popular não pode lidar com as realidades profundas e com os problemas reais da vida, e por isso empenha-se em nos distrair com um mundo escapista de pseudo-problemas, soluções fáceis e clichês. Ao contrário das artes maiores, que "tendem a engajar a vida em seus níveis mais profundos" e tratam "do essencial" na realidade, a arte popular "nos distrai da vida" e de seus "pro-

[27] As citações são de Bloom, *op. cit.*, pp. 71 e 73, e de Mark Crispin Miller, *Boxed in: The culture of TV*, Evanston, Ill., University of Illinois Press, 1989, pp. 175 e 181.

blemas reais mais importantes"; em particular, seus trabalhos "impedem as massas de se tornarem mais conscientes de suas necessidades reais"[28]. A arte popular, explica Dwight MacDonald, é obrigada a ignorar ou "evitar [...] as realidades profundas (sexo, morte, fracasso, tragédia), [...] visto que seriam reais demais [...] para induzir [...] à aceitação narcótica" que busca[29]. Mas isto supõe, mais uma vez, que o objetivo da arte popular é sempre um estupor letárgico semelhante ao ocasionado pela droga; enquanto os fatos provam justamente o contrário. Bem antes de Woodstock, o rock já era uma voz de protesto estridente e mobilizadora; e recentemente, por meio de concertos de rock tais como Live Aid, Farm Aid, e Human Rights Now, tem provado ser uma fonte real de colaboração e ação social em favor da causas humanitárias e políticas importantes.

Van den Haag apresenta o argumento mais comum para explicar por que os produtos da mídia evitam lidar com a realidade. A arte popular deve atrair um público mais amplo do que o público intelectual, e precisa modelar seus produtos em relação à compreensão desse público mais vasto. Mas isto, segundo Van den Haag e outros esnobes da cultura, significa ajustá-los a moldes muito restritos para envolver qualquer questão séria ou experiência significativa.

> *Eles precisam deixar de lado toda experiência humana que possa ser mal-compreendida — toda experiência e expressão cujo significado não seja aceito de forma evidente. O que equivale a dizer que a mídia não pode abordar as experiências que são objeto da arte, da filosofia e da literatura: uma experiência humana importante ou significativa representada numa forma importante e significativa. Pois tal experiência é geralmente nova, indeterminada, difícil, talvez ofensiva e, em todo caso, mal-compreendida* [...] *[Por isso] a mídia* [...] *não pode abordar problemas reais nem soluções reais.*[30]

[28] Ver Harry Broudy, *Enlightened cherishing: An essay on aesthetic education*, Urbana, Ill., University of Illinois Press, 1972, p. 111; Van den Haag, "Of happiness", em *op. cit.*, pp. 533 e 536; e J.T. Farrell, citado por Seldes em "The people and the arts", em *op. cit.*, p. 81.

[29] MacDonald, *op. cit.*, p. 72.

[30] Van den Haag, *op. cit.*, pp. 516-7.

Ao menos duas falácias básicas invalidam esse argumento. Primeiro, a pressuposição incorreta de que a arte popular não pode ser popular, a não ser que sua forma e seu conteúdo sejam totalmente transparentes e aprovados. Nenhuma justificação pode ser dada para essa visão, a não ser a afirmação, igualmente errônea, de que os consumidores da arte popular são muito estúpidos para entender mais do que o óbvio e muito imaturos do ponto de vista psicológico para apreciar a apresentação de visões com as quais não concordam. Estudos recentes das séries televisivas mostram que a audiência da mídia pode ter uma atitude complexa e crítica em relação aos "heróis" e aos pontos de vista apresentados[31]; outra evidência sobre este ponto são os entusiastas do rock, que escutam com prazer músicas que descrevem experiências de droga e violência, ao passo que desaprovam tais comportamentos na realidade. Além do mais, mesmo admitindo que sua audiência seja realmente estúpida, nós não podemos concluir a partir daí que o conteúdo da arte popular deva ser óbvio e aprazível para agradar, pois ainda existe a possibilidade de agradar, mesmo que ele seja apenas parcialmente compreendido, ou mesmo totalmente incompreendido. É claro que os jovens brancos de classe média que tiveram uma primeira inclinação pelo rock não entendiam nada das letras que os excitavam, muitas das palavras tendo uma significado oculto do léxico afro-americano, como o termo "rock' n' roll", que significa "foder".

Além disso, o argumento de Van den Haag associa "o relevante e o significativo" da experiência humana ao novo e difícil. Nenhum fundamento é apresentado para a associação de noções tão claramente distintas. Ela é refutada cotidianamente pelas experiências mais familiares, dentro das formas mais tradicionais (por exemplo, apaixonarse, beijar as crianças para dizer boa-noite, reunir-se nos dias de festa) presentes em nossas vidas de maneira significativa. Van den Haag e todos os outros são induzidos a essa confusão pela obediência cega à estética modernista e vanguardista da originalidade e da dificuldade, que inconscientemente transformaram em critério geral de importância e significação da experiência. Mais grave ainda, ela se torna o critério do "real", de modo que os problemas ordinários tratados pela arte popular — frustrações amorosas, miséria, conflitos familiares, alie-

[31] Ver, por exemplo, os estudos sobre *Dallas* e *Dynasty* realizados por Fiske, *Television culture*, Londres, Methuen, 1987.

nação, drogas, sexo, violência — podem ser negados como irreais, ao passo que os "problemas reais", dignos de expressão artística, são tão só os novos e esotéricos o bastante para escapar à experiência e à compreensão do grande público. Esta é sem dúvida uma boa estratégia para os conservadores e privilegiados suprimir e ignorar as realidades daqueles a quem eles dominam: negar a legitimidade artística de sua expressão; uma estratégia que Pierre Bourdieu coloca em evidência quando salienta como os conflitos estéticos são, de maneira geral, basicamente "conflitos políticos [...] pelo poder de impor a definição dominante da realidade e, em particular, da realidade social"[32]. Mas não importa o quanto eles sejam desinteressantes e banais aos olhos dos estetas, tais problemas "irreais" (e as pessoas "irreais" cujas vidas eles consomem) constituem uma dimensão importante do nosso mundo. Pobreza e violência, sexo e drogas, "peças de reposição e corações partidos", para citar Bruce Springsteen, "fazem girar o mundo"; sua realidade desprezada é reafirmada com uma violência brutal, como quando na saída do teatro as pessoas se surpreendem pela miséria da rua[33].

(b) A arte popular tem sido condenada como superficial e vazia num outro sentido, que não se refere às "realidades profundas" e aos "problemas reais". Aqui a acusação é simplesmente de que as obras da arte popular não têm complexidade, sutileza e níveis de significações suficientes para serem estimulantes do ponto de vista intelectual, ou capazes de "sustentar um interesse sério". Em contraste às artes maiores que "tendem a ser complexas", podendo seu "conteúdo ser percebido e compreendido em vários níveis", a arte popular, em razão de seu interesse no grande público, lida apenas com "imagens claras, facilmente reconhecíveis", estereótipos tediosos e clichês vazios[34]. Assim, incapaz de exercitar nossa inteligência, ela pode apenas, para retomar as palavras de Adorno, "preencher um tempo vazio com mais vazio" (*AT*, 348).

[32] Pierre Bourdieu, "La production de la croyance: contribuition à une économie des biens symboliques", *Actes de la recherche en sciences sociales*, 13, 1977, p. 29.

[33] Bruce Springsteen, "Spare parts". Além dessas falácias lógicas, o argumento de Van den Haag tem uma base empírica muito questionável. Se considerarmos a história das artes maiores anterior ao período romântico ou moderno, veremos que a novidade experimental e a dificuldade de compreensão não constituíam condições necessárias para a legitimidade estética.

[34] As citações são de Broudy, *op. cit.*, p. 111, e de Gans, *op. cit.*, p. 77.

É evidente que muitos produtos da mídia são superficiais e unidimensionais, mas os críticos culturais deduzem erroneamente que todos sejam necessariamente assim. Referindo-se implicitamente ao preconceito segundo o qual "toda cultura de massa é idêntica"[35], eles ignoram resolutamente as complexidades e as sutilezas que podem, de fato, ser reunidas pela arte popular. Pois mesmo Adorno é levado a admitir que as obras populares são "constituídas por vários níveis de significação, superpostos uns sobre outros, todos contribuindo para o efeito geral"[36]. E o estudo de John Fiske sobre séries televisivas mostra que sua popularidade depende, em geral, do fato de elas terem vários níveis e vozes, de forma que possam possibilitar, ao mesmo tempo, leituras diversas, atraindo uma grande "variedade de grupos com interesses diversos, muitas vezes conflituosos". Como os especialistas em mídia e marketing perceberam, a audiência popular da televisão "não constitui uma massa homogênea", mas uma constelação oscilante de vários grupos sociais que "vêem televisão ativamente para produzir significados que tenham conexão com sua experiência social"[37].

Críticos intelectuais não conseguem reconhecer as significações múltiplas e cheias de nuance da arte popular porque eles, desde o início, mostram-se desinteressados e relutantes em dar a essas obras a atenção necessária para compreender sua complexidade. Mas às vezes eles simplesmente não entendem as obras em questão. Emergindo de condições sociais opressivas de escravidão e supressão cultural, o rock precisou criar complexos níveis de significação, tanto somática como discursiva, para dissimular uma concórdia inocente enquanto expressava protesto e orgulho. Da cultura negra à cultura dos jovens, a tradição persistiu, de maneira que Bob Dylan pôde declarar numa entrevista em 1965: "Se eu te contar, na verdade, do que trata nossa música, nós seríamos, provavelmente, todos presos"[38]. Ainda hoje encontramos pessoas adultas e inteligentes que pensam que todas as letras do rock são triviais e tolas, mas que no entanto confessam, enfim, que são incapazes de compreender seu significado por cima do

[35] Max Horkheimer e T.W. Adorno, *op. cit.*, p. 121.

[36] T.W. Adorno, "Television and the patterns of mass culture", Rosenberg e White (orgs.), *op. cit.*, p. 478.

[37] Ver Fiske, *op. cit.*, pp. 84 e 94.

[38] Citado em Ventura, *op. cit.*, p. 159.

som escabroso e da dicção anormal. Se a maioria de nossa população adulta é jovem o bastante para ter crescido ouvindo Elvis e Little Richard e para não deplorar o barulho e a falta de senso da tradição clássica do rock, a acusação de ruído e letras desprezíveis são dirigidas contra gêneros como o punk e o rap, onde o barulho e o desvio lingüístico são conscientemente tematizados para construir parte da complexidade semântica e formal de algumas músicas[39].

4. Nossa cultura considera que a arte é essencialmente criativa e original, engajada na inovação e na experimentação. Essa é a razão pela qual muitos especialistas em estética afirmam que uma obra é sempre única, e porque mesmo um tradicionalista como T.S. Eliot afirma que uma obra que "não fosse nova (...) não seria uma obra de arte"[40]. A arte popular, ao contrário, é totalmente difamada, não apenas pela sua monotonia e falta de originalidade, como também pelo fato de não poder ser diferente, em razão de sua motivação e de seus métodos de produção. Seus produtos são inevitavelmente "fracos e padronizados", pois são construídos tecnologicamente a partir de fórmulas e de "clichês preestabelecidos" por uma indústria faminta de lucros, preparada para "satisfazer os gostos dos consumidores, mais do que desenvolver ou cultivar gostos autônomos"[41]. Em contraste com a originalidade criativa e outras "características da arte autêntica, [...] a cultura popular prova ter suas próprias características autênticas: padronização, estereótipo, conservadorismo, falsidade, manipulação de artigos de consumo"[42].

A afirmação de que a arte popular é necessariamente desprovida de criatividade apóia-se em três linhas de argumentos. Em primeiro lugar, a padronização e a produção tecnológica, à medida que li-

[39] A tematização do barulho e o desvio lingüístico do rap são visíveis nos títulos de algumas de suas músicas, por exemplo, "Bring the noise" do Public Enemy, "Gimme dat (woy)" do BDP e "Funky cold medina" do Tone Loc.

[40] T.S. Eliot, "Tradition and the individual talent", em *Selected essays*, Londres, Faber, 1976, p. 15.

[41] Ver *AT*, 348; Adorno e Horkheimer, *op. cit.*, p. 125; e Ernest van den Haag, "A dissent from the consensual society", Norman Jacobs (org.), *Culture for millions*, Princeton, Van Nostrand, 1961, p. 59.

[42] Lowenthal, *op. cit.*, p. 55.

mitam a individualidade, excluem toda criatividade[43]. Em segundo lugar, a produção coletiva e a divisão do trabalho na realização da arte popular frustram a expressão original, pois envolvem decisões coletivas[44]. Em terceiro lugar, o desejo de divertir um grande público é incompatível com a expressão do sujeito individual e, portanto, com uma forma estética original. Todos esses argumentos baseiam-se na mesma premissa: a criação estética é necessariamente individual — um mito romântico questionável, alimentado pela ideologia burguesa e liberal do individualismo, que despreza a dimensão coletiva essencial da arte. De qualquer modo, nenhum desses argumentos é irrefutável, tampouco serve para diferenciar a arte popular das artes maiores.

Pode-se encontrar padronização tanto na arte popular como nas artes maiores. Ambas empregam convenções e fórmulas para facilitar a comunicação, para atingir certas formas estéticas e certos efeitos cujo valor foram provados, e para fornecer uma base sólida a partir da qual as elaborações criativas e as inovações podem ser desenvolvidas. A extensão do soneto é uma norma tão rígida quanto a dos seriados de televisão, e em nenhum dos casos a limitação exclui a criatividade. O que determina a validade estética de fórmulas, convenções e normas gerais é o fato de serem aplicadas ou não com imaginação. Se a arte popular as explora, com freqüência, de um modo mecânico e rotineiro, as artes maiores têm suas próprias formas esgotadas de padronização monótona como o academicismo, em que, para usar as palavras de Clement Greenberg, a "atividade criativa diminui" e "os mesmos temas são mecanicamente modulados numa centena de obras diferentes"[45]. No caso do uso de invenções tecnológicas, certamente presente nas artes maiores, ele representa menos uma barreira do que um impulso à criatividade estética (como a história da arquitetura claramente demonstra). A tecnologia da arte popular ajudou a criar formas artísticas como o cinema, as séries de TV e os videoclips; e esse poder criativo imprevisível, tão ameaçador para a autoridade enfra-

[43] Ver, por exemplo, Rosenberg, *op. cit.*, p. 12, que acusa a "tecnologia moderna" como "a causa necessária e suficiente da cultura de massa" e de sua barbárie. Lowenthal, *op. cit.*, p. 55, também denuncia o "declínio do indivíduo na mecanização do trabalho", próprio à sociedade tecnológica moderna.

[44] Ver MacDonald, "A theory of mass culture", *op. cit.*, p. 65.

[45] Greenberg, *op. cit.*, p. 98.

quecida das artes maiores e de seus protetores, é em parte o que motiva a acusação da arte popular como impotente em termos de criação[46].

O segundo argumento não é menos problemático. Não podemos admitir que exista uma contradição entre a produção coletiva e a criatividade artística, sem colocar em questão a legitimidade estética dos templos gregos, das igrejas góticas e as obras de tradição literária oral. É inegável que as pretensões estéticas criativas são freqüentemente frustradas ou corrompidas por pressões corporativas (talvez mais manifestas em Hollywood). Mas isso, como diria Dewey, é algo a combater e a corrigir na prática, não a reificar num princípio de contradição necessária entre expressão original e trabalho coletivo. Embora a produção coletiva coloque, sem dúvida, algumas dificuldades para a imaginação individual, a colaboração de várias mentes pode aumentar a criatividade multiplicando os recursos imaginários. Em todo caso, devemos lembrar que mesmo a imaginação individual trabalha sempre numa espécie de colaboração com a comunidade maior, em termos de convenções herdadas da tradição e de reações antecipadas do público. Assim, mesmo o artista da esfera superior da cultura, enquanto ser formado e motivado socialmente, pode, ao se satisfazer pessoalmente, também estar tentando agradar a um grande público — ainda que seja apenas as multidões imaginárias da posteridade.

Tais considerações nos levam então ao terceiro argumento, que é o mais evocado para apontar a falta de criatividade intrínseca à arte popular. Ele afirma que a popularidade exige uma forma e um conteúdo artísticos que sejam facilmente compreendidos e apreciados pela massa do público; o que significa a negação da expressão criativa pessoal em função do mais baixo denominador comum. Por isso, apenas

[46] Por trás do ataque da tecnologia da arte popular também se oculta a queixa amarga de que a tecnologia industrial desumanizou a vida moderna, e o medo conseqüente de que a arte seja similarmente desumanizada e enfim incapacitada pela dominação tecnológica. A tecnologia, com todos seus abusos e falsas ideologias, é um produto humano que a humanidade terá que afrontar e humanizar. A arte popular pode ser vista como um arena expressiva para a negociação entre o tecnológico e o humano. Tentativas de humanizar a máquina e afirmar a dominação humana do artista podem ser apontadas em situações como quando os roqueiros destróem suas guitarras ou quando os DJs de rap arranham os discos e invertem a rotação dos pratos dos toca-discos. No entanto, no jogo tecnológico de hoje, ainda não está claro quem domina e quem está sendo dominado. Essa questão será desenvolvida com respeito ao rap no capítulo seguinte.

os mais básicos estereótipos em termos de conteúdo e forma podem ser apresentados. Enfim, se "a mídia deve oferecer um programa homogeneizado para encontrar uma média dos gostos", ela não pode mostrar nada criativo ou provocativo, mas está condenada a expressar apenas "o óbvio e o aprovado"[47]. Sabemos que essa conclusão é falsa, pelo simples fato dos produtos da arte popular terem regularmente chocado e ofendido a sensibilidade do público "mediano", mas temos que pôr em evidência as falácias de um argumento que parece plausível a tantos críticos culturais.

O primeiro erro é confundir "multidão" com "massa". A popularidade requer apenas a primeira, enquanto só a segunda implica um todo homogeneizado e indiferenciado. Os críticos intelectuais pretendem erroneamente que o público da arte popular seja um público de massa. Eles se recusam a reconhecer o quanto esse público é estruturado por grupos de gostos diferentes, refletindo ideologias variadas, meios socioculturais diversos e empregando múltiplas estratégias interpretativas para ler as obras da arte popular de maneira a torná-las mais agradáveis e relevantes em relação à sua experiência social particular. Os estudos da mídia mostram que uma obra que exprima uma visão particular pode ser muito popular junto a um público que a rejeite (ou que simplesmente não a compreenda), pois tal público efetua sistematicamente uma leitura distorcida da obra, "decodificando" criativamente ou reconstituindo seu significado, tornando-o mais interessante e proveitoso para si. Eis a razão pela qual feministas, marxistas e judeus marroquinos tradicionalistas em Israel podem ser todos fãs devotos de *Dallas* e o porquê de *Dynasty* ter se tornado um show *cult* entre os gays nos E.U.A.[48].

[47] Van den Haag, *op. cit.*, pp. 517 e 529. Para expressões mais recentes desse tipo de argumento, ver Ariel Dorfman, que nota que "a indústria cultural, moldada para responder às necessidades simultâneas de enormes grupos de pessoas, nivela suas mensagens pelo dito denominador comum, criando apenas aquilo que todo mundo pode compreender sem esforço. Esse denominador comum (como se tem afirmado muitas vezes) é fundado sobre — o que mais poderia ser? — o mais puro homem comum norte-americano, canonizado como a medida universal para a humanidade" (Ariel Dorfman, *The empire's old clothes: What the Lone Ranger, Babar, and other innocent heroes do to our minds*, Nova York, Pantheon Books, 1983, p. 199).

[48] Ver Fiske, *op. cit.*, pp. 71-2, 163-4, 320 e *passim*. A necessidade de um programa homogêneo e simplista para alcançar popularidade faz sentido apenas

Mas mesmo que desprezemos essas teses sobre a interpretação criativa, que atribui mais democraticamente a criatividade da arte popular aos diversos consumidores e não apenas aos criadores oficiais, existe uma outra razão para distinguir entre a multidão e o público de massa. Pois um grupo particular, de gosto específico, partilhando um meio social e étnico distinto (ou uma ideologia e uma tradição artística comuns) pode ser claramente diferenciado do que se considera um público de massa homogênea, constituído por americanos medianos, sendo ainda, no entanto, suficientemente numeroso para constituir um grande público, cuja satisfação fará da arte uma arte popular com uma cobertura garantida pela mídia. O fato de existirem públicos distintos tão vastos significa que a arte popular não tem necessidade de se limitar a estilos, estereótipos e pontos de vista que sejam compreendidos e aceitos por um público considerado geral.

O *scratching*[49] dos discos, a gíria, a sexualidade explícita do conteúdo e a ira antiamericana de muitas músicas de rap não são nada "óbvios ou aprovados" para a grande maioria da "América mediana", mas isso não as impede de alcançar imensa popularidade. Na verdade, sua popularidade deriva precisamente de seu foco ideológico e étnico distinto e de seu desafio em relação às normas aceitas, do fato de ser um "inimigo público" — como se nomeia, com razão, o grupo de rap Public Enemy, celebrado popularmente, mas acusado publicamente. Baseada na distinção, tal popularidade não se limita, no entanto, ao gueto de jovens negros. Pois a mensagem do rap, originada de amarga injustiça e construída sob a forma de protesto violento contra a autoridade opressiva, pode ser retomada por jovens que se sentem alienados dentro de diferentes meios sociais, ou mesmo por intelectuais marginalizados, descontentes com o sistema e interessados em se iniciar nos estilos de rap, suas expressões e sua língua. Enfim, como o rock mostrou antes do rap, a popularidade não exige conformidade

se assumirmos que o significado de uma obra e o seu modo de recepção são apresentados para os seus leitores de maneira fixa e uniforme, sendo seu sentido firmemente controlado pelo autor, negando-se a possibilidade de um produto que varie conforme sua interação com outros textos ou com outros leitores de outros meios sociais e históricos.

[49] Técnica usada na criação do rap, onde o DJ "arranha" os discos, deslocando a agulha do toca-discos durante a rotação, produzindo um som específico (ver maiores detalhes sobre a técnica do rap no próximo capítulo).

com a "média de gostos" e não exclui a criação de significados, cuja sutileza só é compreendida adequadamente por aqueles que participam da tradição artística subcultural ou contracultural.

Os artistas populares também são consumidores da arte popular e formam parte de seu público. Muitas vezes compartilham do mesmo gosto do público para o qual dirigem sua obra. Aqui não pode haver conflito real algum entre querer se expressar criativamente e querer agradar um grande público. Assumir a necessidade de tal conflito constitui o segundo erro deste último argumento, pelo qual o desejo de divertir um grande público seria incompatível com uma forma estética original. Derivado do mito romântico do gênio individual, ele insiste em que o isolamento da sociedade e o desdém por seus valores comuns são cruciais à integridade e visão artísticas. As pressões históricas e socioeconômicas que cultivaram esse mito hoje são amplamente conhecidas. Ele desenvolveu-se quando os artistas, na sociedade em rápida transformação do século XIX, foram afastados de sua forma tradicional de patronagem e não tinham mais certeza sobre sua função e sobre seu público. Mas raros são aqueles que ainda crêem neste mito, e mesmo artistas aparentemente elitistas como T.S. Eliot o rejeitaram explicitamente, afirmando a necessária conexão entre o artista e sua comunidade e exprimindo o desejo de atingir a maior parte possível dela[50].

Finalmente, o argumento de que a arte popular exige uma conformidade absoluta com os estereótipos aceitos repousa sobre a premissa de que seus consumidores são muito estúpidos para apreciar a apresentação de pontos de vista inabituais ou inaceitáveis. Mas, como já notamos, a evidência empírica do consumo da mídia mostra que isso é falso; os telespectadores não são, segundo a expressão de Stuart Hall, os "imbecis culturais" que a elite cultural supõe que sejam[51]. A própria idéia de que o público da arte popular é muito inocente e unidimensional para acolher ou ser acolhido por idéias contraditórias e pela ambigüidade de valores parece ser claramente refutada pela experiência desconcertante da vida pós-moderna, em que as ocupações cotidianas

[50] Ver, por exemplo, T.S. Eliot, *The use of poetry and the use of criticism*, pp. 152-3.

[51] Ver Stuart Hall, "The rediscovery of ideology: The return of the repressed", M. Gurevitch (org.), *Culture, society and media*, Londres, Methuen, 1982, pp. 56-90.

exigem freqüentemente a adoção de funções contraditórias e jogos de linguagem conflitantes. A multiplicidade de atitudes e a hesitação entre a crença e a descrença não são mais um luxo estético elitista, mas uma necessidade da vida. Afinal, em que ainda podemos nos colocar com fé absoluta e investimento total sem frustração nem ironia?

5. A questão da conformidade às normas gerais do público introduz a quinta condenação estética feita à arte popular: falta de autonomia estética e resistência. Os teóricos da estética consideram a autonomia como "um aspecto irrevogável da arte" (*AT*, 1) e essencial para seu valor. Mesmo Adorno e Bourdieu, que reconhecem que essa autonomia é o produto de fatores sócio-históricos e serve a um programa social de distinção de classe, ressaltam que ela é essencial à legitimidade estética e à própria noção de apreciação. Para ser criada e apreciada enquanto arte, e não como algo diverso, a arte exige, segundo Bourdieu, "um campo autônomo de produção artística [...] capaz de impor suas próprias normas na produção assim como na consumação de seus produtos" e de recusar funções externas ou "qualquer outra necessidade que não esteja inscrita em [...] [sua] tradição específica" (*D*, III). No coração dessas normas autônomas, a primazia é dada "àquilo do qual o artista é mestre, isto é, a forma, a maneira, o estilo, mais do que o "tema", referente externo por onde se introduz a subordinação às funções — mesmo a mais elementar, a de representar, significar, dizer alguma coisa" (*D*, IV). Do mesmo modo, para Adorno, as normas da arte não têm outra função senão estar a serviço da própria arte. A arte "não deve exercer um papel útil", devendo evitar até mesmo "a noção imatura de querer ser uma fonte de prazer", de forma que "a obra de arte autônoma [...] só seja funcional em relação a si mesma" (*AT*, 89, 136, 281). A arte popular, ao contrário, perde sua validade estética simplesmente pelo desejo de divertir e servir a necessidades humanas ordinárias, no lugar de fins puramente artísticos. Mas por que a funcionalidade ocasiona a ilegitimidade estética e artística?

Afinal, estas conclusões se apóiam sobre uma definição da arte e da estética que as opõe essencialmente à realidade ou à vida. Para Adorno, embora a arte seja enraizada no real e informada pela vida material e social, ela se define e se justifica apenas pelo fato de "se diferenciar da realidade perversa" de nosso mundo e separar-se de suas exigências práticas e funcionais. Afirmando a liberdade de seu próprio domínio imaginativo, a arte representa uma crítica à funcionalidade implacável do mundo, de forma que, "se alguma função social pode ser atribuída à arte, é sua qualidade de não ter função nenhuma" (*AT*, 322). Bourdieu defende igualmente que a própria noção de atitude estética "implica uma ruptura com [...] o mundo" e com os interesses da vida ordinária (*D*, III). Dado que a arte popular afirma a "continuidade entre a vida e a arte, que implica a subordinação da forma à função" (*D*, 33), Bourdieu conclui que ela não pode ser considerada uma arte legítima. Tampouco pode ser valorizada por uma estética assim chamada popular, pois tal estética, sustenta Bourdieu, não é digna do nome. Primeiro porque essa estética jamais é formulada de maneira consciente e positiva ("para si mesma"), mas constitui apenas "um ponto de referência negativo", do qual se serve a estética legítima para, ao distinguir-se da outra, definir-se a si própria (*D*, V, 50). Além disso, aceitando os interesses e os prazeres da vida real e desafiando assim a autonomia pura da arte, a estética popular é desqualificada por se opor essencialmente à arte e por se engajar numa "redução sistemática das coisas da arte às coisas da vida" (*D*, V, 45).

Esses argumentos antifuncionais dirigidos contra a arte popular dependem da premissa de que a arte e a vida real podem e devem ser essencialmente opostos e separados. Mas apesar de ser um dogma secular da filosofia estética, por que deveríamos aceitar essa visão? Sua origem deveria despertar nossa desconfiança: nascendo do ataque platônico contra a arte em nome de seu duplo distanciamento da realidade, ele tem sido sustentado por uma tradição filosófica que sempre esteve ávida, mesmo ao defender a arte, em afirmar sua distância em relação ao real, assegurando assim a soberania filosófica em determinar a realidade, inclusive a natureza real da arte.

Mas se considerarmos a questão livre de preconceitos filosóficos e de partidarismo histórico, veremos que a arte constitui parte da vida, assim como a vida constitui a substância da arte e se constitui a si mesma artisticamente na "arte de viver"[52]. Tanto como objeto quanto como experiência, as obras de arte habitam o mundo e funcionam em nossas vidas. A música é usada para ninar as crianças e para avivar o sentimento patriótico. A poesia é usada na prece e no namoro, as fábulas para inspirar lições de moral. Certamente, na cultura ate-

[52] O próprio Bourdieu emprega essa noção (*D*, 49, 59, 279, 429, 430). A idéia ética do viver estético será desenvolvida no último capítulo deste livro.

niense antiga, as artes eram intimamente integradas na vida cotidiana e em sua moral. Pinturas e esculturas não eram colocadas em museus para o puro deleite visual, mas serviam, como a arquitetura, a fins religiosos, sociais e políticos definidos. Música e canto faziam parte de ritos religiosos e de cerimônias cívicas do povo. Os clássicos do teatro grego visavam a reforçar a unidade social e o sentimento cívico por meio da repetição de mitos comuns, e eram encenados em festivais que acompanhavam competições olímpicas. Constituíam uma cultura popular, e o comportamento de seus espectadores não era mais formal ou refinado do que aquele que encontramos hoje num concerto de rock[53]. Enfim, a noção de autonomia artística não estava presente na arte grega, mas essa ausência não a privava de seu poder estético.

Bourdieu, é claro, conhece bem esse fato, e seu próprio trabalho insiste na evolução histórica do século XIX, em que a arte transformou-se em arte *autônoma* e a estética transformou-se em estética *pura*. Mas suas definições puristas sugerem que as mudanças da história são irrevogavelmente permanentes e que, uma vez transfiguradas em pura autonomia, a arte e a estética não podem mais ser legitimadas fora de sua própria esfera. A história, no entanto, continua suas transformações; desenvolvimentos recentes da cultura pós-moderna sugerem a desintegração do ideal purista e a implosão crescente da estética em todas as esferas da vida. Além disso, embora Bourdieu exponha de maneira detalhada as profundas condições materiais e os interesses sociais dissimulados implicados na noção de pureza estética (o que a distancia dessa qualidade "pura", não obstante seja mal-interpretada como tal), ele parece pouco disposto a acolher a idéia de que podemos romper com essa visão da autonomia pura e manter, ainda assim, uma estética viável. Ele rejeita a possibilidade de uma estética alternativa, cujo foco central seja a vida, em que a arte e a experiência popular possam ser resgatadas. Mas tal estética não somente é possível, como também é vivamente apresentada na teoria da arte de Dewey,

[53] Ver Alexander Nehamas, "Plato and the mass media", *Monist*, 71, 1988, p. 223: "As peças não eram encenadas diante de um auditório polido. A multidão densa podia assobiar [...] e o teatro ressoava com seus 'barulhos grosseiros' [...] Platão expressa profundo desgosto pelo tumulto, pelo qual o público, no teatro e em todo lugar, exprimia sua aprovação ou seu descontentamento (*A República*, 492c) [...] Parte de sua comida era arremessada contra os atores que não lhes agradavam, que, muitas vezes, eram literalmente expulsos do palco".

que faz das energias, das necessidades e dos prazeres da "criatura viva" o centro da experiência estética.

A autonomia artística implica não apenas sua diferença entre a vida e a arte, mas também a existência de um valor que lhe é próprio e uma violenta força de resistência à sociedade. Adorno, por exemplo, afirma que "a arte se manterá em vida somente enquanto tiver o poder de resistir à sociedade". Se ela não afirma sua diferença autônoma por meio desta resistência, degenera-se em mera "mercadoria" (*AT*, 321). Assim, mesmo que as artes maiores sejam amplamente comercializadas, ao menos afirmam orgulhosamente seu valor autônomo, enquanto a arte popular nem sequer "pretende ser arte", definindo-se como um "negócio" ou uma "indústria". Ainda pior, suas produções reforçam sua falta de resistência, fornecendo uma conformista e conservadora "'mensagem' de adaptação e de obediência irrefletida"[54]. Tais observações espelham uma linha crítica familiar: como a arte autêntica precisa ser de oposição e "diferenciar-se daquilo que é aceito", a conformidade necessária da arte popular à média geral dos gostos e às atitudes conservadoras do público a invalida como arte[55].

Mas os postulados subjacentes a esse argumento têm se mostrado insustentáveis. A oposição à sociedade não constitui uma essência eterna da arte, mas uma ideologia estética particular que surge no século XIX como resultado de desenvolvimentos socioeconômicos, que abalaram as formas tradicionais de suporte social das quais a arte e os artistas tinham desfrutado até então. Não apenas antes, mas também durante o apogeu da ideologia da "arte pela arte", obras estimadas das artes maiores estavam longe de manifestar um anticonformismo em sua forma e seu conteúdo[56]. Além disso, as obras da arte populares não precisam ser conformistas nem conservadoras para alcançar popularidade.

[54] Horkheimer e Adorno, *op. cit.*, pp. 121 e 157; Adorno, "Television and the patterns of mass culture", *op. cit.*, p. 477.

[55] Ver, por exemplo, Van den Haag, "Of happinnes", em *op. cit.*, p. 517; Broudy, *op. cit.*, pp. 111-2; Lazere, *op. cit.*, p. 17.

[56] Adorno, que reconhece que a maioria das obras de arte têm manifesto a tendência para afirmar as sociedades que lhes dão origem, mais do que para resistir a elas, é levado a defender a oposição da arte como algo essencial, construindo sua não-funcionalidade e sua divergência do real como se fossem a tradução de sua resistência. Se admitirmos este argumento, deveríamos também aplicá-lo no caso das obras da arte popular que, no entanto, são constantemente acusadas por seu

Bourdieu apresenta um argumento mais sutil: a arte popular não pode ser legítima porque nega essencialmente sua própria validade estética e sua autonomia artística, aceitando implicitamente a dominação da estética das artes maiores que a denigre com arrogância. Nossa cultura, para Bourdieu, reconhece "tão universalmente a estética da pura disposição" das artes maiores "que nada nos faz lembrar que o que está em jogo na definição de arte e, através dela, na de arte de viver, é a luta entre as classes" (*D*, 50). Pelo simples fato de existir nesta cultura, a estética popular (que ele associa às classes trabalhadoras) é "uma estética dominada, obrigada a se definir constantemente em relação às estéticas dominantes" (*D*, 42). Como, em relação a essas normas dominantes, a arte popular não pode ser qualificada como arte, e já que ela não chega a engendrar uma legitimação própria, Bourdieu conclui que, em certo sentido, "a arte popular não existe" e que a cultura popular é uma "verdadeira associação de palavras através das quais se impõe, quer queira, quer não, a definição dominante da cultura" (*D*, 459), e, conseqüentemente, "sua própria invalidação" (*D*, 48). Essa desvalorização pode tomar tanto a forma de uma "degradação" resignada, como a forma de uma "reabilitação autodestrutiva", tomando como modelo a cultura superior (*D*, 50).

Por mais que esse argumento possa ser irresistível para a cultura francesa, ele falha enquanto argumento global contra a arte popular. Pois, pelo menos na América, tal arte afirma seu *status* estético e fornece suas próprias formas de legitimação estética. Não somente muitos artistas populares consideram que seu papel vai mais longe do que um simples divertimento, mas tematizam freqüentemente o *status* artístico de sua arte em suas obras. Além disso, prêmios como o Oscar, o Emmy e o Grammy (que não são determinados pelas vendas de bilheteria nem reduzidos a esse tipo de critério) conferem, aos olhos da maioria dos americanos, não apenas uma legitimação estética, como também um grau de prestígio artístico às obras em questão. Existe também um aparato cada vez mais crescente de críticas estéticas referentes à arte popular, incluindo alguns estudos históricos de orientação estética sobre seu desenvolvimento. Tal produção crítica, difundida em

escapismo irreal. Adorno parece reconhecer isso em outra parte, mas condena a arte popular por não ser adequadamente escapista, de forma a constituir uma resistência. "Os filmes escapistas não são repugnantes pelo fato de darem as costas à existência arruinada, mas por não o fazerem com a energia suficiente", *Minima Moralia*, p. 269.

jornais e livros, mas também na mídia, funciona claramente como uma forma de discurso de legitimação; e ela emprega o mesmo tipo de predicados estéticos aplicados às artes maiores — embora também utilize termos novos, como "*funky*", por exemplo. Essa utilização comum de predicados não implica sua submissão às artes maiores, a menos que se suponha que estas tenham o controle exclusivo da legitimidade do uso do discurso estético; e isso já nos obriga a recolocar a questão do monopólio estético, que a arte popular justamente contesta.

Do mesmo modo, é errado supor que a aparente ausência de uma teoria estética na arte popular exclua, de alguma forma, sua legitimidade estética. A legitimação possui outras formas mais poderosas que a teoria filosófica; a arte popular pode ser legitimada esteticamente pelas experiências que ela fornece, pela audição, pela visão e pelas práticas críticas que engendra. Além do mais, assim como é errado confundir legitimação com legitimação filosófica, também é contestável confinar a legitimidade estética tal como é aceita socialmente àquela que é reconhecida pela comunidade intelectual, um tanto marginalizada socialmente. Certamente nós, norte-americanos, não levamos a filosofia nem a hegemonia cultural dos intelectuais tão a sério quanto os franceses ou os outros europeus. Essa atitude despreocupada e rebelde, encarnada na cultura norte-americana, constitui, a meu ver, boa parte de seu valor e de seu caráter atraente junto aos europeus, especialmente no que diz respeito aos jovens e aos culturalmente dominados. Pois ela proporciona um instrumento inestimável para se liberar de uma dominação cultural sufocante, enraizada na tradição incorporal da filosofia intelectualista e das belas-artes aristocráticas.

Ao criticar a afirmação de Bourdieu, invocando a diferença da cultura norte-americana, estou apenas, no entanto, reforçando sua visão mais geral, segundo a qual a arte e a estética não são essências universais, intemporais, mas produtos culturais essencialmente informados e transformados por condições sócio-históricas. Pois alguns fatores históricos podem explicar muito bem por que artes populares se desenvolveram mais na América do Norte que em outras partes, conseguindo combater o entrave das artes maiores na legitimidade estética e cultural. Demonstrar adequadamente e situar esses fatores exigiria uma pesquisa detalhada que excederia o alcance deste capítulo. Mas os pontos que se seguem parecem ser os mais determinantes.

Primeiramente, embora os Estados Unidos estejam longe de ter uma sociedade sem classes, sua estrutura social tem sido, sem dúvida, mais flexível e descentralizada que a das sociedades européias; sua ideologia dominante tem sido mais declaradamente igualitária e antiaristocrática. Em segundo lugar, enquanto nação do Novo Mundo que teve de lutar por sua independência política e econômica da Europa, os Estados Unidos tiveram uma tendência maior para resistir à dominação cultural européia; a cultura superior, claramente vista como uma importação aristocrática da Europa, chegava até mesmo a incitar violentos protestos patrióticos[57]. Em terceiro lugar, tratando-se de uma nação formada por imigrantes de diferentes culturas, não havia uma única tradição artística que pudesse ser importada do Velho Mundo sem problemas e ser imposta a todos; nem havia um sistema centralizado de educação para reforçar uma uniformidade cultural. O efeito liberador da pluralidade cultural para a arte popular pode ser visto de maneira intensa no blues, no jazz e no rock, desenvolvidos a partir de fontes culturais africanas por afro-americanos tão brutalmente excluídos da sociedade dominante que chegaram a se liberar das garras de sua dominação estética[58].

Mas, talvez a razão mais importante para sua maior liberdade cultural seja que a sociedade norte-americana não possui as duas ins-

[57] No teatro norte-americano do século XIX, por exemplo, certo número de atores ingleses foram alvejados com restos de comida e expulsos do palco sob gritos de: “Fora! Fora! Voltem para a Inglaterra! Digam a eles que os yankees mandaram vocês de volta!”. Além disto, “as audiências em New Orleans pediam com freqüência que se incluísse nas aberturas das óperas italianas árias patrióticas familiares como ‘Yankee doodle’ e ‘Hail Columbia’”. Quando um regente decidia ignorar esses pedidos, “o público começava a quebrar as cadeiras e os bancos”. O protesto contra a cultura aristocrática européia (que também era, em grande parte, uma expressão de rancor contra as tendências européias e aristocráticas adotadas pelos norte-americanos de classe alta) teve sua explosão mais violenta no tumulto de Astor Place em 1849, quando pelo menos vinte e duas pessoas foram mortas. Para maiores detalhes sobre a resistência (e submissão) do público norte-americano à aristocracia, ao intelectualismo e ao elitismo importados da Europa, ver Lawrence W. Levine, *Highbrow/lowbrow: The emergence of cultural hierarchy in America*, pp. 62 e 95.

[58] Carl Boggs e Ray Pratt, “The blues tradition: Poetic revolt or cultural impasse?”, Lazare (org.), *op. cit.*, p. 279, sustentam uma idéia semelhante: “À medida que o blues se formou em condições sociais agrárias, pré-capitalistas e racistas, a música existiu primeiramente fora do sistema econômico e social dominante”. Para maiores detalhes sobre a cultura negra como um refúgio contra a dominação branca sociocultural, ver Eugene D. Genovese, *Roll Jordan, roll: The world the slaves made*, Nova York, Pantheon, 1974, e Lawrence W. Levine, *Black culture and black consciousness*, Nova York, Oxford University Press, 1977.

tituições que estruturaram a cultura superior européia, sustentando seu poder dominante: uma Corte aristocrática e uma Igreja nacional. Como muitos já ressaltaram, a noção de artes maiores é, em grande parte, uma invenção dos aristocratas para assegurar seu privilégio de classes face a uma burguesia cada vez mais crescente, uma estratégia de distinção que mais tarde foi retomada pelos burgueses ambiciosos[59]. A tradição eclesiástica, por outro lado, forneceu um ideal de experiência espiritual fortemente arraigado, assim como um hábito de dar uma atenção piedosa às obras de arte. Ela formou, além disso, uma classe intelectual sacerdotal para dirigir e regular a propriedade de tal experiência transcendental e o discurso que dela se ocupa. Quando se perdeu a fé teológica, mas os sentimentos religiosos e os hábitos de espiritualidade austera restaram ainda fortemente presentes, projetaram-se esses últimos na religião das belas-artes, um novo domínio de experiência espiritual de devota seriedade, com uma nova classe sacerdotal de artistas intelectuais e críticos. A tradição religiosa na América do Norte era muito mais fraca, e o puritanismo austero que a dominava não era conveniente para uma apropriação estética. Enquanto república secular não possuindo aristocracia tradicional e englobando várias congregações religiosas, os Estados Unidos podiam resistir melhor ao que Bourdieu descreve como a essencial "aristocracia da cultura" (*D*, 16-106), conseguindo assim afirmar esteticamente as artes populares que não exigem uma distinção aristocrática nem um valor quase religioso[60].

6. Por fim, a arte popular é denegrida por não atingir uma forma adequada. Como Abraham Kaplan explicita: "o que é inestético na arte popular é sua ausência de forma. Ela não inspira nem sequer permite o esforço necessário para a criação de uma forma artística"[61]. Ao con-

[59] Ver, por exemplo, Taylor, *Art, enemy of the people*, p. 43, e Arnold Hauser, *The social history of art*, Nova York, Knopf, 1951, p. 438 em diante.

[60] Isso não quer dizer, no entanto, que essa resistência era suficientemente forte para prevenir a criação, na América do Norte, de um estabelecimento artístico culturalmente aristocrático e politicamente influente, cuja formação é bem analisada por Levine. Mas ela era (e ainda é) forte o bastante para acabar com o monopólio incontestável das artes maiores sobre a legitimidade estética e cultural.

[61] Abrahan Kaplan, "The aesthetics of the popular arts", em J.B. Hall e B. Ulanov (orgs.), *Modern culture and the arts*, Nova York, McGraw-Hill, 1972, p. 53.

trário das artes maiores, profundamente ligadas à questão da forma, a arte popular é tida como tão preocupada com o conteúdo que a forma teria apenas um papel secundário, não chegando nunca a se expressar de maneira adequada, nem a ser tematizada.

Os argumentos contra a adequação formal da arte popular apresentam-se de várias maneiras. Tanto a unidade como a complexidade de sua estrutura fomal têm sido estritamente negadas. Para MacDonald e para Adorno, as obras populares não possuem unidade formal apenas por serem produções coletivas, ao invés de criações individuais autônomas, mas também por serem destinadas a um público retrógrado de indivíduos desintegrados que perderam a capacidade de apreender "a unidade plural" das obras de arte autênticas. Em vez de forma, elas apresentam apenas fórmulas simplistas, que servem apenas como suporte para efeitos individuais provocativos e superficiais[62].

Com mais freqüência, não é a unidade mas a complexidade formal que se nega às obras populares, para distingui-las da arte autêntica. Bourdieu, que define a atitude estética como a capacidade de ver as coisas enquanto "forma e não enquanto função", considera essa atitude de desprendimento ou de distanciamento em relação à realidade como a chave da realização da "complexidade formal" das artes maiores. É apenas através dessa atitude que podemos alcançar — "como a etapa final da conquista da autonomia" — "a produção de uma 'obra aberta', intrínseca e deliberadamente polissêmica" (*D*, III, 37, 221). Para Bourdieu, a maior conexão da arte popular com o conteúdo da vida "implica uma subordinação de forma à função" e, conseqüentemente, a impossibilidade de atingir uma complexidade formal. Na arte popular nós nos envolvemos, de maneira mais imediata, com o conteúdo ou com a substância da obra; e isso, afirma Bourdieu, é incompatível com uma apreciação estética autêntica, "dada a oposição básica entre forma e substância" (*D*, 221). A legitimidade estética só é

[62] "As formas das *hit parades* são tão padronizadas [...] que nenhuma forma específica pode aparecer em parte alguma". Essa "emancipação das partes em relação a sua coesão [numa unidade formal] [...] inaugura o desvio do interesse musical em direção à atração particular e sensível" (Adorno, "On the fetish character in music and the regression of listening", *op. cit.*, p. 32; ver também MacDonald, "A theory of mass culture", *op. cit.*, p. 65: "A unidade é essencial na arte; ela não pode ser alcançada por uma linha de produção de especialistas, por mais competentes que sejam".

atingida "pelo desvio do interesse do 'conteúdo', dos personagens, do enredo etc., para a forma, para os efeitos especificamente artísticos, que só são apreciados por meio da comparação com outras obras, o que é incompatível com a imersão na singularidade da obra imediatamente dada" (*D*, 36).

Tal comparação com outras obras e estilos numa dada tradição artística é inegavelmente uma fonte rica de complexidade formal nas artes maiores. Mas essa intertextualidade pode também estar presente em obras da arte popular, onde muitas delas se referem e se citam umas às outras, produzindo uma variedade de efeitos estéticos e abrangendo uma textura formal complexa de relações históricas e artísticas. Estas alusões não passam desapercebidas para o público da arte popular, que é geralmente mais versado em suas tradições artísticas do que o público das artes maiores é nas suas[63].

O que mais nos perturba no argumento de Bourdieu é a aparente suposição de que forma e conteúdo são de alguma maneira necessariamente opostos, de modo que não podemos experimentar (ou criar) devidamente uma obra do ponto de vista formal sem nos distanciarmos de qualquer entusiasmo ou investimento no conteúdo. Isso não apenas parece sugerir uma distinção forma/conteúdo que é bastante contestável, mas confunde dois sentidos de "formal": aquilo que apresenta formalismo ou formalidade, e aquilo que simplesmente tem forma ou estrutura. Somente o primeiro implica uma postura de distância, contenção cerimoniosa e negação dos investimentos da vida. Mais do que algo essencialmente oposto à vida, a forma é, como Dewey salientou, uma parte sempre presente da configuração e do ritmo de viver. E a forma estética (como Bourdieu reconhece) é profundamente enraizada nesses ritmos corporais e orgânicos, assim como nas condições sociais que ajudam a estruturá-lo — embora esse fato seja cons-

[63] Não apenas as platéias apreciam as complexidades formais, tais como ruptura de narrativa ou fragmentação do conteúdo — como nos videoclipes ou no seriado *Miami Vice* (câmera estilizada e interlúdios musicais e visuais) — como também o espectador é capaz de engendrar produtos formalmente complexos por meio da segmentação e da combinação de produtos da arte popular, visando à criação de seus próprios textos originais. Isto pode ser feito pela prática sistemática do *zapping*, pela gravação e edição de vídeos, ou, como no rap, pelo *sampling* e pela síntese de diferentes discos. Ver Fiske, *op. cit.*, pp. 103-4, 238, 250-62, para o que concerne a esses pontos sobre a TV; e o capítulo seguinte para o rap.

tantemente esquecido[64]. Ela pode ser descoberta no investimento imediato e entusiástico do corpo tanto como pela distância intelectual; a forma pode ser funk, assim como pode ser severamente formal.

Duas outras acusações relativas à forma são levantadas contra a arte popular. Enquanto as artes maiores são prezadas pelo alto grau de consciência que atingiram de si, chegando a tematizar-se enquanto arte — seus artistas tirando muitas vezes "seu motivo de inspiração do próprio material com que trabalham"[65] —, a arte popular é tida como sendo dominada pelo conteúdo que ela negligencia como forma de representação, realizando assim, segundo Bourdieu, "uma redução sistemática das coisas da arte às coisas da vida" (*D*, IV). Além disso, enquanto as artes maiores são distintas pela "inovação e experimentação formal" (*PH*, 76), o pouco de atenção que a arte popular dispensa ao material formal aliado a seu desejo de divertir por meio do assunto significa que esse tipo de arte não possui "o gosto pelo experimentação formal" (*D*, 35, 36). Sugerindo mais uma vez a oposição fundamental entre forma e substância, Bourdieu sustenta que a arte popular e seu público podem aceitar "experimentos formais e efeitos especificamente estéticos apenas à medida que eles [...] não constituam um obstáculo à percepção da própria substância da obra" (*D*, 34).

Mas muitas obras da arte popular demonstram interesse pela forma, colocando explicitamente em primeiro plano seu estilo e meios. Muitas exibem conscientemente seu *status* de representação (como as séries de TV *Moonlighting* e *Monty Python's Flying Circus* ou mesmo alguns filmes cômicos "B" de Mel Brooks). Como demonstra Fiske, isso acontece não somente por meio do diálogo e da narrativa visual (que se remetem ao *status* da obra como texto de ficção), mas também por meio de artifícios formais "como estilização excessiva, tra-

[64] Bourdieu reconhece, mais do que ninguém, a profunda dimensão corporal da estética: "A arte nunca é completamente a *cosa mentale* [...] que a visão intelectualista faz dela [...] A arte é também uma 'coisa do corpo'", relacionada a ritmos "orgânicos" básicos: "aceleração e alentecimento, crescendo e decrescendo, tensão e relaxamento" (D, 86-7). No entanto, por causa da tendência sociológica para aceitar as perspectivas socialmente dominantes como fatos positivos, ele confina a legitimidade estética à "estética pura", distanciada da vida e do corpo. Isso só reforça a tradição do formalismo intelectual, na qual o sensorial é legitimado do ponto de vista estético apenas como um instrumento a seviço da forma intelectual.

[65] Greenberg, *op. cit.*, p. 100.

balho consciente de câmera, edição imotivada e a violação ocasional da regra de 180°[66]. Como, para a experimentação, as artes populares da mídia constituem pesquisas sobre o meio e a forma, e embora a maior parte da arte popular seja realmente muito conservadora do ponto de vista formal, existem esforços contínuos de inovação na criação de novos gêneros ou estilos (como o videoclipe e o rap) ou, às vezes também, para renovar aqueles já estabelecidos.

Falar de maneira tão genérica, mencionando exemplos tão breves dificilmente constitui uma prova convincente de que a arte popular tenha essas qualidades formais que supostamente distinguem as artes maiores como sendo estéticas: unidade e complexidade, intertextualidade e polissemia, estrutura aberta e experimentação formal. Talvez a única maneira satisfatória para provar isso e responder a todas as acusações anteriores seja mostrar concretamente que as obras de arte populares apresentam, na realidade, valores estéticos que os críticos reservam às artes maiores. E isto só pode ser feito pelo estudo minucioso de obras existentes nos gêneros específicos. O próximo capítulo enfrenta esse desafio com o estudo do rap e a leitura detalhada de uma de suas obras.

[66] Fiske, *op. cit.*, p. 238. Ver também a discussão sobre o estilo auto-reflexivo da televisão, a complexidade formal e a intertextualidade voluntária na análise de Alexander Nehamas sobre *St. Elsewhere* em “Serious watching”, David Hiley, James Bohman e Richard Shusterman (orgs.), *The interpretive turn: Philosophy, science, culture*, Ithaca, Cornell University Press, 1991, pp. 260-81.

4. A ARTE DO RAP

> [...] *rapt Poesy,*
> *And arts, though inimagined, yet to be.*
> Shelley, *Prometheus Unbound*[1]

I

O rap é um dos gêneros de música popular que mais se desenvolve atualmente, mas também um dos mais perseguidos e condenados. Sua pretensão ao *status* artístico submerge numa inundação de críticas abusivas, atos de censura e recuperações comerciais[2]. Isto não é de se surpreender. Pois as raízes culturais do rap e seus primeiros adeptos pertencem à classe baixa da sociedade negra norte-americana; seu orgulho negro militante e sua temática da experiência do gueto representam uma ameaça para o *status quo* complacente da sociedade. Dado esse incentivo político, é fácil encontrar as razões estéticas para desacreditar o rap enquanto forma legítima de arte. Suas canções não são nem mesmo cantadas, mas faladas ou recitadas. Elas não empregam músicos nem música original; a trilha sonora é, em vez disso, composta de vários cortes, ou *samples*, de discos geralmente conhecidos. Por fim, as letras parecem grosseiras e primárias, a dicção corrompida, o ritmo duro, repetitivo e muitas vezes libidinoso. Mas como

[1] "[...] Poesia arrebatada,/ E artes, embora não imaginadas, ainda por vir." (N. da T.).

[2] A censura exercida sobre o rap tornou-se notícia nacional no verão de 1990, quando o grupo The 2 Live Crew foi proibido e preso na Flórida. Para maiores detalhes sobre as primeiras tentativas para reprimir o rap, ver o panfleto *You got a right to rock: Don't let them take it away*, redigido pelos editores de *Rock and Roll Confidential* e publicado por Duke and Duchess Ventures, Inc., Nova York, Setembro de 1989. Os shows censurados e os discos colocados em lista negra (prática vigorosamente adotada pelo Parents Musical Resource Center) são freqüentemente temas das letras do rap e relacionados a questões de liberdade de expressão política e estética, como por exemplo em "Freedom of speech" de Ice-T, e — embora com muito menos estilo e humor — em "Banned in the U.S.A." de The 2 Live Crew. É claro, o rap mais recente tem provado ser muito popular para não ser recuperado, em suas formas mais amenas, pelo *establishment* e pela mídia. Seus ritmos e estilos foram adotados pelas principais publicidades da mídia, e Fresh Prince, um rapper afável, faz seu próprio programa de televisão num dos horários de maior audiência.

o título deste capítulo sugere, essas mesmas canções celebram com insistência o *status* poético e artístico do rap[3].

Eu gostaria de examinar mais atentamente a estética do rap ou hip hop (como os *cognoscenti* normalmente o nomeiam)[4]. Como eu gosto desse gênero de música, tenho um interesse pessoal em defender sua legitimidade estética[5]. Mas as questões culturais e as implicações estéticas são muito maiores. Pois penso que o rap é uma arte popular pós-moderna que desafia algumas das convenções estéticas mais incutidas, que pertencem não somente ao modernismo como estilo artístico e como ideologia, mas à doutrina filosófica da modernidade e à diferenciação aguda entre as esferas culturais. No entanto, embora desafie tais convenções, o rap ainda satisfaz, a meu ver, as normas estabelecidas mais decisivas em matéria de legitimidade estética, normalmente negadas à arte popular. Ele afronta assim qualquer distinção rígida entre artes maiores e arte popular fundada em critérios puramente estéticos, assim como coloca em questão a própria noção de tais critérios. Para sustentar essas afirmações, vamos primeiro considerar o rap em termos de estética pós-moderna. Mas, dado que a le-

[3] Tomei o título da letra de um rap de Ice-T, "Hit the deck", que visa a "demonstrar que o rap é uma arte". Existem inúmeros outros raps que ressaltam o *status* poético e artístico do rap; entre os mais veementes estão: "Talkin' all that jazz" de Stetsasonic, "I'm still # 1", "Ya slippin", "Guetto music" e "Hip hop rules" de BDP, e "The best" de Kool Moe Dee.

[4] O termo "hip hop" na verdade designa um conjunto cultural mais amplo que o rap. Ele inclui o break, o graffiti e também um estilo casual de roupa, em que o tênis cano-longo foi adotado como moda. A música rap dá o ritmo para os dançarinos de break; alguns rappers afirmam já ter feito graffiti; e a moda hip hop é celebrada em muitos raps, como por exemplo "My Adidas" de Run-DMC. Para um estudo sobre o graffiti, ver Susan Stewart, "*Ceci tuera cela*: Graffiti as crime and art", John Fekete (org.), *Life after postmodernism*, Nova York, St Martin's Press, 1987, pp. 161-80.

[5] Como judeu branco de classe média, compreendo que meu interesse pelo rap pode ser criticado como explorador e "politicamente incorreto", que eu não tenho direito algum de defender ou estudar uma forma cultural da qual não possuo a experiência formativa de gueto. Mas embora as raízes do rap sejam profundamente estabelecidas no gueto negro urbano, o rap visa a um público mais amplo, como veremos adiante; seu protesto contra a pobreza, a perseguição e o preconceito racial pode ser incorporado por outros grupos ou indivíduos que experimentaram essas situações fora do gueto negro. De toda forma, penso ser politicamente mais incorreto ignorar a importância do rap para a cultura e a estética contemporâneas, recusando-me a considerá-lo simplesmente em nome de origens raciais e socioeconômicas.

gitimidade estética é melhor demonstrada numa percepção crítica efetiva, a maior parte deste capítulo será dedicada a uma leitura atenta de um rap representativo, que mostra como o gênero pode responder às acusações principais voltadas contra a arte popular.

O pós-modernismo é um fenômeno complexo e contestado, cuja estética resiste a toda definição clara e consensual[6]. Ainda assim, alguns temas e traços estilísticos são amplamente reconhecidos como característicos desse fenômeno, o que não quer dizer que eles não estejam presentes, com certa nuança, em obras de arte modernas. Entre essas características podemos citar em particular: a tendência mais para uma apropriação reciclada do que para uma criação original única, a mistura eclética de estilos, a adesão entusiástica à nova tecnologia e à cultura de massa, o desafio das noções modernistas de autonomia estética e pureza artística, e a ênfase colocada sobre a localização espacial e temporal mais do que sobre o universal ou o eterno. Quer essas características sejam qualificadas ou não de pós-modernas, o rap as exemplifica de maneira marcante, colocando-as em evidência ao tomálas conscientemente como temática. E ainda que rejeitemos totalmente a categoria do pós-modernismo, essas características continuam sendo essenciais para a compreensão do rap.

SAMPLING: APROPRIAÇÃO RECICLADA

A apropriação artística, que constitui a fonte histórica da música hip hop, continua sendo o cerne de sua técnica e o traço característico de sua forma estética e mensagem. A música é composta pela seleção e combinação de partes de faixas já gravadas, a fim de produzir uma "nova" música. Realizada por um disc-jockey (DJ) numa mesa de múltiplos canais, ela constitui o fundo musical para as letras. Estas, por sua vez, em geral lisonjeiam a habilidade do DJ para selecionar e sintetizar a música propícia, e o talento lírico e rítmico do rapper (chamado MC, "master of ceremony"). O orgulho manifesto do rapper

[6] Essa dimensão estética do pós-modernismo é abordada com detalhes em Richard Shusterman, "Postmodernism and the aesthetic turn", *Poetics Today*, 10, 1989, pp. 605-22. Uma reflexão muito importante sobre o pós-modernismo, na qual me baseio, é o estudo de Frederic Jameson, "Postmodernism, or the cultural logic of late capitalism", *New Left Review*, 146, 1984, pp. 53-92.

com freqüência coloca em evidência sua performance sexual, seu sucesso comercial e seus próprios bens, mas esses sinais de *status* são apresentados como secundários e derivados de seu poder verbal.

Pode ser difícil, para certos brancos, imaginar que a habilidade verbal seja tão apreciada no gueto africano urbano. Mas um estudo sociológico revela o quanto ela é estimada, e uma pesquisa antropológica mostra que afirmar uma posição social superior pelo poder verbal é uma tradição negra profundamente enraizada, que remonta aos *griots* da África ocidental, tendo sido sustentada por muito tempo no Novo Mundo através de concursos e jogos verbais convencionais, tais como "signifying" [significar] ou "the dozens" [as dúzias][7]. A incapacidade de reconhecer as figuras de linguagem tradicionais, as convenções estilísticas e as complexidades impostas na criação verbal do inglês afro-americano (tais como a inversão semântica, o discurso indireto, a simplicidade simulada e a paródia oculta — todas originalmente designadas para esconder da hostilidade dos ouvintes brancos o significado real das palavras)[8] induziu à crença de que as letras do rap são superficiais e monótonas, senão até

[7] Ver, por exemplo, Roger Abrahams, *Deep down in the jungle*, Chicago, Aldine Press, 1970, cujo estudo sobre um gueto da Filadélfia revela que a habilidade para falar "confere um *status* social elevado", e que mesmo entre os jovens a "habilidade com as palavras é tão considerada quanto a força física" (pp. 39 e 59). Estudos sobre guetos de Washington e Chicago confirmam essa observação. Ver Ulf Hannerz, *Soulside*, Nova York, Columbia University Press, 1969, pp. 84-5, que observa que a habilidade verbal era "amplamente apreciada entre os homens do gueto" não apenas em práticas competitivas, como também enquanto um "valor de espetáculo"; e Thomas Kochman, "Toward an etnography of black american speech behavior", Thomas Kochman (org.), *Rappin' and stylin' out*, Urbana, University of Illinois Press, 1972, pp. 241-64. Além da sua utilização restrita para designar a prática tradicional estilizada do insulto verbal, a "significação" dos negros tem um sentido mais genérico de comunicação codificada ou indireta que se apóia fortemente no fundo cultural e no contexto particular dos comunicantes. Para uma análise mais complexa e aprofundada do ponto de vista teórico da "significação" enquanto figura de linguagem genérica e de sua utilização "nos textos negros como tema explícito, estratégia retórica implícita e princípio de história literária", ver Henry Louis Gates, Jr., *The signifying monkey: A theory of afro-american literary criticism*, Oxford, Oxford University Press, 1988, citação da p. 89.

[8] Tais estratégias lingüísticas de evasão e de discurso indireto (*shucking*, *tomming*, *marking* e *loud-talking*), assim como as noções mais gerais de inversão e de significação, são amplamente discutidas em Kochman, "Toward an etnography"; Grace Simms Holt, "'Inversion' in black communication"; e Claudia Mitchell-Kernan, "Signifying, loud-talking, and marking", Kochman (org.), *op. cit.*

mesmo estúpidas. Mas uma leitura atenta e desimpedida revela em muitas letras expressões espirituosas, de aguda perspicácia, bem como formas de sutileza lingüística e níveis diversos de significação, cuja complexidade polissêmica, ambigüidade e intertextualidade podem, muitas vezes, rivalizar com qualidades das obras ditas "abertas" das artes maiores.

Além da linguagem ostentatória, estilizada de maneira agressiva, o rap possui outra característica marcante: seu ritmo funky dominante, cujas raízes africanas remetem aos ritmos da selva, retomados pelo rock e pelo disco e recuperados pelos DJs de rap — os canibais musicais da selva urbana. Mas apesar de sua herança africana, o hip hop nasceu na era disco, no meio dos anos 70, nos guetos de Nova York: primeiro no Bronx, depois no Harlem e no Brooklin. Apropriando-se dos sons e das técnicas do estilo disco, o rap os transformou, como havia feito o jazz (exemplo anterior de arte negra de apropriação) com as melodias e as canções populares. Mas ao contrário do jazz, o hip hop não retoma as melodias nem as frases musicais, ou seja, os padrões musicais abstratos exemplificados em diferentes performances, e não sustenta, portanto, um *status* ontológico de "entidades-tipo". O rap toma elementos acústicos concretos, performances pré-gravadas desses padrões musicais. Assim, diferentemente do jazz, suas apropriações e transfigurações não requerem habilidade criativa para compor ou tocar instrumentos musicais, mas somente para manipular equipamentos de gravação. Foram os DJs das discotecas que desenvolveram a técnica de cortar e mixar um disco noutro, igualando os tempos para fazer uma transição suave, sem interrupção violenta da fluência da dança. Pouco satisfeitos com o som monótono do estilo disco e do pop comercial, os DJs independentes do Bronx reaplicaram esta técnica de montagem para concentrar e aumentar as partes dos discos melhores para dançar. Para eles:

> [...] *a parte mais importante do disco era o* break *— a parte de uma canção em que a bateria assume. Podia ser o estilo explosivo de Tito Puente dos timbales latinos dos discos de Jimmy Castor; o ritmo funk da bateria de inúmeros discos de* soul music *dos anos 60 gravados por figuras lendárias como James Brown ou Dyke and the Blazers; até as introduções de baixo e bateria tão adoradas pelos grupos de heavy metal e hard rock, tais como Thin Lizzy e Rolling Stones. Eram momentos em que a pista esquentava, e onde os DJs*

começaram a selecionar e mixar nos dois toca-discos sempre os mesmos trechos, fazendo do break um instrumento.[9]

Enfim, o hip hop começou explicitamente como uma música para dançar, para ser apreciada pelo movimento e não pela simples audição. Em sua origem, era designado apenas para performances ao vivo (festas em casa, escolas, centros comunitários e parques) onde era possível admirar a destreza do DJ e a personalidade e os talentos de improvisação do rapper. Não era dirigido a uma platéia de massa, e por vários anos ficou confinado à cidade de Nova York, fora da rede da mídia. Embora o rap tenha freqüentemente sido gravado de maneira informal em cassete e então reproduzido e divulgado pelo grupo crescente de fãs, foi somente em 1979 que teve sua primeira estação de rádio e exibiu ao público seus primeiros discos. Dois *singles* foram produzidos, "Rapper's delight" e "King Tim III (personality Jock)", feitos por grupos fora da comunidade de rap que tinham contatos com a indústria do disco. Se isso provocou um certo ressentimento competitivo no mundo do rap, também incitou, por outro lado, outros a sair do *underground*, começar a produzir discos e ser difundidos no rádio. No entanto, mesmo quando os grupos mudaram das ruas para o estúdio, onde podiam usar música ao vivo, a função de apropriação do DJ não foi abandonada e continuou sendo tratada em suas letras como tema central da arte do rap[10].

A partir da técnica de base da montagem de trechos de discos, o hip hop desenvolveu três outros dispositivos formais que contribuíram significativamente para sua especificidade sonora e estética: o *scratch mixing*, o *punch phrasing* e o *scratching* simples. O primeiro consiste simplesmente na sobreposição e mixagem de sons de um disco aos de um outro que já esteja tocando[11]. O segundo é um refinamento dessa mixagem, onde o DJ desloca a agulha para frente e para trás sobre um

[9] Ver David Toop, *The rap attack: African jive to New York hip hop*, Boston, South End Press, 1984, p. 14.

[10] Ver, por exemplo, "Rhyme pays", de Ice-T, "Jam-master Jammin'", do Run-DMC e "Ya slippin'", do BDP.

[11] Esta técnica é chamada *scratching mixing* não apenas por que o deslocamento manual da agulha sobre as faixas arranha os discos, mas também pelo fato de o DJ ouvir o arranhar da agulha no fone de ouvidos ao selecionar a faixa, antes de realmente adicioná-la ao som do outro disco que já está saindo nos alto-falantes.

fraseado específico de cordas ou percussão de um disco, acrescentando um forte efeito rítmico ao som de um outro disco que está tocando em outro toca-discos. O terceiro artifício consiste em fazer um *scratching* mais agressivo e rápido com a agulha sobre o disco, de maneira que a música gravada não possa ser reconhecida, produzindo um som dramático de arranhadura, de intensa qualidade musical e batida alucinante.

Esses artifícios de montagem, mixagem e *scratching* dão ao rap uma variedade de formas de apropriação que parecem tão volúveis e imaginativas quanto as das artes maiores — como, digamos, as exemplificadas na *Mona Lisa* de bigode de Duchamp, no De Kooning apagado de Rauschemberg e nas múltiplas reduplicações de imagens comerciais pré-fabricadas de Andy Wahrol. O rap também apresenta uma variedade de apropriação de conteúdos. Não apenas utiliza trechos de canções populares, como também absorve ecleticamente elementos da música clássica, de apresentações de TV, de jingles de publicidade e da música eletrônica de videogames. Ele se apropria até mesmo de conteúdos não-musicais, como reportagens de jornais na TV e fragmentos de discursos de Malcolm X e Martin Luther King[12].

Ainda que os DJs tenham orgulho de seu talento para apropriar-se de fontes tão diversas e misteriosas, tentando às vezes esconder (por medo da competição) os discos que selecionam, nunca houve uma tentativa de encobrir o fato de a criação ser feita a partir de sons pré-gravados, e não pela composição de uma música original. Ao contrário, eles exaltam abertamente seu método de *sampling*. Qual é a significação estética dessa orgulhosa arte de apropriação?

Primeiramente, ela desafia o ideal tradicional de originalidade e autenticidade que durante tanto tempo escravizou nossa concepção de arte. O romantismo e seu culto ao gênio comparava o artista a um criador divino e defendia que suas obras deviam ser totalmente novas e exprimir sua personalidade singular. O modernismo, em seu compromisso com o progresso artístico e com a vanguarda, reforçou o

[12] O historiador do rap David Tood (*op. cit.*, p. 105) dá um sentido a esse ecletismo selvagem: "Bambaataa mixava calipso, música eletrônica japonesa e européia, a 'Quinta Sinfonia' de Bethoven e grupos de rock como Montain; Kool DJ Herc intercala os Doobie Brothers com os Isley Brothers; Grandmaster Flash sobrepõe registros de discursos e efeitos sonoros a The Last Poets; Symphonic B Boys Mixx recorta a música clássica em cinco toca-discos diferentes". Ver também pp. 149 e 153.

dogma de que a novidade radical era a essência da arte. Ainda que os artistas tenham sempre sofrido influência das obras de outros artistas, este fato era geralmente ignorado ou mesmo implicitamente negado pela ideologia da originalidade, que impõe uma forte distinção entre a criação original e as obras derivadas de sua influência. A arte pós-moderna, como o rap, acaba com essa dicotomia, empregando e adotando de forma criativa sua apropriação como temática, no intuito de mostrar que empréstimo e criação não são incompatíveis. Ela também sugere que a obra de arte aparentemente original é, em si, sempre um produto de empréstimos desconhecidos, o texto novo e único, sempre um tecido de ecos e fragmentos de textos anteriores.

A originalidade perde assim seu *status* inicial e é reconcebida para incluir a recuperação transfigurável do antigo. Neste quadro pós-moderno não há originais intocáveis, definitivos, mas apenas apropriações e simulacros de simulacros; a energia criativa pode então ser liberada para jogar com criações familiares sem medo de ver sua própria criatividade desmentida sob pretexto de que ela não produz uma obra totalmente original. As canções de rap celebram simultaneamente sua originalidade e seu empréstimo[13]. E como a dicotomia criação/apropriação é desafiada, a divisão entre artista criador e audiência receptora também o é. A apreciação transformadora pode também tomar a forma de arte.

Montagem e temporalidade

A seleção e a montagem de trechos de músicas pré-gravadas, que configuram o *sampling* como um estilo do rap, também desafia o ideal tradicional de unidade e integridade. Desde Aristóteles, os filósofos e teóricos da arte tem visto a obra de arte como um todo orgânico per-

[13] Ver, por exemplo, "Caught, can we get a witness?", do Public Enemy, "Talkin' all that jazz", de Stetsasonic e "I'm still #1", "Ya slippin'" e "The blueprint", do BDP. A imagem motivadora deste último rap coloca em evidência a concepção de originalidade no hip hop. Privilegiando seu estilo *underground* como original e superior ao "manso som comercial" de outros raps, BDP associa sua grande originalidade à sua maior fidelidade às origens do rap ligadas ao gueto. "Você tem uma cópia, eu tenho o carbono original." Mas um carbono [no original, blueprint] é em si uma cópia, não o original — na verdade, é um simulacro ou uma representação de um objeto designado que ainda não existe (e talvez nunca existirá) como objeto concreto original.

feitamente unificado cuja modificação de qualquer de suas partes destruiria a coesão. Além disso, a ideologia do romantismo e da "arte pela arte" reforçou nosso hábito de tratar as obras de arte como um fim em si mesmo, transcendentes e virtualmente sagradas, cuja integridade deveríamos respeitar e jamais violar. Em contraste com essa estética da unidade orgânica, a montagem e o *sampling* do rap refletem a "fragmentação esquizofrênica" e o "efeito de colagem" característicos da estética pós-moderna[14]. Opondo-se à estética do culto devocional à obra fixa, intocável, o hip hop oferece os prazeres da arte desconstrutiva — a beleza vibrante de desmembrar obras antigas para criar outras novas, transformando o pré-fabricado e o familiar em algo diferente e estimulante.

O *sampling* do DJ e o rap do MC também colocam em evidência o fato de a aparente unidade da obra de arte original ser, muitas vezes, construída artificialmente, ao menos na música popular contemporânea, onde o processo de produção normalmente é bem fragmentado: uma trilha instrumental gravada em Memphis, combinada com um fundo vocal de Nova York e uma voz solo de Los Angeles. O rap simplesmente dá continuidade a esse processo de composição artística por sobreposição de diferentes camadas, desestruturando e recompondo de maneira diversa produtos musicais pré-fabricados, sobrepondo a isso a letra do MC e produzindo assim uma nova obra. Mas o rap faz isso sem a pretensão de que sua própria obra seja inviolável, de que o processo artístico seja finalizado e que seu produto seja fetichizado, não podendo ser de modo algum submetido a uma apropriação ou a uma transfiguração. Ao contrário, o *sampling* do rap implica que a integridade de uma obra de arte enquanto objeto jamais deve ter mais importância que as possibilidades de prosseguir a criação pela reutilização desse objeto. Sua estética sugere, assim, a mensagem de Dewey, segundo a qual a arte é essencialmente mais um processo do que um produto acabado, uma mensagem de boas-vindas a nossa cultura, cuja tendência para reificar toda expressão artística é tão forte que o próprio rap é prejudicado por esta tendência, ainda que proteste audaciosamente contra ela.

Ao rejeitar a integridade fetichizada das obras de arte, o rap tam-

[14] Ver Jameson, *op. cit.*, pp. 73 e 75. Isto não quer dizer que o rap não atinja unidade nem coerência formal alguma; ver *infra* meu estudo sobre "Talkin' all that jazz".

bém desafia as noções tradicionais de monumentalidade, universalidade e permanência. As obras admiradas não são mais concebidas nos moldes de Eliot, como "uma ordem ideal" de "monumentos" perenes preservados através dos tempos pela tradição[15]. Em oposição à idéia comum de que "um poema é eterno", o rap evidencia a temporalidade da obra de arte e sua provável efemeridade: não somente pelas desestruturações apropriadoras como pelo desenvolvimento explícito de sua própria temporalidade como tema de suas letras. Por exemplo, várias canções de BDP incluem linhas como "Válido até 88, babacas" ou "Válido até 89, babacas"[16]. Tais datações implicam a aceitação de um prazo de validade; o que é válido até 1988 é, ao que parece, rançoso em 1989, sendo substituído pela nova safra de 89. Mas para a estética pós-moderna do rap, o frescor efêmero das criações artísticas não as tornam destituídas de valor estético; não mais do que a validade efêmera do creme chantilly torna o seu suave sabor irreal[17]. Pois a visão de que o valor estético só pode ser real se passar no teste do tempo consiste num preconceito que, embora arraigado, é simplesmente infundado, derivando, em última instância, de um tendência filosófica para identificar a realidade com a permanência e a estabilidade.

Recusando-se a tratar das obras de arte como monumentos eternos para permanente devoção, e retratando-as para melhorá-las, o rap também coloca em questão sua assumida universalidade — o dogma de que a boa arte deve ser capaz de agradar todas as pessoas em todas as épocas, tratando de temas humanos universais. O hip hop realmente trata de temas universais como a injustiça e a opressão, mas ele se situa orgulhosamente como uma "música de gueto", adotando como temática suas raízes e seu compromisso com o gueto negro urbano e

[15] T.S. Eliot, "Tradition and the individual talent", em *Selected essays*, p. 15. Para uma crítica sobre essa concepção inicial de Eliot e uma explicação sobre as razões pelas quais ele a abandona posteriormente em sua teoria da tradição, ver Richard Shusterman, *T.S. Eliot and the philosophy of criticism*, pp. 156-67.

[16] Ver, respectivamente, "My philosophy" e "Guetto music". As letras de "Ya slippin'" e "Hip hop rules" datam respectivamente de 1987 e 1989. "Don't believe the hype" de Public Enemy é marcada com a data de 1988, e raps de Ice-T, Kool Moe Dee e muitos outros também apresentam datas de validade.

[17] Da mesma forma, penso que minha presente análise do rap é válida, ainda que possa logo se tornar desatualizada em razão de novos desenvolvimentos no gênero.

sua cultura. O rap evita a sociedade branca exclusivista (existem rappers brancos assim como um público branco)[18] e focaliza as características da vida do gueto que os brancos e os negros de classe média prefeririam ignorar: prostituição, cafetinagem, droga, doenças venéreas, assassinatos de rua, perseguição opressiva de policiais brancos. A maioria dos rappers definem seu domínio com termos bem precisos, freqüentemente não apenas citando a cidade como também o bairro de sua origem, como Compton, Harlem, Brooklin ou o Bronx. Mesmo quando ganha uma dimensão internacional, o rap continua orgulhosamente local; encontramos no rap francês, por exemplo, a mesma precisão de origem de bairros e a mesma atenção voltada a problemas exclusivamente locais[19].

Embora a localização possa ser um aspecto saliente da ruptura pós-moderna do estilo internacional modernista, sua forte presença dentro do rap é provavelmente um produto de suas origens nos conflitos e nas rivalidades dos bairros. Como Toop observa, o hip hop ajudou a transformar violentas rivalidades entre gangues locais através de competições verbais e musicais entre grupos de rap[20]. Mas é difícil apontar

[18] Existem discos de rap de grupos brancos como Blondie, Tom Tom Club, Beastie Boys, 3rd Bass, e também o solista branco Vanilla Ice.

[19] Ver, por exemplo, o album francês Rapattitudes, no qual os rappers precisam os bairros específicos de Paris em que habitam, seus problemas de moradia e de integração social. O rap francês, embora apresente um espírito autêntico, continua muito próximo de sua fonte norte-americana.

[20] Toop, *op. cit.*, pp. 14-5, 70-1. Pode-se afirmar que o hip hop proporciona um campo estético onde a violência física e a agressão são traduzidos em formas simbólicas. Certamente, a rivalidade brutal e a competição agressiva são essenciais para a estética do rap. Talvez o tema mais comum de suas letras seja o da superioridade do rapper em encontrar rimas e sua capacidade de agitar o público; como ele aceita os desafios de outros rappers que o criticam; como os ridiculariza, caso pretendam enfrentá-lo no rap. Este duelo é freqüentemente descrito com termos extremamente violentos, nos mesmos moldes das competições tradicionais de insultos verbais como "as dúzias" e "significar" (ver as fontes citadas na nota 7). No entanto, ao lado da pretensão polêmica de ser o melhor, o rapper também exprime em suas letras solidariedade com os outros artistas de rap que partilham do mesmo programa artístico e político.

Uma das expressões mais penosas da violência simbólica do rap é sua atitude em relação à mulher, que se distingue não apenas pela exploração sexual como também pela brutalidade selvagem. A melhor defesa que o rap pode fazer a respeito de suas letras extremamente misóginas é que elas são conscientemente exageradas

diferenças estilísticas notáveis entre as músicas de diversos locais. Pois essas particularidades dificilmente são mantidas, uma vez que a música começa a ser divulgada pela mídia e submetida a pressões comerciais. Por tais razões, as letras de rap deploram sua expansão comercial da mesma forma que a celebram.

TECNOLOGIA E CULTURA DE MASSA

A atitude complexa do rap em relação à divulgação em massa e à comercialização reflete uma outra característica central do pós-modernismo: sua absorção fascinada da tecnologia contemporânea, particularmente da mídia. Enquanto os produtos comerciais desta tecnologia parecem tão simples e fecundos em sua utilização, tanto as complexidades reais da produção tecnológica como suas relações intricadas com o sistema socioeconômico são, para o público consumidor, assustadoramente insondáveis e dificilmente manipuláveis. Hipnotizados pelo poder que a tecnologia nos oferece, nós, pós-modernos, também ficamos levemente incomodados pelo grande poder que ela tem enquanto instrumento inevitável dentro de nossas vidas e, ao mesmo tempo, cada vez mais incompreensível. Mas é possível que a fascinação que temos pelo seu poder nos dê a sensação (talvez ilusória) de que, ao empregar a tecnologia, provamos a nós mesmos que a dominamos. Tais impressões são características do que Jameson denomina de "alucinação exaltada" do "sublime pós-moderno ou tecnológico"[21]. O hip hop apresenta intensamente esta síndrome, quando acolhe com entusiasmo a tecnologia da mídia, mas permanece, no entanto, oprimido e dominado pelo mesmo sistema tecnológico e pela mesma sociedade que o sustenta. O rap nasceu da tecnologia comercial da mídia: discos e toca-discos, amplificadores e aparelhos de mixagem. Seu caráter tecnológico permite que seus artistas criem uma música que não pode-

e deveriam ser compreendidas como irônicas em relação ao machismo. Esta defesa (que é demasiado problemática) é mais plausível no humor de Ice-T do que na brutalidade de NWA. O sinal mais animador é que mulheres estão protestando com suas próprias letras de rap, como é o caso de HWA (Hoes Wit Attitude) e BWP (Bytches with Problems) e, mais potencialmente, Queen Latifah.

[21] Jameson, *op. cit.*, pp. 76 e 79.

riam produzir de outra forma, seja porque não poderiam arcar com os custos dos instrumentos necessários, seja porque não teriam a formação musical para tocá-los[22]. A tecnologia faz dos DJs verdadeiros artistas, e não consumidores ou simples técnicos. "Run-DMC foi o primeiro a dizer que um DJ poderia ser uma banda/ Ficar de pé sozinho, tirá-lo do sofá", declara um rap de Public Enemy[23]. Mas sem a tecnologia comercial da mídia, o DJ não poderia ficar de pé.

A virtuosidade criativa com a qual os artistas de rap se apropriam das novas tecnologias é realmente estimulante, e com freqüência é exaltada em suas letras. Fazendo acrobacias com os cortes e a alternância de discos nos diversos toca-discos, os talentosos DJs mostram seu domínio físico e artístico da música comercial e de sua tecnologia. A partir do equipamento inicial da discoteca, os artistas continuaram a adotar tecnologias cada vez mais diversas e avançadas: baterias eletrônicas, sintetizadores, sons produzidos por calculadoras, telefones digitais e computadores que investigam todo o espectro de sons possíveis, reproduzindo e sintetizando os escolhidos.

A tecnologia da mídia também foi crucial no desenvolvimento espetacular da popularidade do rap. Como um produto da cultura negra, que é mais oral do que escrita, o rap deve ser escutado e sentido imediatamente em seu dinamismo, para que possa ser apreciado de maneira mais adequada. Nenhum sistema de notação poderia transmitir sua colagem alucinante de músicas, e mesmo as letras não podem ser adequadamente traduzidas em mera forma escrita, separadas de seu ritmo expressivo, de sua entonação, de sua acentuação e fluência. Apenas a mídia tecnológica permite uma ampla difusão, assim como a preservação, desses eventos acústicos e performances orais. Tanto pelo rádio como pela televisão, como pela indústria de discos, de fitas e CDs, o rap tem sido capaz de atingir um público mais vasto do que o original do gueto, conquistando uma platéia real para sua música e sua mensagem, mesmo na América branca e na Europa. Foi apenas através da mídia que o hip hop pôde se tornar uma voz digna de ser notada dentro de nossa cultura popular, voz que os norte-americanos de classe média gostariam de suprimir, uma vez que exprime a opressão frustrante da vida do gueto, o orgulho e o desejo crescente

[22] Toop, *op. cit.*, p. 151.

[23] Ver "Bring the noise", do Public Enemy.

de resistência social e de mudança. Sem tais sistemas, o rap não poderia ter alcançado sua "penetração no coração da nação" (Ice-T) ou sua oportunidade de "ensinar os burgueses" (Public Enemy)[24]. Do mesmo modo, foi apenas através da mídia que o hip hop conseguiu atingir fama artística e fortuna. Seu sucesso comercial, fonte inegável de orgulho da cultura negra, permitiu investimentos artísticos renovados.

O rap não repousa apenas sobre as técnicas e as tecnologias da mídia, mas empresta muito de seu conteúdo e de suas imagens da cultura de massa. Os shows de TV, as vedetes do esporte, os produtos de marcas conhecidas (por exemplo, os tênis Adidas) são freqüentemente citados em suas letras, e seus temas musicais ou jingles são muitas vezes incorporados em suas criações. Esses elementos da cultura de massa fornecem o fundo cultural necessário à criação artística e à comunicação numa sociedade em que a tradição da cultura clássica geralmente é ignorada ou julgada pouco atraente, para não dizer alienadora e exclusivista.

Mas apesar desses dons incontestáveis, a mídia não oferece uma aliança confiável, e apresenta muitas ambigüidades. Ela é o foco de desconfiança profunda e de críticas severas. Os rappers recriminam sua evasão fictícia e superficial, seu conteúdo comercialmente padronizado, seu distantanciamento da realidade e sua brutalidade. "Falsa mídia, nós não precisamos dela, precisamos? Tudo nela é fingido" declara Public Enemy[25], que também lamenta (em "She watch channel zero") o quanto os programas estandartizados na TV destróem a inteligência, o senso de responsabilidade e as raízes culturais da mulher negra. Os rappers estão constantemente atacando as estações de rádio por recusarem a divulgar seus raps politicamente mais engajados ou os sexualmente mais explícitos, levando ao ar "papas comerciais" (BDP). "Os putos da rádio nunca me tocam", deplora Public Enemy. Este verso foi "sampleado" com *punch phrasing* na realização de um rap de Ice-T, em que as estações de rádio e o Federal Communication Commission são condenados como responsáveis por uma censura que nega tanto a liberdade de expressão como a dura realidade da vida, fazendo com que a mídia não apresente "nada mais que lixo comer-

[24] Ver Ice-T, "Heartbeat", e Public Enemy, "Don't believe the hype".

[25] Em "Don't believe the hype". [No original: "False media, we don't need it, do we? It's fake".]

cial"[26]. Desprezando a opção de "esgotar as vendas", Ice-T levanta (e responde) a crucial "questão da mídia" que dificulta todo rap renovador: "O rádio pode lidar com a verdade? Não". Mas ele também se diz certo de que, mesmo com o banimento das estações de rádio, poderá alcançar e fazer milhões por meio de cassetes, sugerindo, assim, que a própria mídia fornece os meios de subverter suas tentativas de controle[27].

Por fim, além seu conteúdo superficial e sua censura repressiva, a mídia é ligada ao sistema comercial, e à sociedade que explora sem piedade e oprime o público habitual do hip hop. Reconhecendo que aqueles que governam e falam em nome da mídia são indiferentes às desgraças da classe baixa negra ("Aqui está uma terra que nunca deu a mínima pra um cara como eu [...] mas os putos tinham autoridade"), os rappers protestam contra a maneira pela qual a sociedade capitalista explora os negros para preservar sua estabilidade político-social (usando de seus serviços no exército e na polícia) e para aumentar seus lucros estimulando o consumo de bens superficiais[28]. Um tema proeminente do hip hop é mostrar como o ideal consumista — carros de luxo, roupas e aparelhos de alta tecnologia — leva os jovens do gueto a uma vida criminosa, que promete a rápida obtenção desses bens, mas que termina, normalmente, em morte, prisão ou miséria, reforçando assim o ciclo de pobreza e desespero.

Um dos paradoxos pós-modernos do hip hop está no fato de os rappers exaltarem suas próprias conquistas pelo consumo do luxo, ao mesmo tempo em que condenam a idealização e a busca de tais valores sem crítica alguma, por constituírem um perigo de desorientação

[26] Ver BDP, "Ghetto music", Public Enemy, "Rebel without a pause" e Ice-T, "Radio suckers". No entanto, como estes rappers reconhecem, existem algumas emissoras que difundem (normalmente tarde da noite) o "som da crua realidade". [A estrofe do Public Enemy no original é "Radio suckers never play me".]

[27] "Estão fazendo rádio sacana, as pessoas têm que livrar a cara/ Mas mesmo se eu for cortado, vou vender um milhão de fitas" (Ice-T, "Radio suckers"). [No original: "They're makin' radio wack, people have to scape/ But even if I'm banned, I'll sell a million tapes".]

[28] Ver Public Enemy, "Black steel in the hour of chaos". [No original: "*Here is a land that never gave a damn about a brother like me* [...] *but the suckers had authority*".] Sobre essa temática da exploração dos negros pela sociedade branca, ver também "Who protects us from you?" de BDP e "Squeeze the trigger" de Ice-T.

para o público do gueto, ao qual ardentemente afirmam sua solidariedade e fidelidade. Do mesmo modo, alguns rappers, que se autodenominam *underground*, denunciam a comercialização como uma prostituição artística e política e, no entanto, glorificam seu próprio sucesso comercial, tomando-o como indicativo de seu poder artístico[29]. Tais paradoxos refletem, na verdade, contradições fundamentais do campo sociocultural da vida do gueto e da arte dita não-comercial[30].

Na cultura afro-americana certamente existe tal conexão entre expressão independente e realização econômica, que levaria mesmo os rappers não-comerciais a conquistar sucesso comercial e financeiro. De fato, como tão bem demonstra Houston Baker, os artistas afro-americanos precisam sempre, consciente ou inconscientemente, conviver com a história da escravidão e da exploração comercial que forma a base da experiência negra e de sua expressão[31]. Assim como os negros, ao serem escravizados, eram transformados de seres humanos independentes em propriedade, também sua maneira de reconquistar a independência era adquirir propriedade suficiente para comprar sua liberdade (como na tradicional história da libertação de Frederick Douglass). Tendo sido ignorados, durante tanto tempo, pelo fato de serem propriedades, os afro-americanos concluíram, com razão, "que *somente* a propriedade possibilita a expressão"[32]. Assim, para os rappers *underground*, o sucesso comercial e suas ostentações podem funcionar essencialmente como sinais de uma independência econômica, a qual possibilita livre expressão política e artística, ao mesmo tempo que é possibilitada por essa mesma expressão. Uma di-

[29] Para exemplos que ilustrem a primeira contradição, ver "High rollers", "Drama", "6'N the mornin'" e "Somebody gotta do it (Pimpin' ain't easy!)" de Ice-T, e "Another victory" de Big Daddy Kane; sobre o segundo paradoxo, ver "Radio suckers" de Ice-T e "Blueprint" de BDP. Uma outra contradição problemática é que, apesar da condenação que o rap faz da exploração e opressão da minoria negra, freqüentemente adota o *pimpin' style*, que consiste em horríveis celebrações machistas da (muitas vezes violenta) exploração da mulher.

[30] Pierre Bourdieu em *op. cit.*, expõe perfeitamente a lógica oculta dos interesses de classe, os mecanismos materiais e comerciais que possibilitam a arte dita pura e não-comercial e que permitem considerá-la erroneamente como tal.

[31] Houston Baker, *Blues, ideology, and afro-american literature: A vernacular theory*, Chicago, University of Chicago Press, 1984, pp. 34-63.

[32] *Ibid.*, p. 57.

mensão maior dessa celebrada independência econômica é a sua independência do crime[33].

Autonomia e distância

Se o canibalismo eclético e desordenado do rap viola as convenções estéticas modernas de pureza e integridade, sua insistência provocante na dimensão profundamente política da cultura desafia uma das convenções artísticas mais fundamentais da modernidade: a autonomia estética. A modernidade, de acordo com Weber e outros, está ligada ao projeto de racionalização, secularização e *diferenciação* da cultura ocidental. Tal projeto dilacerou a concepção tradicional do mundo religioso e dividiu seu domínio orgânico em três esferas autônomas da cultura secular: ciência, arte e moral. Cada uma delas passou a ser governada por uma lógica própria interna, sob as legislações respectivas dos juízos teórico, estético e moral[34]. Esta tripartição foi refletida e intensamente reforçada pela análise crítica que Kant fez do espírito humano em termos de razão pura, razão prática e juízo estético.

Nessa divisão das esferas culturais, a arte se distinguiu da ciência, na medida em que não dizia respeito à formulação ou à difusão do saber, sendo seu juízo estético essencialmente não-conceitual e subjetivo. A arte também distinguiu-se das práticas éticas e políticas, que envolviam os interesses reais e a vontade (do mesmo modo que o pensamento conceitual). A arte foi, assim, consignada a um domínio desinteressado, imaginativo, que Schiller vai mais tarde descrever como o domínio do jogo e da aparência[35]. Assim como a estética distinguia-se de esferas mais racionais do saber e da ação, ela também se separou radicalmente das satisfações mais sensoriais da natureza corporal do homem, residindo o prazer estético na pura contemplação desinteressada das propriedades formais.

[33] Ver, por exemplo, "Rhyme pays" de Ice-T, e "They want money" e "The avenue" de Kool Moe Dee.

[34] Ver, por exemplo, Jürgen Habermas, *Der philosophische Diskurs der Moderne*, Frankfurt am Main, Suhrkamp, 1984, pp. 9-33.

[35] Ver Schiller, *op. cit.*

O gênero hip hop do "rap ideológico" — em inglês, *knowledge rap* — constitui uma violação dessa concepção compartimentada e trivializada da arte e da estética. Esses rappers repetem constantemente que seu papel enquanto artistas e poetas é inseparável de seu papel enquanto investigadores atentos da realidade e professores da verdade, especialmente daqueles aspectos da realidade e da verdade negligenciados ou distorcidos pelo livros de história oficial e pela cobertura contemporânea da mídia. KRS-One, o MC de BDP, afirma não apenas ser um "professor e um artista, criando novos conceitos lá onde é mais duro", mas também um filósofo (na verdade, de acordo com as notas da capa do álbum *Guetto music*, um "metafísico") e também um cientista ("eu não abandono a ciência, eu a ensino. Correto!")[36]. Opondo-se à doutrinação política e ideológica, aos estereótipos e aos divertimentos evasivos da mídia, ele declara orgulhosamente: "Eu não estou tentando escapar, mas atacar os problemas de frente/ Lançando a verdade numa canção [...]/ É tão simples; BDP ensinará a verdade./ Sem rodeios, diretamente; como o ritmo, que é livre./ Então agora você sabe, o trabalho de um poeta não acaba nunca./ Mas eu nunca me sobrecarrego, porque ainda sou o número um"[37].

Certamente as verdades e as realidades que o hip hop revela não são as verdades transcendentais e eternas da filosofia tradicional, mas antes os fatos mutáveis do mundo material, histórico e social. Mesmo assim, a ênfase dada à mudança temporal e à natureza maleável do real (refletidas nas datações das músicas de rap e na expressão popular "saber que horas são"[38]) representa uma posição metafísica respeitável, em concordância com o pragmatismo americano. Os filósofos do rap, embora poucos o saibam, "fecham com" Dewey, não apenas na metafísica, mas também numa estética não-compartimentada que evidencia a função social e o processo da experiência corporal.

[36] Ver "My philosophy" e "Gimme dat (woy)" de BDP. As letras de seu rap ideológico "Who protects us from you?" descrevem-no como "um apelo público lançado a vocês todos pelos cientistas da Boogie Down Productions".

[37] Ver "I'm still # 1". No que diz respeito ao ataque de BDP contra a história oficial, à mídia e seus estereótipos, ver sobretudo "My philosophy", "You must learn" e "What is that?".

[38] Essa noção é o tema central de disco de Kool Moe Dee, "Do you know what time is it?", e encontra uma expressão no vestuário de Flavor Flav, do Public Enemy: um imenso relógio que ele usa como colar.

Pois o rap ideológico não insiste apenas na união do estético e do cognitivo; ele igualmente salienta o fato de a funcionalidade prática poder fazer parte da significação e do valor artísticos. Muitas canções são explicitamente consagradas a desenvolver a consciência política, a honra e os impulsos revolucionários dos negros; algumas defendem a idéia de que os julgamentos estéticos (e especialmente a questão de saber o que pode ser definido como arte) envolvem questões políticas de legitimação e luta social. O rap engaja-se nesta luta através da práxis progressista, que desenvolve pela afirmação de sua própria dimensão artística. Outros raps funcionam como fábulas morais da rua, propondo histórias preventivas e conselhos práticos sobre problemas criminais, drogas e higiene sexual ("Drama" e "High rollers" de Ice-T, "Monster crack" e "Go see the doctor" de Kool Moe Dee, "Stop the violence" e "Jimmy" de BDP, para citar alguns exemplos). Alguns raps desafiam as afirmações unívocas da história branca e da educação, sugerindo narrações históricas alternativas — desde a história bíblica até a história do próprio hip hop (por exemplo, "Why is that?", "You must learn" e "Hip hop rules" de BDP). Por fim, devemos notar que o rap tem servido muitas vezes para ensinar a ler e escrever, ou ainda para ensinar a história negra nas escolas dos guetos[39].

Jameson sugere que a desintegração das fronteiras modernistas tradicionais poderiam proporcionar a opção redentora de uma "política cultural radicalmente nova", uma estética pós-moderna que "coloca em primeiro plano as dimensões cognitivas e pedagógicas da arte e da cultura políticas"[40]. Ele vê esta nova forma cultural como ainda "hipotética"; mas talvez esteja se desenvolvendo no rap, cujos artistas buscam explicitamente o ativismo político e professoral, assim como anseiam acabar com a dicotomia socialmente opressiva existente entre arte legítima (ou seja, as artes maiores) e divertimento popular, afirmando, ao mesmo tempo, o *status* popular e artístico do hip hop.

No entanto, como todas as críticas culturais, Jameson se pergunta se a arte pós-moderna fornece uma crítica social e um protesto político efetivos em razão de sua "abolição do distanciamento crítico".

[39] O melhor exemplo é Gary Byrd, um DJ de rádio que desenvolve um programa literário baseado no rap. Para maiores detalhes, ver Toop, *op. cit.*, pp. 45-6.

[40] As citações deste parágrafo e dos dois parágrafos seguintes são de Jameson, *op. cit.*, pp. 85, 87, 88 e 89. A expressão de Adorno é encontrada em T.W. Adorno, *AT*, p. 322.

Tendo destruído a fortaleza da autonomia artística e adotado com entusiasmo o conteúdo da vida comercial e ordinária, a arte pós-moderna parece não possuir a "distância estética mínima" necessária à arte para se manter "fora do Ser massivo do capital" e representar uma alternativa para aquilo que Adorno chama de "cruel realidade". Embora aqueles sintonizados com Public Enemy, BDP e Ice-T dificilmente duvidem da autenticidade e do poder de sua oposição, a acusação de que todas as "formas contemporâneas de resistência cultural são secretamente desarmadas e reabsorvidas por um sistema do qual elas próprias podem ser consideradas uma parte" pode muito bem ser aplicado ao rap. Afinal, enquanto condena os estereótipos da mídia, a violência e a busca de uma vida luxuosa, o rap, com a mesma freqüência, cuida de explorá-los e glorificá-los. Mesmo as letras *underground* do rap, apesar de denunciar a visão comercial e o sistema capitalista, celebram seu próprio sucesso comercial e histórias financeiras (algumas letras, por exemplo, descrevem e justificam a mudança de gravadora feita pelo rapper por razões comerciais)[41].

O hip hop não se encontra fora daquilo que Jameson (numa afirmação organicista questionável) vê como o "espaço global e totalizador do novo sistema mundial" do capitalismo multinacional — como se os eventos contigentes e os processos caóticos de nosso mundo pudessem ser totalizados num só espaço ou sistema! Mas supondo tal sistema que existe, por que as implicações lucrativas do rap com alguns dos aspectos desse sistema deveria anular seu poder de crítica social? Nós devemos estar completamente de fora para poder criticá-lo de fato? A crítica descentralizada que o pós-modernismo e o pós-estruturalismo fazem contra as fronteiras definitivas, fundadas ontologicamente, não coloca seriamente em questão a própria noção de estar "totalmente fora"?

Ao lado da contestação da existência de uma dicotomia clara entre dentro/fora, também devemos nos perguntar por que a atitude estética tradicional requer a contemplação distanciada de um sujeito sen-

[41] Ver, por exemplo, "409" de Ice-T e "Nervous" de BDP. Vale notar que mesmo estes artistas, que se autodenominam não-comerciais, portam nomes que sugerem o mundo dos negócios. O grupo de Ice-T se chama "Rhyme Syndicate Productions" e BDP é uma abreviação de "Boogie Down Productions". O raps comerciais apresentam-se flagrantemente como tal, quando, por exemplo, as letras fazem propaganda dos discos do artista ou de seu dinheiro, dando o número de telefone comercial (como em "1-900-LL Cool J", de LL Coll J).

satamente desinteressado. A suposta necessidade de distância é mais uma manifestação da ideologia moderna de pureza e autonomia artísticas, a qual o hip hop repudia. Na verdade, mais do que uma estética de juízo distante e desengajado, os rappers privilegiam uma estética de profundo envolvimento corporal e participante, em relação tanto ao conteúdo como à forma. Eles querem ser apreciados por meio da dança vigorosa e passional, não por meio da contemplação imóvel ou do estudo indiferente[42]. Queen Latifah, por exemplo, comanda sempre seus ouvintes, "eu ordeno que você dance para mim". Pois, como explica Ice-T, o rapper "só ficará feliz quando os que dançam ficarem molhados" de suor, "fora de si" e loucamente "possuídos" pelo ritmo, como ele mesmo deve ficar, para fazer seu público dançar pela dádiva divina de sua rima[43]. Esta estética de possessão divina e, ao mesmo tempo, corporal, remete à análise platônica da poesia e sua definição da criação como uma corrente de arrebatamento divino que, por intermédio de artistas e intérpretes, se estende da Musa até o público, uma possessão que, por sua divinidade, era criticada como irracional e inferior ao verdadeiro conhecimento[44]. Mais importante, o êxtase

[42] Grandmaster Flash lamenta-se que, diante da novidade e do virtuosismo de sua montagem, "a multidão iria parar de dançar e se juntar em círculo como se fosse um seminário. Era o que eu não queria. Isso não era uma escola — era hora de requebrar a bunda". [No original: "*the crowd would stop dancing and just gather round as if it was a seminar. This was what I didn't want. This wasn't school — it was time to shake your ass*".] (Citado por Tood, *op. cit.*, p. 72.)

[43] Ver Queen Latifa, "Dance for me", e Ice-T, "I Hit the deck". Também no que concerne à possessão e ao poder movente (tanto espiritual como físico) do rap sobre o público assim como sobre o rapper, ver Kool Moe Dee, "Rock steady" e "The best".

[44] Ver *Íon* de Platão, onde este ponto é explicitado. Mas em "Get the picture" de Kool Moe Dee, a direção e a valorização dessa corrente de arrebatamento divino é sutilmente invertida. Seu rap hipnótico é identificado com "saber" e "dizer a você a verdade", que leva o público possuído do rapper às alturas dos deuses, desafiando sua supremacia e cativando-os da mesma forma: "Eu começo a flutuar/ nas rimas que escrevi/ subindo ao nível dos deuses e eu carrego/ fardos e montes de gente/ Assim que eles chegam à altura/ a festa fica a meia milha do paraíso/ E eu sou a atração./ Os deuses ficarão fascinados/ saindo de seus bolsos para que eu agite/ e agindo/ como se eles nunca tivessem se divertido./ Eles tentam atuar divinamente, mas não conseguem resistir./[...]/ E Vênus vai exultar com cada palavra que eu disser,/ Zeus vai se deixar levar/ Totalmente induzido./ Eu vou fazer as rimas de Apolo soar como Mamãe Ganso./ No fim da noite, Mercúrio vai estar tão

espiritual da possessão divina do corpo nos lembra o vodu e a metafísica da religião africana, sob os traços da qual a estética da música afro-americana se baseia[45].

O que poderia ser mais distante do projeto de racionalização e de secularização, mais estrangeiro à estética racional, incorpórea e formalista do modernismo? Não surpreende que a estética modernista estabelecida seja tão hostil ao rap e ao rock em geral. Se existe um espaço viável entre uma estética racional modernista e outra totalmente irracional, cujo excesso dionisíaco corrompe as pretensões cognitivas, didáticas e políticas, este é o espaço reservado a uma estética pós-moderna. Creio que a arte do rap habita este espaço, e espero que continue a crescer dentro dele.

II

Até aqui apresentei o rap como um desafio às convenções artísticas tradicionais. Por que ainda chamá-lo de arte? As letras de rap afirmam orgulhosamente que ele é uma arte: auto-afirmação performática, que é um meio eficaz para alcançar tal *status*. Mas a mera auto-afirmação não é suficiente para estabelecer a qualidade artística ou o caráter estético de uma forma de expressão; a pretensão deve ser justificada. Num primeiro nível, é claro, a convicção vem da experiência; devemos sentir o poder artístico e estético de uma obra impressionar nossos sentidos e nossa inteligência. Um reconhecimento

deslumbrado/ Que vai espalhar a nova de que tem um deus do microfone/ cativando todos os outros deuses/ pelas massas,/ Descrito como um irmão de óculos e pele escura". [No original: *I star to float/ On the rhymes I wrote/ Ascending to a level with the gods and I tote/ Loads and mounds of people/ As they reach new heights/ A half a mile from heaven is the party site/ And I'm the attraction./ The gods will be packed in/ Coming out of their packets for me to rock it/ And acting/ Like they've never ever been entertained./ They try to act godly but they can't maintain./* [...]/ *And Venus would get loose/ Fully induced./ I'll make Apollo's rhymes sound like Mother/ Goose./ By nigth's end Mercury is so hyped/ He'd spread the word that there's a god of the mike/ Captivating all the other gods/ By the masses,/ Described as a dark-skinned brother in glasses.*]

45 Ver, por exemplo, Michael Ventura, *Shadow dancing in the USA*, Los Angeles, J.P. Tarcher, 1986; e Robert Farris Thompson, *Flash of the spirit*, Nova York, Vintage, 1984.

sociocultural é também necessário. Deve existir um espaço disponível para a obra em questão no campo sociocultural da arte. Mas a justificação teórica pode ajudar a criar este espaço e a ampliar os limites da arte pela assimilação de formas antes rejeitadas na categoria honorável de arte. Uma estratégia incontestável para tal assimilação é mostrar que, apesar do evidente afastamento em relação às convenções estabelecidas, uma forma expressiva ainda atende aos critérios mais decisivos para garantir o reconhecimento de sua legitimidade artística ou estética. Tal legitimidade é sempre negada à arte popular, sob a alegação de que ela não consegue corresponder a esses critérios, particularmente os de complexidade e profundidade, criatividade e forma, e, finalmente, respeito e consciência reflexiva de sua própria dimensão artística.

Apesar do rap ser, talvez, uma das artes populares mais denegridas, suas melhores obras podem, a meu ver, satisfazer esses critérios artísticos. A melhor forma de demonstrar isso não é entrar numa polêmica geral, mas observar atentamente um exemplo concreto do gênero. Voltarei-me, então, para uma leitura precisa de "Talkin' all that jazz", gravada em 1988 pelo grupo Stetsasonic, do Brooklin. Não se trata de meu rap favorito, nem eu o considero o mais sofisticado do ponto de vista artístico. Eu o escolhi por sua popularidade e seu caráter representativo (constatado por sua seleção em numerosas antologias de rap[46]) e porque coloca em evidência algumas das questões estéticas centrais que o rap levanta.

Embora o objetivo de minha leitura seja o de mostrar a riqueza estética do rap, o próprio método de leitura — ou seja, apresentar e analisar o rap como texto escrito — força-nos a ignorar algumas de suas dimensões estéticas mais essenciais, assim como seu modo acertado de apreciação estética. Afinal, devo abstrair suas importantes dimensões sonoras, uma vez que a página impressa não captura nem a música nem a expressividade oral e a entonação das letras (que são a marca estilística e o orgulho dos rappers). Também não pode transmitir os efeitos estéticos complexos dos ritmos múltiplos e das tensões entre a batida musical de base e a tônica das palavras na expressão do rap, que, ao contrário das músicas populares, mantém seu próprio

[46] É a única música que aparece, por exemplo, em ambos os álbuns populares *Yo! MTV raps* e *Monster TV rap*. A letra é aqui reproduzida com o acordo de TEE GE Girl Music (BMI).

ritmo oral[47]. Uma apreciação completa das dimensões estéticas de um rap exigiria não só que o escutássemos, mas que também o dançássemos, sentindo seus ritmos em movimento, como os rappers recomendam com insistência. O material impresso de nossa cultura escrita exclui tudo isso, sugerindo, assim, de maneira geral, as dificuldades inerentes à apreciação e legitimação de uma cultura oral através dos meios acadêmicos, tão profundamente entranhados e aprisionados na escrita.

Contudo, se o rap pode satisfazer as normas estéticas sob a forma debilitada de uma poesia escrita, *a fortiori* atenderá a elas em sua realização rica e robusta como música e discurso rítmico. Reconhecendo, então, que o rap é, esteticamente, muito mais do que um texto, vejamos como o texto em si pode pretender possuir um *status* estético, de acordo com os critérios centrais que mencionamos acima.

TALKIN' ALL THAT JAZZ*

Bom, a coisa começou assim:
Te escutei na rádio
Falando sobre rap,
Dizendo toda essa besteira
De como a gente faz sampling.
Dá um exemplo.
Acha que a gente vai deixar barato?
Você critica nosso método
De como a gente faz os discos
Você disse que não é arte
Então agora a gente vai te estraçalhar.
Espera aí, confere isso, cara
Isto é a música de um grupo hip hop.
Jazz, bom, você pode chamar assim,
Mas esse jazz tem nova forma.
Outra, quando você interpretou a gente mal,
Especulou, criou caso,

[47] Minha transcrição impressa da letra também não reterá o fato de ela ser expressa num estilo antifônico, por três vozes que se alternam irregularmente entre as estrofes e, às vezes, no interior de uma mesma estrofe, aumentando o estilo sincopado e a complexidade formal do rap.

* Cf. original em inglês ao final do capítulo.

Fez o mesmo erro dos políticos
Vindo com esse papo furado.

(intervalo musical)

Falar, falar é barato
Bem, como a beleza, a palavra é superficial.
E quando você mente e fala demais,
As pessoas dizem pra você calar a boca.
Você vê que não entendeu nada,
Sampling *é só um fato,*
Uma parte do meu método,
Um instrumento. Na verdade,
Só é importante quando eu faço dele uma prioridade,
E aquilo que a gente seleciona é uma maioria.
Mas você é minoria, em termos de pensamento,
Bitolado e ignorante
Sobre as intenções do hip hop e jogos bobos
Para abraçar minha música, de forma que ninguém a [use.
Você pisou em nós, agora a gente vai pisar em você.
Você não pode ter o bolo e já tê-lo comido.
Vindo com esse papo furado.

(intervalo musical)

Mentiras, isto é quando você esconde a verdade.
É quando você mais joga conversa do que prova.
E quando você delira sobre aquilo que não conhece,
É tão óbvio que dá na cara.
Quando você mente sobre mim e o grupo, ficamos [bravos.
Vamos morder nossas canetas e começar a escrever de [novo.
E as coisas que a gente escreve são sempre verdadeiras,
Seu puto, se liga agora que a gente tá falando de você.
Parece que você tem um problema,
Então a gente vai ver o que pode fazer
Você pensa que o rap é uma onda, você deve tá louco,

Por ser tão ruim, a gente tem o respeito que você nunca
[teve.
Vamos falar a verdade, James Brown era velho,
Till Eric and Rak relançaram "I got soul".
O rap traz de volta o velho rythm' n' blues,
E se não fosse a gente,
As pessoas poderiam ter esquecido.
Queremos deixar isso bem claro:
Somos talentosos, fortes e não temos medo
Daqueles que escolheram julgar, mas que não têm
[pique,
Vindo com esse papo furado.

(intervalo musical)

Agora, a gente não tá tentando ser um patrão pra você.
Só queremos te esclarecer o seguinte
Que vir com esse papo
É uma guerra perdida.
Você pode até se ferir, meu amigo.
Stetsasonic, o grupo hip hop
Assim como Sly and The Family Stone
A gente vai defender
A música que a gente vive e toca
A música que a gente canta hoje.
Por enquanto, deixa a gente acabar o disco,
E mais tarde a gente faz um fórum e
Um debate formal.
Mas é importante que você se lembre,
Você colhe aquilo que planta.
Vindo com esse papo furado.
Vindo com esse papo furado.
Vindo com esse papo furado.

A. Complexidade

À primeira vista essa letra parece bastante simples, talvez simples demais para merecer atenção estética. Faltam-lhe as ciladas e os artifícios da alusão erudita, a elisão opaca e a obscuridade semântico-sintática que constituem a complexidade característica da poesia moderna. Seu enunciado direto e claro, sua exigüidade metafórica junto dos repetidos clichês sugerem uma falta total de complexidade ou profundidade de significações. Mas a rica complexidade e polissemia semânticas estão profundamente compreendidas em sua linguagem aparentemente banal e sem arte. Os múltiplos níveis de significação da letra podem ser detectados já a partir do título — "Talkin' all that jazz" — e estão efetivamente contidos em sua palavra-chave "jazz". Jazz tem, é claro, ao menos dois significados completamente distintos, e valorizados diferentemente dentro do contexto do poema. O primeiro diz respeito ao jazz enquanto forma artística musical originária da cultura afro-americana, por muito tempo desmerecida pelo sistema cultural, mas hoje culturalmente legitimada pelo mundo afora. O segundo sentido concerne ao uso mais comum de jazz enquanto gíria, significando "mentir e falar com exagero; é também um discurso vazio e estúpido"[48].

A ambigüidade e a oposição que se encontram no termo "jazz" — sua conotação positiva enquanto arte musical e sua conotação de jargão, menos legítima, enquanto discurso pretencioso ou mentira — são tratadas como o tema central deste rap e parecem ser essenciais ao rap de maneira geral. "Talkin' all that jazz" explora, ao mesmo tempo que questiona, essa oposição, apresentando o rap como uma força empenhada em legitimar o ilegítimo, expondo os fatores político-sociais implicados nessa legitimação e desafiando a legitimidade dos poderes que negam a legitimidade ao rap. Confrontando essas questões, a letra de Stetsasonic levanta questões profundamente filosóficas sobre a natureza da verdade e da arte, e sobre suas fontes de autoridade. A arte, é preciso observar, embora seja culturalmente sacralizada, foi muitas vezes desacreditada como mentira pretensiosa e frívola insensatez.

Para afastar esse tipo de leitura, pode-se argumentar que o termo "jazz" é precisado pelo contexto do título e, certamente, pelo resto da letra. Pois o verso "*talkin' all that jazz*" não parece se referir ao jazz como música positiva, mas somente ao discurso negativo e às mentiras,

[48] Essas definições são tiradas de *Funk and wagnall's standart desk dictionary*, Nova York, Thomas Y. Crowell, 1980. *Webster's new collegiate dictionary*, Springfield, Mass., Marriam, 1979, e *The Random House college dictionary*, Nova York, Random House, 1984, indicam essencialmente o mesmo significado de "discurso vazio: palavreado" e "conversa insincera, exagerada e pretensiosa".

especialmente aquelas ditas a esmo, cheias de pretensão, que constituem a crítica mal-informada do hip hop, e cuja fonte personificada é o alvo visado do poema, "você". "Te escutei na rádio/ Falando sobre rap,/ Dizendo toda essa besteira." A identificação de "Vindo com esse papo furado" [em inglês "*talkin' jazz*"] a um discurso vazio, povoado de mentiras é confirmada pela associação ao discurso dos políticos ("Fez o mesmo erro dos políticos/ Vindo com esse papo furado."); e outros versos vem corroborar essa interpretação: "Mentiras, isto é quando você esconde a verdade./ É quando você mais joga conversa do que prova./ E quando você delira sobre aquilo que não conhece,/ É tão óbvio que dá na cara".

Mas assim como ela é identificada à idéia negativa da mentira, a expressão "*talkin' that jazz*" é também identificada positivamente como arte musical pelo próprio tópico da letra: o rap como arte. Afinal, o que é o rap, senão um longo palavrear [*talkin' jazz*]? Não é simplesmente uma música instrumental próxima ao jazz, tampouco letras cantadas sobre o ritmo ou o tom do jazz. A característica mais óbvia do rap é o fato de ser um palavrear provocativo, e não uma canção, a própria palavra "rap" sendo uma gíria para "conversa". E a ligação da música rap e do jazz é confirmada na primeira estrofe: "Isto é a música de um grupo hip hop./ Jazz, bom, você pode chamar assim,/ Mas esse jazz tem nova forma".

Esses versos contêm sutilezas semânticas ainda maiores no nível da conotação. A banda aceita sua identificação com o jazz, como a forma e a tradição cultural negra mais respeitada, da qual derivou o hip hop. Mas a aceitação é, de certa maneira, hesitante. Pois o rap não quer ser visto como uma simples variante do jazz consagrado, tampouco do jazz progressivo; ele insiste em sua originalidade. O jazz do rap, ao contrário do jazz padronizado e recuperado pelo sistema, "tem nova forma", sustentando novidade e frescor por manter uma estreita ligação com a experiência popular e a expressão vernácula (pertencente à "maioria" da rua). Dizem que o hip hop está, na verdade, mais próximo do espírito original do jazz; e que também o jazz foi, de certa forma, corrompido com o tratamento recebido pelo sistema cultural, sendo complacente em relação a isso[49]. A rejeição inicial do jazz

[49] O rap é bem mais explícito que o jazz na maneira de afirmar a honra negra e de desafiar a dominação cultural e política branca. Isso não é surpreendente, uma vez que o jazz se desenvolveu através de uma experiência negra bem mais próxima da era da escravidão.

pelo sistema, enquanto música selvagem, extravagante e insensata, certamente ajudou a conferir ao termo seu sentido negativo, enquanto gíria, de pretensão desvairada e de mentira. E este sentido, lembrando sempre a rejeição original do jazz, parece introduzir um traço negativo mesmo na sua significação *standart* de música, levantando assim a questão de saber se essa música é verdadeiramente arte, no sentido sacramentado que se aplica, por exemplo, à música clássica.

Essas ambigüidades profundas do jazz são manipuladas de maneira inteligente por Stetsasonic para defender o rap como uma arte. O significado de jazz como mentiras pretensiosas, fundado tanto em sua identificação maior com a arte do que com a verdade, quanto em sua rejeição posterior enquanto arte séria, é usado aqui para rejeitar, como mentira pretensiosa, a restaurada rejeição do novo jazz na forma de rap. Os rappers rejeitam como papo — "*talkin' jazz*", o discurso pretensamente legítimo daqueles que, em sua ignorância, rejeitam o rap enquanto jazz degenerado, ou um "*talkin' jazz*". O grupo ao mesmo tempo emprega e reverte a distinção entre papo/verdade séria [*jazz/serious truth*], afirmando que seu papo é verdadeiro (e sua arte autêntica), enquanto o suposto discurso sério dos críticos anti-rap e antijazz é, na realidade, "um papo" — um "*talkin' jazz*" no sentido negativo, pois esses últimos são, ao mesmo tempo, mal-informados, "bitolado[s] e ignorante[s]". Seu discurso, pretensamente verdadeiro, sobre a arte autêntica, não é verdadeiro nem tem qualidade artística, mas um simples palavrório ignorante, destituído de compreensão crítica ou de energia criativa. Contrastando com as mentiras fracas e sem intensidade de seus críticos intolerantes, as palavras do rap "são sempre verdadeiras". Além disso, não são proferidas sem reflexão nem atenção, como é o caso da "besteira" do discurso da rádio, mas escritas com cuidado[50], e só então cantadas por artistas "talentosos", sendo entregues à expressão original nessa "nova forma". Assim, ao contrário das denúncias das quais é vítima, o rap pretende exprimir tanto a ver-

[50] O destaque dado ao rap como composição de texto, e não como mero discurso verbal, salienta sua pretensão ao *status* de literatura e de arte. A letra não introduz, no entanto, uma dicotomia entre a palavra como mentira e a escritura como disurso de verdade; pois, ao apresentar a verdade aos críticos hostis, os rappers não estão apenas escrevendo, mas "falando de você[s]". Os rappers geralmente são propensos a ressaltar sua capacidade de improvisação oral, assim como seu talento para a composição escrita.

dade quanto a arte — uma pretensão que "Talkin' all that jazz" sustenta virtuosamente, por meio de seu método engenhoso de inversão e de antífrase[51].

Embora a complexidade semântica e as sutilidades de argumentação estejam inegavelmente presentes aqui, pode-se negar que elas sejam realmente destinadas ou que existam para o verdadeiro público do rap. Talvez sejam um mero produto de nossa maneira acadêmica de ler — ou mesmo de torturar — os textos para aí encontrar ambigüidades. Essa leitura complexa do rap não respeitaria, pode-se dizer, a espontaneidade e a simplicidade do gênero e de seu público. Além disso, a sugestão de que respostas mais simples envolvem menos significações serviria para expropriar a arte de seu uso popular e de seu público. Tal processo, em que modos de apropriação intelectual são usados para transformar a arte popular em arte de elite, é bem comum na história cultural[52].

Essa linha de objeção à minha leitura é forte o bastante para merecer uma resposta imediata. Em primeiro lugar, não há nenhuma razão imperativa para limitar o sentido do rap às intenções explícitas do autor, pois sua significação é também uma função de sua linguagem e de seus leitores, um produto social que escapa ao controle determinante do autor individual. As ambigüidades da palavra "jazz" e os conflitos culturais que ela incorpora já estão presentes na linguagem pelo meio da qual o autor deve falar, quer tenha ou não a intenção. Em segundo lugar, visto que a arte pode ser apreciada de diversas maneiras e em vários níveis, novos modos de apreciação experimentados por outro público não suprimem *necessariamente* os do pú-

[51] Tal é a leitura dominante da letra. Mas dadas as ambigüidades e inversões, leituras alternativas e até mesmo contrárias são possíveis. Um crítico de direita poderia dizer que o *status* musical da letra enquanto "*talkin' jazz*", assim como sua pretensão de ser não apenas arte autêntica como também verdade real, confirmam pateticamente seu *status* enquanto puro "papo furado" [*talkin' jazz*], no sentido de verborragia pretenciosa, vazia e sem sentido. A leitura de um ativista negro poderia ver o protesto artístico contra a opressão sociocultural dos negros como implicando uma falsa redução do político à estética, sugerindo que o rap é um simples "papo furado" por oferecer um protesto meramente estético, ao invés de uma real ação política.

[52] Ver, por exemplo, o estudo de transformação de Shakespeare e da ópera em arte de elite em Lawrence Levine, *Highbrow/ lowbrow: The emergence of cultural hierarchy in America*, *op. cit.*

blico original. Isso acontece apenas quando as novas formas intelectualizadas insistem em se impôr como as únicas legítimas. O rap pode muito bem ser apreciado simplesmente pela dança, o que não quer dizer que seu público típico o aprecie apenas desse modo restrito e anti-intelectual. Na verdade, qualquer que seja nossa visão da ilusão intencional e da primazia do público, penso que as ambigüidades e inversões são muito evidentes para não serem intencionais; e o público primeiro do rap é suficientemente bem preparado para compreendê-las: esse tipo de ambigüidade e antífrase é, precisamente, básico para a comunidade lingüística negra.

O inglês afro-americano é fortemente ambíguo. Por exemplo, enquanto "*nigger*" em inglês branco é um insulto, no discurso negro é "uma forma de afeição, admiração, aprovação"[53]. As razões dessa inversão são claras: "os escravos negros eram levados a criar uma língua vernácula semi-clandestina" para exprimir seus desejos e, ao mesmo tempo, disfarçá-los da investigação hostil de seus superiores, e fizeram isso dando às palavras inglesas comuns significações negras específicas[54]. Uma das formas mais eficazes de multiplicar os sentidos era o da inversão. Como a linguagem incorpora, bem como sustenta, as relações de poder no interior de uma sociedade, o método de inversão é particularmente significativo, tanto como fonte de protesto quanto como fonte de habilidade lingüística extremamente sutil. Como G.S. Holt explica:

> [...] *os negros reconhecem claramente que dominar a linguagem dos brancos significava deixar-se dominar por ela, através das definições de classe construídas no sistema sócio-semântico. A inversão torna-se, então, um mecanismo de defesa que possibilita aos negros lutar contra as armadilhas lingüísticas e, conseqüentemente, psicológicas* [...]. *Palavras e frases ganham significações inversas e funções diferentes. Os brancos, que não têm acesso às extensões semânticas de dualidade, conotações e denotações desenvolvidas dentro da expressão negra, só podem interpretar esse material de acordo com seu sentido original* [...], *permitin-*

[53] Ver Holt, "'Inversion' in black communication", *op. cit.*, p. 154.

[54] Claude Brown, "The language of soul", em Kochman (org.), *op. cit.*, p. 135.

do aos negros que enganem e manipulem os brancos sem punição. Essa maneira de se proteger, compreendida e compartilhada pelos negros, torna-se uma disputa de jogos de espírito [...] [e uma] *forma de guerrilha lingüística* [que] *protege os inferiores, permite o encobrimento e o disfarce dos verdadeiros sentimentos, autoriza uma sutil auto-afirmação e promove uma solidariedade de grupo.*[55]

Dessa forma, a comunidade negra tornou-se especialmente familiar e adepta da codificação e da decodificação de mensagens ambíguas e inversas. Os fãs do rap conquistaram, por meio de seu exercício lingüístico comum, uma habilidade de se comunicar indiretamente e com perspicácia, vista por pesquisadores como "uma forma de arte verbal"[56]. Esse fato que lhes permite compreender rapidamente textos de grande complexidade semântica, caso o conteúdo seja relevante para sua experiência. Assim, os jogos de inversão e de ambigüidade de Stetsasonic sobre a noção de "*talkin' jazz*" não são inacessíveis a seu público, ainda que sejam menos óbvias do que a outra inversão presente no texto, hoje extremamente comum, em que a palavra "ruim" [em inglês: *bad*] significa "bom" ("Por ser tão ruim, a gente tem o respeito que vocês nunca tiveram").

A frase "os jogos bobos/ Para abraçar minha música, de forma que ninguém a use" ["*silly games/ To embrace my music so no one use it*"] apresenta uma ambigüidade muito mais complexa. Enquanto o verbo "abraçar" [*to embrace*] tem o sentido positivo de aceitar ou de adotar, aqui parece que o sentido secundário de circundar, cercar, conter, é privilegiado, de maneira a impedir o uso da música. Podemos, no entanto, obter uma significação satisfatória da expressão com o primeiro sentido, interpretando-a como um protesto contra o jogo bobo de aceitar a música como simples divertimento, destituído de qualquer uso artístico ou político real. Por fim, existe ainda o restrito sentido legal do verbo *to embrace*: "tentar *influenciar* um juiz por

[55] Holt, *op. cit.*, p. 154.

[56] Ver Claudia Mitchell-Kernan, "Signifying [...]", *op. cit.*, pp. 326-7. Esta forma de arte verbal está, dentro dos moldes de Dewey, em continuidade com a vida ordinária. Não devemos esquecer que o rap era um estilo lingüístico antes de ser uma arte musical, e este sentido da palavra "rap" continua, é claro, presente.

corrupção"[57]. Quer este sentido pouco usual tenha sido intencional ou não, quer seja ou não compreendido pelo público (o que é muito improvável), isso não impede que ele se ajuste perfeitamente ao verso, expressando o protesto dos rappers contra os erros corruptos, por meio dos quais os críticos das rádios pretendem influenciar a opinião dos ouvintes. Este sentido legal e o contexto jurídico são especialmente apropriados, visto que o rap é, de maneira geral, uma prática do *sampling*, o método de apropriação que levou tantos grupos de rap a sofrer infindáveis processos relativos a questões de direito autoral.

O mais famoso e assíduo perseguidor dos rappers é James Brown, aqui representado de maneira um tanto crítica: "Vamos falar a verdade, James Brown era velho,/ Till Eric and Rak relançaram 'I got soul'./ O rap traz de volta o velho rythm'n' blues,/ E se não fosse a gente,/ As pessoas poderiam ter esquecido". Esses versos oferecem mais uma inversão ambígua. Ao mesmo tempo em que James Brown é exaltado como a fonte dos melhores ritmos do rap, de sua estética funk e do orgulho negro (um papel histórico reconhecido pelo rap), ele também é criticado por ser velho e não ser progressista o bastante. Seu estilo de "I got a soul" seria esquecido, caso não fosse retomado e reavivado por Erik and Rak (o duo de rappers Eric B. e Rakim), como bem sugere o texto. O velho deve ser respeitado, mas não de maneira a impedir o novo, pois obstruir a tradição viva resulta apenas na perda de seu passado. Temos aqui a complexa mensagem de T.S. Eliot em seu "Tradition and the individual talent", atualizada e adaptada à tradição musical negra e formulada, assim, com uma intertextualidade sutil e autoconsciente.

B. Conteúdo filosófico

Gostaria agora de defender a idéia de que o rap pode ser recompensador do ponto de vista intelectual, não só pela sua estimulante complexidade polissêmica, como também por suas percepções filosóficas. Afinal, do mesmo modo que a arte popular tem sido condenada como superficial, em razão de suas estruturas semânticas simplistas, ela também tem sido acusada de não possuir um conteúdo profundo.

Como a utilização de clichês pela arte popular é muitas vezes considerada a causa primeira de sua falta de profundidade, algo deve ser

[57] Ver *The Random House college dictionary.*

dito a respeito dos clichês presentes em "Talkin' all that jazz". A letra inclui, na verdade, algumas das expressões mais populares do inglês: "falar é barato", "a beleza é superficial", "você não pode ter o bolo e já tê-lo comido", "você colhe aquilo que você planta". No entanto, dentro do contexto específico deste rap, esses provérbios adquirem novos significados que não apenas se distanciam dos clichês culturais, como desafiam o pensamento que incorporam. Na verdade, pelo seu próprio uso como argumentos contra o clichê cultural de que o rap não é uma arte, esses provérbios perdem um pouco de seu caráter banal. Além disso, sua utilização é esteticamente justificável como um contrapeso verbal do método de apropriação do *sampling*, que constitui o tema maior do rap. Do mesmo modo que os DJs canibalizam frases musicais conhecidas para criar um som original, mudando seu contexto, os MCs também podem se apropriar de velhos provérbios, dando-lhes uma nova significação por meio de sua aplicação dentro do novo contexto de seu rap.

Consideremos os dois primeiros clichês sobre a verdade e a beleza, que formam juntos um dístico: "Falar, falar é barato/ Bem, como a beleza, a palavra é superficial". Assim reunidos neste contexto específico, esses clichês são tudo, menos simplistas ou triviais em seu significado. Em vez disso, eles destróem com sua ambigüidade as verdades ordinárias que exprimem de maneira padronizada, sugerindo, ao mesmo tempo, teses filosóficas sobre a natureza da linguagem, da beleza e do juízo estético que divergem dos dogmas comuns, colocando-os em questão.

É claro, "falar é barato" pode ser entendido aqui no sentido corriqueiro: não custa nada e não é necessário esforço, conhecimento nem talento para arrasar o rap com críticas ignorantes. Esse tipo de "papo furado" não vale nada. O sentido habitual do provérbio sugere também uma oposição familiar entre a simples palavra (que é barata, mas não resulta em nada) e a ação verdadeira, que não somente reclama um esforço, mas realmente faz alguma coisa. Os Stetsasonic sugerem este sentido na oposição que fazem entre os críticos "bitolado[s]", sem "pique" para criar arte, que se contentam em falar sobre e "julgá-la" e, por outro lado, os artistas do rap que são "fortes", "talentosos" e não hesitam em criar e agir, ao invés de ficar simplesmente "especulando" com esse "papo furado".

No entanto, para além e contra esses sentidos vulgares, o conteúdo do contexto deste rap evidencia que o dito papo furado, de que falar não é caro, não é tão barato assim. Na verdade, é bem caro. Em primeiro lugar, a difamação crítica do rap engana o público, insulta e persegue os artistas e sua platéia, criando uma grande confusão sobre a natureza do hip hop. A distinção clichê entre falar e agir é, assim, questionada pela demonstração de que o simples falar pode constituir uma ação com fortes conseqüências. Esse argumento é lamentavelmente confirmado pelos fatos reais: o rap é condenado e perseguido por pessoas que não conhecem nada da música, que se apóiam no diz-que-diz de outros que, por sua vez, não têm disposição alguma para escutá-lo[58]. Além disso, como "Talkin' all that jazz" também aponta, o aparente papo furado dos críticos vai acabar por custar caro a eles também: "E quando você mente e fala demais,/ As pessoas dizem a você pra calar a boca". Injuriados de ouvi-los "falar do rap", "dizer toda essa besteira", os Stetsasonic advertem violentamente os difamadores de que esse papo pode lhes custar um preço alto: "Você diz que não é arte/ Então agora a gente vai te estraçalhar".

Se um discurso desinformado pode ter efeitos tão fortes, qual é a fonte de seu poder e sua autoridade? Se "*talkin' jazz*" pode significar ao mesmo tempo falsa crítica e arte autêntica, se o discurso, de maneira geral, pode ser interpretado como mentira ou verdade, o que determina a verdade discursiva e sua legitimidade estética? Essas questões filosóficas maiores são engenhosamente ligadas no mesmo dístico, em que o discurso é identificado à beleza por ser "*just skin deep*" — tão profundo quanto a pele. Aqui, mais uma vez, vemos como o contexto específico do rap dá um significado radicalmente novo a um velho clichê. Visto que as raízes do rap estão no gueto, e considerando-se sua rejeição estética e sua perseguição enquanto música negra, o protesto de que a beleza é tão profunda quanto a pele não retoma somente a crítica banal da superficialidade da beleza (sua vinculação à aparência), como incorpora também a crítica fortemente provocativa de que a beleza é ligada a preconceitos raciais, às reações causadas pela cor da pele. Em termos mais gerais, o julgamento estético não é a pura,

58 Um diretor do FBI, por exemplo, fez uma advertência oficial contra um rap do grupo NWA (Niggers with Attitude) sem ter escutado a música; um exame da carta de protesto recebida pelo grupo revela o desconhecimento total da música assim como a falta de familiaridade, de maneira geral, para com o gênero. Essa animosidade baseada em boatos resultou em cancelamentos de shows de rap assim como na censura e no confisco de discos. Para maiores detalhes sobre o assunto, ver Dave Marsh e Phyllis Pollack, "Wanted for attitude", em *Village Voice*, 10 de outubro de 1989, pp. 33-7.

elevada e desinteressada contemplação da forma, tal como é normalmente definido. Ele é, ao contrário, profundamente condicionado e governado por interesses e preconceitos político-sociais (inclusive raciais).

Assim, em contraste ao clichê, segundo o qual a verdade e a beleza independem do poder, este rap enfatiza as diferentes relações de poder envolvidas na determinação da verdade e da legitimidade estética. Duas fontes de autoridade discursiva são apontadas. A primeira é o poder político-social, tal como é exercido, por exemplo, no controle da mídia e das instituições políticas. Embora desinformados e tendenciosos, os críticos anti-rap anunciam seu veredito por intermédio do persuasivo meio do rádio. Sua condenação de que o rap é destituído de mérito estético e indigno do *status* artístico pode assim passar por verdade, à medida que é veiculada com o aval da mídia dominante, o que confere uma aura de *expertise* e autoridade que recobrem as visões difundidas pelas estações privilegiadas da comunicação de massa. Quanto aos rappers, particularmente aqueles com uma mensagem política, eles não têm acesso ao rádio para apresentar e defender sua arte. Verdade e *status* artístico são, assim, em grande parte, uma questão de controle político-social.

A letra de Stetasonic reforça essa mensagem quando associa a denúncia artística do rap, pronunciada na mídia, ao erro dos políticos que desvalorizam e subjugam a comunidade negra. Numa epistemologia pragmatista implícita, que não leva em conta as verdades sociais nas quais ninguém acredita, nem o *status* artístico que ninguém reconhece, a letra deste rap reconhece que a verdade do *status* artístico do rap não é algo independente, a ser descoberto um dia, mas algo a ser construído, e que só pode sê-lo quando se desafiar e dominar a verdade instituída pelo sistema, segundo a qual o rap é ilegítimo do ponto de vista artístico. A letra representa, ao mesmo tempo, um estímulo e um exemplo para esse desafio. Considerando os grandes interesses e implicações político-sociais envolvidos na luta pela legitimação artística, os rappers não ignoram que se trata de um combate violento; e, para defender o hip hop contra os críticos da mídia, estão prontos a usar de violência: "Você diz que não é arte/ Então agora a gente vai te estraçalhar". Esta ameaça de violência é pensada, pois é repetida adiante, para alertar aquele que praguejar contra o rap: "Você pode até se ferir, meu amigo"[59].

[59] A violência desta luta ultrapassa muitas vezes o estado simbólico. Para além da crítica e da anticrítica, o sistema exerce uma violência real pela censura e

Consciente da ligação existente entre o *status* artístico e o poder político-social, os rappers também notam que a rejeição que o sistema faz do hip hop pode ser enfrentada pelo ataque das contradições e fraquezas de suas bases político-sociais. Enquanto a sociedade norte-americana afirma ser uma democracia liberal com liberdade de expressão e poder da maioria, isto é desmentido pela censura do rap e, de maneira mais geral, pela tendência dos líderes culturais para identificar como arte autêntica apenas as artes maiores. Ao defender sua música contra os críticos da mídia, os Stetsasonic afirmam que os czares da cultura elitista estão ultrapassando os limites básicos do poder democrático que autoriza seus julgamentos. Em termos de gosto, eles são uma "minoria"; assim como em termos de idéias, são "bitolado[s] e ignorante[s]/ sobre as intenções do hip hop" de promover uma arte popular mais democrática e emancipatória[60]. Os rappers, ao contrário, defendem sua arte, nivelando-a à maioria. Sua insistência sobre o fato de que "aquilo que a gente seleciona é uma maioria" pretende justificar não apenas seu método de *sampling*, mas também a criação musical resultante, sugerindo que eles refletem o gosto popular e os interesses da maioria.

Em que medida esta pretensão é justificada? Jon Pareles, o crítico de rock do *New York Times*, descreve o rap como "o gênero de música popular mais crescente e o som preferido de milhões de fãs". Além disso, o fato de que seu programa diário na MTV "atraia a maior audiência do canal a cabo" sugere que o rap ultrapassou claramente suas origens negras e urbanas[61]. Na maior parte das grandes cidades

pela prisão, enquanto os pró-rap, em represália, manifestam a violência pelo barulho arrasador (tematizado em muitas músicas de rap) e pela ameaça do uso da força física, conseqüência do longo período de frustração e opressão. Essas duas formas de violência são colocadas em evidência no filme *Faça a coisa certa* de Spike Lee, onde o silenciar de um ponto de rap leva a um motim do bairro.

[60] As contradições inerentes à censura do rap dentro do sistema democrático são expressas no título do álbum de Ice-T *Freedom of speach... just watch you say*, assim como são sugeridas no próprio nome de Public Enemy, que joga com os dois sentidos da palavra "público": o sentido oficial e institucional, e o sentido comunitário.

[61] Ver Jon Pareles, "How rap moves to television's beat", *New York Times*, domingo, 14 de janeiro de 1990, seção 2, "Arts & Leisure", pp. 1 e 28. A MTV realmente faz um trabalho melhor do que o das rádios comerciais ou da rede de TV ao apresentar o rap, mas eles ainda privilegiam o som comercial, numa programa-

americanas, que muitas vezes apresentam maioria negra, a popularidade do rap é inegável. Sua dominância crescente nas ruas pode ser notada sem dificuldade, ressoando alto nos rádios dos carros e nos *guetto blasters*. Sua popularidade em termos de shows e venda de discos (apesar da dificuldade criada pela censura) já é enorme, e continua crescendo numa proporção bem maior do que o reconhecimento cultural que lhe é dado. Se a audiência de hip hop ainda não representa a maioria nas rádios das metrópoles, ela constitui um grupo extremamente grande, mal-servido com o tratamento que as rádios dão ao rap.

"Talkin' all that jazz" não somente faz apelo à base do poder majoritário do rap dentro dos guetos urbanos, mas por sua própria polêmica busca mobilizar e expandir o suporte popular. Uma das estratégias de persuasão se apóia, na verdade, sobre o jogo dos pronomes pessoais. Toda a letra é estruturada pela oposição entre "você" e "nós". Literalmente, o "nós" designa apenas Stetasonic, o grupo hip hop que está cantando o rap. Ordinariamente, isto poderia sugerir que o "você" remete à platéia. No entanto, como se trata de um protesto vigoroso, a letra toma o cuidado de não tratar a platéia por "você", para distingui-la do(s) crítico(s) anti-rap do rádio, aos quais a mensa-

ção em que a maior parte do rap *underground* mais interessante, e também mais ameaçador, não é adequadamente representada. Argumentando que o rap e seu poder de atração popular são formados sobretudo pela televisão, Pareles infelizmente negligencia a censura e a crítica do rap pela TV. Foi só em 1989 que a televisão aceitou incluir o rap no programa de Grammy Awards, atraso denunciado por alguns raps ao lado de críticas feitas sobre as ilusões corruptoras que a TV propaga (ver, por exemplo, "She watch channel zero" ou "Terminator X to the edge of panic" de Public Enemy, que inclui o verso "*Who gives a fuck about Goddamn Grammy*", ou "quem dá a mínima pra esse maldito Grammy"). Além disso, é cômodo isolar a TV como sendo a instigadora do efeito de colagem, dos conteúdos volúveis, da autopromoção e das rápidas frações de informação do rap. As mesmas coisas podem ser encontradas na rádio comercial, que faz igualmente, ou até mesmo mais, parte da cultura de rua, e onde os leitores também trocam freqüentemente de estação, buscando ouvir mais músicas do que publicidade ou *flashes* de noticiário. O rádio parece mais próximo da forma dialogal e solta do rap, à medida que seu formato é mais flexível e permite mais intervencões do que a televisão (por intermédio do DJ e das chamadas de telefone dos ouvintes), o que constitui uma influência significativa para o rap. Seria mais correto dizer que o rap é um produto de nossa tecnologia eletrônica global: mesas de gravação múltiplas, gravadores, *beat boxes* e sistemas de som, jogos de computadores, vídeo, rádio, TV e todo o resto.

gem hostil é dirigida. Pois grande parte da platéia não é constituída de locutores de rádio, mas de ouvintes.

A platéia é, então, encorajada a se identificar com o celebrado "nós", opondo-se ao "você[s]" dentro de um confronto em que estes são atacados agressivamente como ignorantes, destituídos de talento e descritos como uma minoria opressiva e hipercrítica. O "nós" vem significar, assim, não apenas Stetsasonic, mas toda a comunidade hip hop, cuja causa defendem. E isso se estende a um domínio mais amplo ainda, invocando todos aqueles que não são fãs do hip hop, mas que podem se identificar com ele pelo fato de compartilharem uma oposição comum à mídia e às autoridades políticas, contra as quais lutam o rap e o hip hop em geral. Qualquer um que guarde um ressentimento em relação ao falatório dos personagens da mídia ou da política, qualquer um enfadado com os porta-vozes autoritários de nossa sociedade e seu exercício perverso de poder, qualquer artista (ou atleta ou trabalhador) irritado por ser negativamente julgado por críticos sem talento, força ou pique para fazer o que eles criticam arrogantemente; toda essa gente — e seu número perfaz uma legião — pode ser atraída pelo espírito de contestação que anima este rap, podendo, deste modo, vir aumentar a lista daqueles que apóiam o rap, para além de seu público original do gueto negro.

Essa estratégia de aumentar o público do rap pelo alargamento da base sociocultural de seus defensores é sustentada por pelo menos três outros dispositivos retóricos. Em primeiro lugar, o rap é associado ao rythm' n' blues, que é, sem dúvida, a fonte de toda música rock, e o gênero de maior popularidade junto ao público branco, não apenas nos Estados Unidos, mas no mundo inteiro. "O rap traz de volta o velho rythm' n' blues", não apenas pelo *sampling* de seus ritmos mais conhecidos, mas também porque o rap, como o blues, é uma expressão da pobreza e da opressão, possuindo certamente um valor real. Se a reciclagem e a transformação do rythm' n' blues feitas pelo rap faz com que ele fique vivo em nossas memórias, ("E se não fosse a gente,/ As pessoas poderiam ter esquecido"), então o valor artístico do rap deveria ser reconhecido e protegido da censura e do embaraço. Em outras palavras, mesmo que nós não gostemos de rap, deveríamos aceitá-lo por seu valor instrumental de manter a tradição de inovação própria à música negra, que deu origem ao rythm' n' blues, ao jazz e ao rock — formas cuja popularidade junto ao público branco é incontestável.

Esse apelo implícito a um público mais amplo, e branco, é desenvolvido na última estrofe, quando são evocados "The family stone", a quem os Stetsasonic se identificam explicitamente. Sly Stone, que debutou como DJ em São Francisco, é reconhecido, ao lado de James Brown, como uma das principais fontes de inspiração do hip hop. Porém, ao contrário do último, de quem ele emprestou os temas, mas cuja música e personalidade têm um caráter mais exclusivamente negro, Sly elaborou um estilo que, ainda que enraizado na música negra e engajado na defesa da honra negra, conquistou completamente o público branco do rock, beneficiando-se da aceitação sociocultural que oferecia. A ruptura de barreiras raciais (e sexistas) que Sly ocasionou é exemplificada de maneira notável na composição de seu grupo "The family", que inclui brancos e negros, mulheres e homens. Como observa Greil Marcus, foi Sly que quebrou a uniformidade da cor em Woodstock, "aparecendo como a maior sensação do festival"[62]. Além disso, foi Sly quem teve a coragem cultural de reclamar *status* artístico para suas canções, descrevendo-se como "poeta"[63], mostrando o caminho a Stetsasonic e outros rappers para insistir que o rap seja reconhecido como arte e poesia, afirmando que essas manifestações estéticas e seus protestos socioculturais podem ser feitos pelas canções. Seu hit "Stand" encoraja, com insistência, os oprimidos e os submetidos a lutar por suas crenças, seus direitos e sua cultura; a "defender as coisas que vocês sabem que são direitas"[64]. Ele adverte profeticamente os futuros rappers: as autoridades opressivas vão "tentar derrubar vocês", quando virem que "o que vocês estão falando tem sentido"; mas ele os encoraja, assim mesmo, a lutar, visto que "aquele baixinho" pode ajudar a derrubar "o gigante ao lado dele que está prestes a cair". Por um efeito sutil de intertextualidade, a música de Sly é citada por Stetsasonic, que retoma a expressão "defender" [*stand up*], integrando-a completamente em seu texto, ainda que distinguindo-a pelo ritmo e pelo esquema de rimas: "Stetsasonic, o grupo hip hop,/

[62] Greil Marcus, *Mystery train: Images of America in rock' n' roll music*, Nova York, Dalton, 1982. O livro contém um excelente capítulo dedicado à carreira de Sly Stone.

[63] Ver a canção "The poet", em seu álbum *Riot*, onde ele canta "*I'm a songwriter, oh yeh, a poet*" ["eu sou um compositor, oh yeh, um poeta"].

[64] No original: "*stand for the things you know are right*".

Assim como Sly and the Family Stone,/ A gente vai defender/ A música que a gente vive e toca/ A música que a gente canta hoje". Com a mesma sutileza, essas linhas exprimem simultaneamente, pela invocação de Sly, a atitude de abertura ao público branco, ao lado do espírito resoluto em afirmar a honra e a revolta dos negros.

Entre essas duas referências musicais de Sly e do rythm' n' blues, encontra-se uma terceira estratégia para tornar o rap mais aceitável a um público geral: a garantia de que a pretensão do rap a uma legitimidade artística não é uma demanda de hegemonia. Prometendo que "a gente não está tentando ser um patrão pra você", os Stetsasonic garantem aos ouvintes não-convertidos ao hip hop que sua intenção é apenas serem ouvidos, e não silenciar os outros, mesmo que estejam prontos para "ferir" aqueles cujo "papo" busque censurar o rap. Ao propor um ideal de coexistência pluralista e pacífica (que se opõe à situação "perdida" do violento combate cultural), os rappers invocam um dos valores mais amplamente partilhados e mais queridos da sociedade norte-americana: a liberdade da tolerância pluralista. Se ficamos tentados a recusar este ideal como fruto de uma ideologia burguesa, ele se mantém válido como argumento para aqueles que partilham dessa ideologia; e seu alcance é realmente bem maior. Pois ele reaparece também em visões utópicas de marxistas como Adorno, cujo ideal político-social (e estético) é um ideal de diferença sem dominação. A defesa de tais ideais, é claro, vem acrescentar um outro aspecto ao rico conteúdo filosófico desta canção.

Concluamos a discussão sobre esse ponto, fazendo uma breve referência à segunda fonte de autoridade estética e discursiva reconhecida na letra. Trata-se da autoridade carismática do poder artístico e retórico. Se a verdade e o *status* artístico dependem da estrutura do poder sociocultural, então essa estrutura não é imutável, mas constitui um campo de lutas em constante transformação. E uma maneira de transformar as crenças e os gostos de uma população é por meio do poder expressivo do discurso ou da arte que lhe são apresentados, embora, é claro, sua apreciação desse poder sempre dependa de crenças e de gostos anteriores[65]. Assim, como sugere a letra deste rap, nós,

[65] Daí o apelo de "Talkin' all that jazz" às crenças anteriores de maioria democrática e tolerância pluralista, assim como às preferências passadas pelo rythm' n' blues e por Sly and The Family Stone.

ouvintes, podemos chegar a rejeitar o "papo furado" dos críticos como mentiras, mas a reconhecer o "papo furado" do rap como arte, como verdade, pela experiência comparativa de seus poderes expressivos. Enquanto o discurso dos críticos é pouco palpável e fraco ("É tão óbvio que dá na cara" e não tem "pique" nenhum, o discurso do rap prova sua verdade e seu *status* artísticos pela energia e pelo poder, sendo "forte e talentoso".

Essa prova pela persuasão visual não é uma aberração confusa, mas uma importante forma de argumento em estética como também noutros domínios[66]; e esta canção, um manifesto rap em forma de rap, constitui uma expressão manifesta da prova do *status* artístico do rap pelo seu próprio poder artístico. Os Stetsasonic não pretendem oferecer um estudo exaustivo ou um longo "debate formal"; eles reclamam poder "finalizar o disco" sobre o rap e suas distorções-*sampling* dentro do mero espaço de uma gravação, pelo convincente apelo da "música que cantam hoje": a declaração "autoconsciente", "auto-afirmativa" e "autolegitimadora" da verdade, segundo a qual o rap é uma arte.

C. Autoconsciência artística, criatividade e forma

A auto-afirmação reflexiva do *status* artístico tem uma importância maior do que pode parecer, pois é considerada por muitos filósofos como uma característica essencial da arte[67]. Uma das justificativas apresentadas para explicar o motivo pelo qual as artes populares têm seu *status* artístico recusado é o fato de não o reivindicarem. Elas nem sequer "pretendem ser arte", afirmam Horkheimer e Adorno, mas aceitam, ao contrário, seu *status* de indústria do divertimento. Elas não insistem em sua própria legitimidade estética, afirma Bourdieu, mas se submetem à estética das artes maiores, que as nega de maneira

[66] Discuto esta forma de argumento em maiores detalhes em meus artigos "The logic of interpretation", em *Philosophical Quartely*, 28, 1978, pp 310-24; "Evaluative reasoning in criticism", em *Ratio*, 23, 1981, pp. 141-57; "Wittgenstein and critical reasoning", em *Philosophy and Phenomenological Research*, 47, 1986, pp. 91-110; e em *T.S. Eliot and the philosophy of criticism*, *op. cit.*, pp. 91-106.

[67] Wollheim, por exemplo, fala da "autoconsciência perene e indestrutível da arte", em Richard Wollheim, *Art and its objects*, Harmondsworth, Penguin, 1975, p. 16.

determinante[68]. Destituída de autoconsciência artística suficiente para pretender o *status* artístico, a arte popular não merece atingi-lo e não o atinge. Ainda que isso possa ser verdadeiro para as outras artes populares, não pode ser aplicado ao rap. Stetsasonic, como inúmeros outros rappers, "defendem/ A música que [eles] vivem e tocam", reclamando agressivamente e celebrando com orgulho o rap como uma arte.

"Talkin' all that jazz" evidencia ao menos cinco aspectos dessa consciência artística. Primeiramente, da mesma forma como a arte é algo que se distingue da conduta ordinária e da experiência cotidiana por sua habilidade superior e qualidade, também a canção insiste no talento superior, na força e no "pique" do rap comparado em relação ao papo ordinário dos outros. Em segundo lugar, se o caráter essencialmente histórico da arte significa que para alcançar o *status* de obra de arte é necessário pertencer a uma tradição artística, igualmente a canção salienta a conexão do rap a essa tradição. E assim o faz, descrevendo-se como uma nova forma de jazz e alinhando-se com uma música negra reconhecida e legitimada, e conectando-se, em seguida, com o "velho rythm' n' blues", cuja popularidade estabelecida parece ser aumentada e assegurada pelo "relançamento" que o rap faz de seus ritmos. Outras ligações intertextuais são estabelecidas com James Brown, Sly Stone e o grupo de rap Eric B. and Rakim, o que dá um sentido mais completo à posição do rap dentro dessa tradição artística, que ele continua, alterando-a, num processo de reconhecimento e contestação que qualquer tradição saudável e frutífera deve apresentar[69].

Um aspecto muito importante da tradição artística recente, muitas vezes considerado como essencial à natureza da arte, é que o artista adote uma atitude de oposição. Muitos sustentam que a arte, para que possa ser assim qualificada em razão de sua originalidade e distinção em relação ao mundo comum, deve se defender, de alguma forma, contra a aceitação generalizada de uma realidade ou um *status quo* inaceitáveis (artísticos ou sociais), mesmo que tal oposição seja expressa de maneira apenas implícita, por meio de ficção artística ou de dificuldades colocadas para a compreensão ordinária. Que ela seja ou não

[68] Ver M. Horkheimer e T.W. Adorno, *op. cit.*, p. 108; e P. Bourdieu, *op. cit.*, pp. 42, 50 e 459; e meus próprios comentários sobre suas visões no capítulo anterior.

[69] Sobre este ponto da tradição, ver meu livro *T. S. Eliot and the philosophy of critcism*, pp. 157-64, 170-90.

essencial à arte, esta oposição está certamente presente no rap, não apenas de maneira explícita, mas também autoconsciente. Protestar violentamente contra o *status quo* — o estabelecimento cultural e a mídia, os políticos e a polícia, e as representações e as realidades que buscam impor — é, como nós vimos, um traço essencial do rap, muitas vezes tematizado em suas letras. Mas "Talkin' all that jazz" exemplifica ainda mais claramente a consciência reflexiva do rap como uma oposição artística, atacando e desafiando os czares culturais que negam ao rap uma legitimidade estética, ou um *status* artístico. Além de seu conteúdo explícito, sua própria forma, enquanto monólogo dramático de confrontação, é estruturada por uma atitude de oposição.

Dois outros traços da consciência artística moderna são geralmente tidos como essenciais a toda arte digna deste nome, e são freqüentemente negados aos produtos da cultura popular: o interesse pela criatividade e a atenção dada à forma[70]. Ambos estão fortemente presentes em "Talkin' all that jazz", e é com essa demonstração que pretendemos concluir a análise estética deste rap, e do rap em geral.

Embora sua técnica apropriadora de *sampling* desafie a noção romântica de pura originalidade, o rap se pretende, mesmo assim, criativo, insistindo em que a originalidade pode ser manifestada na apropriação transformadora do antigo, seja dos velhos discos ou dos velhos provérbios que "Talkin' all that jazz" retoma, dotando-os de nova significação. Na verdade, este rap é inteiramente dedicado à consciência aguda de sua novidade enquanto forma artística, uma consciência penosamente formada pelas perseguições que sofreu como tal. No espaço de dois versos, os Stetsasonic estabelecem habilmente a ligação existente entre o rap e a tradição artística, mais particularmente o jazz, reafirmando ao mesmo tempo a divergência criativa do gênero como nova forma artística. "Jazz, bom, você pode chamar assim,/ Mas esse jazz tem nova forma." A expressão "tem nova forma" (ao invés de *inventa* uma nova forma), captura com sutileza o paradoxo da tradição artística e da inovação expresso por T.S. Eliot: a idéia de que a arte pode e deve ser renovada para ser tradicional (assim como

[70] Estes dois traços podem ser ligados ao caráter de oposição como requisito da arte. Pois a exigência criativa do novo implica uma oposição ao antigo e familiar, ao passo que a atitude de privilegiar mais a forma do que o conteúdo parece ir contra nossos interesses cognitivos e práticos (e constitui para muitos a especificidade da atitude estética).

deve ser tradicional para ser renovada), de que é impossível conformar-se com tradição artística, resignando-se a ela, visto que essa é uma tradição de novidade e alteração da conformidade.

O rap refuta o dogma de que o interesse pela forma e pela experimentação formal não pode ser encontrado na arte popular. Além disso, tematiza a atenção dada ao material e ao método artísticos, freqüentemente considerados a marca distintiva da arte contemporânea. O *sampling* não apenas constitui a inovação formal mais radical do rap (visto que anteriormente algumas músicas pop também experimentaram o discurso no lugar da canção), como também é a mais relacionada com seu material artístico — a música gravada. E não surpreende que seja extremamente contestado, no tribunal de justiça como também no tribunal da cultura. A defesa estética do *sampling* constitui o motivo condutor de "Talkin' all that jazz", que desde os primeiros versos associa a questão da legitimidade artística do rap ao seu método de *sampling*.

Bom, a coisa começou assim:
Te escutei na rádio
Falando sobre rap,
Dizendo toda essa besteira
De como a gente faz sampling.
Dá um exemplo.
Acha que a gente vai deixar barato?
Você critica nosso método
De como a gente faz os discos
Você disse que não é arte
Então agora a gente vai te estraçalhar.

Para sustentar a pretensão do rap ao *status* de arte criativa, é preciso defender o *sampling* da acusação evidente e plausível de que se trata de roubo ou cópia de músicas já existentes. Tal defesa é possível, se consideramos que no rap o *sampling* não constitui um fim em si, uma tentativa de reproduzir ou imitar discos já populares. Tratase, na verdade, de uma técnica formal, ou um "método" de transformar fragmentos antigos em novas canções, com um "novo formato" pela manipulação inovadora de técnicas da indústria do disco. Como para todo método artístico ou todo "instrumento", a significação estética ou o valor do *sampling* dependem de como ele é usado ("Só é importante quando eu faço dele uma prioridade"), e deve ser assim julgado dentro de cada contexto particular; daí a exigência imposta por Stetsasonic aos críticos perniciosos de que dêem "um exemplo" de como o *sampling* corrompe sua arte. Mais adiante, eles sugerem que o *sampling* seja apenas "uma parte de [seu] método", não consistindo numa prioridade absoluta. Esta mensagem e o desafio de pedir "um exemplo" são reforçados pelo fato de o uso real do *sampling* e do *scratch mixing* em "Talkin' all that jazz" ser limitado[71].

Conscientes de que a técnica inovadora do rap pode ser descartada como um artifício efêmero, os Stetsasonic respondem explicitamente aos críticos "loucos" que pensam que o "rap é uma onda" sem potencial criativo nem poder de permanência, apontando o forte talento dos artistas e o "respeito" que eles têm junto a um público cada vez maior. Quanto a isso, eles não estão "vindo com papo furado". Quando saiu o primeiro disco de rap em 1979, os especialistas em cultura popular pensaram que o gênero dificilmente sobreviveria uma primavera; nos anos 90 o rap é aclamado pelo crítico Jon Pareles, do *New York Times*, como "o gênero mais original e mais crescente da música popular"[72].

Mas ao reconhecer sua originalidade criativa, Pareles questiona a coerência formal do rap. As técnicas de *sampling*, de mixagem e o espírito de fragmentação próprio da mídia impedem a criação de uma forma ordenada e de uma estrutura lógica, resultando em músicas atravessadas por "deslocamentos e descontinuidades", em que o "ritmo é superior e as discordâncias são perpétuas". As músicas "não evoluem de um começo a um fim", dando a impressão de que "poderiam ser cortadas a qualquer momento". Tudo isso é sem dúvida verdadeiro no caso de alguns raps, talvez naqueles que chamam mais atenção, atraindo maior hostilidade, por seu desvio em relação às formas estabelecidas. Mas se trata de uma visão extremamente parcial e exagerada do gênero como um todo. Pois existem muitas músicas de rap so-

[71] É preciso mencionar, no entanto, que a canção faz um *sampling* do jazz, notadamente de "Expansions", do tecladista Lonnie Liston-Smith.

[72] Pareles, "How rap moves", em *op. cit.*, p. 1. Muitas músicas de rap, particularmente as que traçam e celebram a história do hip hop, ostentam de maneira mais explícita o sucesso surpreendente do rap e sua capacidade de sobreviver à morte precoce tantas vezes predita pelos críticos; assim, essa força de resistência é vista como exemplo de seu rico potencial criativo. Ver, por exemplo, "Hip hop rules" de BDP.

lidamente estruturadas em torno de uma evolução narrativa ou de uma argumentação lógica e coerente. A forma narrativa inclui, muitas vezes, baladas celebrantes das proezas dos rappers, assim como exemplos morais contra as drogas, as doenças venéreas e a vida criminosa. O esquema lógico é ilustrado por muitos dos raps de protesto que defendem a honra dos negros, e seus freqüentes manifestos de auto-admiração. "Talkin' all that jazz" entra nesta última categoria, e sua coerência, do ponto de vista lógico e formal, é inegável.

Composto por quatro estrofes claramente estruturadas — que, apesar de apresentar extensões ligeiramente diversas, são todas intercaladas por um mesmo interlúdio musical, que ao mesmo tempo as diferencia e conecta —, estas estrofes são formalmente unificadas pelo mesmo refrão final, que também dá título à canção. Enfim, podemos notar que esse refrão aparece apenas uma vez ao fim de cada uma das três primeiras estrofes, embora na quarta e última estrofe apareça três vezes, como que para lembrar, reforçar e sintetizar as estrofes e os argumentos precedentes.

A argumentação também é coerentemente estruturada. A primeira estrofe começa com a condenação do rap e do *sampling*, seguida do protesto reivindicante do *status* artístico do rap. A segunda estrofe começa refutando a condenação do rap, esclarecendo, então, o papel do *sampling*, salientando a atração popular do rap e denunciando o elitismo, a estreiteza de espírito e a ignorância de seus críticos, ao mesmo tempo em que mantém a ameaça de violência vingadora ("Você pisou em nós, a gente agora vai pisar em você"). A terceira estrofe desenvolve o tema da represália contra as mentiras nocivas dos críticos, justificando, em seguida, a legitimidade do rap em termos da verdade, do talento e da força que ele possui, e em nome da renovação da tradição musical afro-americana. A estrofe final, ao mesmo tempo que reforça essa ligação com a tradição e mantém a atitude orgulhosa de resistência e ameaça, também apresenta uma proposta de coexistência pacífica para aqueles que não se converteram ao rap, salientando que não precisam ter medo de sua reivindicação de legitimidade artística. Esta defesa final de uma tolerância pluralista (de "não tentar ser um patrão") não é conseqüência do medo de que a fraqueza do rap seja revelada frente ao exame crítico. O rap está pronto para "um debate formal", mas só quando houver um "fórum" adequado (isto é, um "espaço público") onde ele possa se expressar, um fórum que a mídia e o sistema cultural têm recusado há muito tempo.

Aqui, mais uma vez, encontramos a junção do estético e do político. A luta pela legitimidade estética (um sintoma de outras lutas sociais mais gerais) só pode vir a ser de um debate refinado e cuidadoso sobre a forma quando a segurança da escuta mútua for alcançada. Os rappers ainda lutam para se fazer escutar, e para isto, os Stetsasonic ainda precisam "por enquanto" usar um discurso mais urgente e violento, portanto, menos formal. Se o desmerecimento e a censura da voz do rap incita, ao invés de doces juízos estéticos, um protesto violento, os inimigos do rap são os próprios responsáveis ("você colhe aquilo que planta").

Fazer-se ouvir antes de entrar num debate formal e assegurar uma legitimidade de expressão antes de se concentrar em complexidades sobre a forma são prioridades que podem ser interpretadas como um comentário crítico, mas defensivo, sobre o próprio *status* formal desta canção; o que levanta uma importante questão formal que o rap deve enfrentar. Pois, se por um lado "Talkin' all that jazz" alcança unidade formal e coerência lógica, por outro lado ele é, do ponto de vista formal, mais simples e tradicional do que os outros raps que discursam muito menos sobre o *sampling*, mas o aplicam de uma forma bem mais ampla, complexa e acentuada (por exemplo, "The adventures of grandmaster flash on the wheels of steel"). Mas enquanto essas canções apresentam uma "forma" radicalmente mais nova, elas parecem mais suscetíveis em relação à acusação de incoerência formal feita por Pareles. Isso nos sugere uma tensão existente entre a pretensão de inovação formal do rap e sua satisfação de uma coerência formal requerida pela arte. Afinal, a inovação artística do rap, particularmente sua técnica de *sampling*, é estreitamente ligada a elementos de fragmentação, deslocamento e ruptura de formas[73].

[73] Claro, não há nada nas inovações do rap que impeça a realização de uma unidade ou uma coerência formal. As tensões rítmicas, os fragmentos selecionados e as intervenções deslocadas podem ser reunidas num todo artístico satisfatório, como pode notar qualquer leitor de obras como *The wasteland* de Eliot. E eu penso também que é possível encontrar uma coerência formal em "The adventures of grandmaster flash on the wheels of steel". No entanto, de certa forma, uma tensão prática perdura. Pois, ao dar livre curso às inovações e ao impulso criador revolucionário, o rap pode acabar soando como um barulho sem forma nem sentido, o que às vezes acontece realmente. Mas abandonar tal inovação para satisfazer as exigências tradicionais da forma significaria abandonar o potencial do rap de transformar e alargar nossa significação da forma para que possamos aprender a ver e apreciar um modelo que antes víamos como pura ausência de forma.

Essa tensão entre a inovação e a coerência formais constitui um debate no qual o rap está ativamente engajado. Os limites de suas técnicas inovadoras e da sensibilidade formal de seu público ainda estão sendo testados a fim de encontrar o equilíbrio adequado: uma forma que seja tão inovadora quanto assimilável por nossa tradição estética e sensibilidade formal. Tendo surgido há menos de vinte anos, o rap está ainda longe de uma solução e de uma maturidade artística. Ele não as alcançará jamais, se não tiver antes sua legitimidade artística reconhecida, condição necessária para prosseguir seu próprio desenvolvimento e o de seu público, sem a opressão e o abuso depreciativo do sistema cultural nem a compulsão de se vender às pressões imediatas e comerciais do mercado. "Talkin' all that jazz" é uma música em defesa da nova forma do rap, que se mantém, no entanto, confortavelmente dentro dos limites da forma tradicional. É ainda um apelo a tal legitimidade, e um apelo sedutor, dada a maneira como encara os critérios estéticos tradicionais. Ela oferece a nós, intelectuais, um convite ainda mais tentador para participar de um debate formal sobre o rap, um debate que "Talkin' all that jazz" confia ao futuro, e que só o futuro resolverá.

TALKIN' ALL THAT JAZZ

Well, here's how it started.
Heard you on the radio
Talk about rap,
Sayin' all that crap
About how we sample.
Give an example.
Think we'll let you get away with that.
You criticize our method
Of how we make records.
You said it wasn't art,
So now we're gonna rip you apart.
Stop, check it out my man.
This is the music of a hip-hop band.

Jazz, well you can call it that,
But this jazz retains a new format.
Point, when you misjudged us,
Speculated, created a fuss,
You've made the same mistake politicians have,
Talkin' all that jazz.

(musical break)

Talk, well I heard talk is cheap.
Well, like beauty, talk is just skin deep.
And when you lie and you talk a lot,
People tell you to step off a lot.
You see you misunderstood,
A sample's just a fact,
Like a portion of my method,
A tool. In fact,
It's only of importance when I make it a priority,
And what we sample of is a majority.
But you are a minority, in terms of thought,
Narrow-minded and poorly taught
About hip hop's aims and the silly games
To embrace my music so no one use it.
You step on us and we'll step on you.
You can't have your cake and eat it too.
Talkin' all that jazz.

(musical break)

Lies, that's when you hide the truth.
It's when you talk more jazz than proof.
And when you lie and address something you don't [know,
It's so whacked that it's bound to show.
When you lie about me and the band, we get angry.
We'll bite our pens and start writin' again.
And the things we write are always true,
Sucker, so get a grip now we're talkin' about you.
Seems to me that you have a problem,

So we can see what we can do to solve them.
Think rap is a fad; you must be mad,
'Cause we're so bad, we get respect you never had.
Tell the truth, James Brown was old,
Till Eric and Rak came out with "I got soul".
Rap brings back old R&B,
And if we would not,
People could have forgot.
We want to make this perfectly clear:
We're talented and strong and have no fear
Of those who choose to judge but lack pizazz,
Talkin' all that jazz.

(musical break)

Now we're not tryin' to be a boss to you.
We just wanna get across to you
That if you're talkin' jazz
The situation is a no win.
You might even get hurt, my friend.
Stetsasonic, the hip-hop band,
And like Sly and the Family Stone
We will stand
Up for the music we live and play
And for the song we sing today.
For now, let us set the record straight,
And later on we'll have a forum and
A formal debate.
But it's important you remember though,
What you reap is what you sow.
Talkin' all that jazz.
Talkin' all that jazz.
Talkin' all that jazz.

5. A ÉTICA PÓS-MODERNA E A ARTE DE VIVER

I

Numa breve observação entre parênteses, na proposição 6.421 de seu *Tractatus logico-philosophicus*, Wittgenstein afirma que "ética e estética são um só"[1]. A mensagem parece tão enigmática quanto audaciosa, pronunciada à parte, sem maiores esclarecimentos ou justificativas, nesta economia austera da expressão minimalista tão peculiar ao estilo moderno. Podemos facilmente presumir o que o jovem Wittgenstein pretendia dizer se nos remetermos não apenas ao contexto do *Tractatus*, mas também aos escritos precedentes de seu *Tagebücher*[2], nos quais a máxima aparece originariamente acompanhada de algumas elucidações esquemáticas. A identificação entre ética e estética parece se dar aí em pelo menos três aspectos. Primeiramente, ambas envolvem uma visão das coisas *sub specie aeternitatis* — isto é, transcendental, "de fora", de "tal forma [que] elas têm o mundo todo como fundo". Na estética, "a obra de arte é o objeto visto *sub specie aeternitatis*; [...] [enquanto na ética] a vida ideal é o mundo visto *sub specie aeternitatis*. Esta é a conexão entre arte e ética" (*Tb*, 178). Em segundo lugar, tanto a ética como a estética dizem respeito ao reino do "místico", não somente porque suas afirmações (não sendo proposições empíricas, tampouco lógicas) pertencem ao indizível, mas também porque ambas empregam esta perspectiva global que Wittgen-

[1] Ver L. Wittgenstein, *Tractatus logico-philosophicus*, Frankfurt am Main, Suhrkamp, 1963, p. 112 (abreviado *infra*: *TLP*, seguido do número de proposição). [A tradução inglesa enfatiza a afirmação de identidade, cujo original "Ethik und Ästhetik sind Eins" é transladado para "Ethics and aesthetics are one and the same" (Londres, Routledge & Kegan Paul, 1963, pp. 146 e 147). O mesmo ocorre na tradução para o português: "Ética e estética são um só" (trad. J.A. Giannotti, Ed. Nacional, 1968).]

[2] L. Wittgenstein, *Tagebücher 1914-1916*, Frankfurt am Main, Suhrkamp, 1984 (abreviado *infra*: *Tb*).

stein associa ao místico e ao "valor absoluto"[3]. Em terceiro lugar, ambas concernem essencialmente à felicidade. Assim como "a forma artística de ver as coisas [...] enxerga o mundo com olhos felizes", dado que a "arte é alegre", a ética equivale à questão de ser "ou feliz ou infeliz; isso é tudo. Pode-se dizer: o bem ou o mal não existem" (*Tb*, 169 e 181).

Essas três conexões, qualquer que seja o sentido e a conveniência lógica que possam nos apresentar, dificilmente estabelecem a unidade total entre ética e estética. E, embora essa tese não seja refutada na filosofia tardia de Wittgenstein (como é o caso de muitas teses do *Tractatus*), ela também não é explicitamente retomada nem desenvolvida. Na verdade, pode-se dizer que sua filosofia ulterior sobre os jogos de linguagem, uma filosofia descentralizada, não-transcendental e pluralista, que Lyotard afirma ser uma das maiores fontes do pensamento pós-moderno[4], seria hostil a qualquer unificação que iguale os domínios ético e estético. Afinal, esses domínios certamente parecem envolver dois jogos de linguagem diferentes[5]. Por outro lado, a conexão profunda e substancial da ética e da estética é fortemente sugerida por sua concepção tardia de juízo estético. Irredutível a regras críticas e a modos de aprovação isolados e formalizados, tal juízo é visto por Wittgenstein como necessariamente imerso num complexo campo cultural, determinado por modos de vida que não podem senão incluir uma dimensão ética[6]. Se tivéssemos que atribuir a Wittgenstein uma posição definitiva sobre a "unidade" da ética e da estética, seria provavelmente a visão razoável, se não pouco estimulante, de que elas não são completamente unidas e idênticas, nem completamente distintas.

[3] Ver *TLP* 6.45 e o artigo de Wittgenstein intitulado "Lecture on ethics", escrito por volta de 1929 e 1930 e publicado postumamente em *Philosophical Review*, 74, 1965, pp. 3-12. Nesta leitura, assim como em *Tb*, 181, Wittgenstein refere-se ao místico por meio da noção de maravilhoso ou miraculoso (*das Wunder*).

[4] Ver Jean-François Lyotard, *La condition post-moderne*, Minuit, 1979, pp. 20-4 e 32.

[5] O tratamento clássico da diferença lógica entre a ética e a estética é demonstrado no artigo de Stuart Hamsphire, "Logic and appreciation", retomado em W. Elton (org.), *Aesthetics and language*, pp. 161-9.

[6] Analiso este aspecto, entre outros, da teoria estética tardia de Wittgenstein em "Wittgenstein and critical reasoning", em *Philosophy and Phenomenological Research*, 47, 1986, pp. 91-110.

Uma vez tendo cumprido o que eu penso ser um tributo exegético suficiente por me apropriar de sua linguagem, deixemos agora Wittgenstein de lado, e concentremo-nos na razão desse seu parêntesis ser hoje tão significativo. A resposta, acredito, é que a máxima "ética e estética são um só" aponta importantes revelações e problemas teóricos relativos tanto à ética como à estética de nossa era pós-moderna. Ela nega a ideologia estética modernista do purismo da arte, comum ao modernismo literário, ao formalismo e aos movimentos abstratos em artes plásticas. Ela implica, ao contrário, que tal ideologia isolante não é mais viável agora do que a segmentação tradicional do saber e da cultura, que ameaçam se desintegrar em múltiplas formas de atividades interdisciplinares. Em tais condições, não só há espaço como também necessidade de uma crítica da arte que seja motivada do ponto de vista moral, social e político, exatamente do mesmo modo que a arte deve sê-lo.

Não falarei mais aqui dos aspectos éticos e políticos presentes na arte e na crítica, mas dedicarei este último capítulo à discussão não menos significante: a estetização da ética. A idéia aqui, para resumir numa frase seus aspectos mais salientes, é que as considerações estéticas são ou deveriam ser cruciais, e talvez superiores, na determinação de como escolhemos conduzir ou moldar nossas vidas e de como avaliamos o que é uma vida ideal. Eis aqui uma ilustração da máxima ambígua de Wittgenstein, segundo a qual ética e estética são um só: a transformação da estética em ideal ético, em modelo e critério eleitos para avaliar a vida boa. Tal estetizar é dirigido prioritariamente ao que podemos chamar de domínio privado da ética, à questão de como o indivíduo deve moldar sua vida para realizar-se completamente enquanto pessoa[7]. Mas o mesmo processo pode muito naturalmente se estender ao domínio público, às questões relativas a como uma boa socieda-

[7] A distinção entre "moralidade privada" e "moralidade pública" é bem comum, e tem sido recentemente empregada por Rorty na argumentação de sua própria ética estetizada. Embora a distinção possa ser útil, eu duvido, por razões que discutiremos mais tarde, que o projeto de uma moralidade privada seja claramente separado e independente de uma moralidade pública, como nos sugere Rorty. Uma introdução sobre sua distinção entre moralidade pública e privada pode ser encontrada nas pp. 10 e 11 de seu artigo "Freud and moral reflection", em J.H. Smith e W. Kerrigan (orgs.), *Pragmatism's Freud: The moral disposition of psychoanalysis*, Baltimore, John Hopkins University Press, 1986, pp. 1-27, abreviado *infra*: *R*. Este tema torna-se central em seu *Contingence, irony and solidarity*, Cambridge, Cambridge University Press, 1989, abreviado *infra*: *CIS*.

de deveria ser. Poderíamos ao menos dizer que uma boa sociedade deve ser tal que assegure a possibilidade, se não o favorecimento produtivo, de uma vida esteticamente satisfatória para os indivíduos que a compõem. Além disso, tem sido muito comum — e isto ainda permanece tentador — caracterizar boas sociedades segundo normas estéticas, concebendo-as como unidades orgânicas com excelente equilíbrio da unidade na variedade — esta clássica e ainda potente definição da beleza.

Se, como acredito, a estetização da ética for uma corrente dominante da nossa era pós-moderna (ainda que existam exemplos predecedentes)[8], ele talvez seja mais evidente na vida cotidiana e na imaginação popular do que na filosofia acadêmica. Isso se manifesta na maneira pela qual nossa cultura se preocupa com o glamour e a satisfação, com a aparência pessoal e a riqueza. As figuras celebradas de nossa época não são homens de valor ou mulheres de virtude, mas aqueles chamados de maneira significativa de *beautiful people.* Somos menos inclinados a imitar Cristo do que a imitar os cosméticos e o estilo de Madonna: hoje ninguém lê a vida dos santos pela edificação e pelo exemplo, no entanto, as biografias de estrelas de cinema e as histórias de sucesso de milionários são eternos *best sellers*.

Porém, a ética pós-moderna do gosto não está desprovida de apologistas entre os filósofos. Ela encontra um apoio nítido em Foucault (com seu ideal de "uma estética da existência") e em outros pensadores continentais que se inscrevem na tradição nietzscheana. Mas eu me concentrarei em sua expressão na filosofia anglo-americana recente. Meu

[8] Para Platão e para os gregos em geral, as idéias do bom e do belo não eram claramente diferenciadas, como podemos ver pelo fato de serem freqüentemente referidas no termo composto *kalón-kai-agathón* ("belo e bom") e que *kalós*, o termo específico para belo, era talvez tão usado quanto *agathós*, para denotar bondade moral. Uma vez que o mundo ético grego, governado pelo objetivo da *eudaemonia* foi substituído por uma ética dominada pelas idéias da condenação divina e do dever, ou da obrigação, ficou muito mais fácil separar o ético do estético, e mesmo enxergá-los como princípios contraditórios. As famosas conexões pós-clássicas feitas entre a estética e a ética expressam uma consciência evidente de sua diferença. Kant viu a beleza como um símbolo de moralidade; Schiller viu a educação estética como um meio para a moralidade; e Kierkegaard viu na atitude estética em relação à vida uma alternativa inferior à vida ética. A ética pós-moderna do gosto se distingue, talvez, por sua tentativa de unir realmente as duas esferas, desafiando a longa tradição de bifurcação filosófica (o que a distinguiria da sobreposição grega), de forma que a estética não seja nem um símbolo, nem um meio, nem um substituto para uma ética, mas sim sua substância constitutiva.

maior enfoque será Richard Rorty, que é talvez, enquanto filósofo, o expoente mais ofensivo da imaginação popular norte-americana, aquele que defende explicitamente "a vida estética" como o modelo ideal. Para Rorty, "esta vida estética" é uma vida de "perfeição pessoal" e de "autocriação", uma vida motivada pelo "desejo de engrandecer-se", "o desejo de abraçar cada vez mais possibilidades" e de escapar das "descrições herdadas" de si mesmo — um desejo expresso na "busca estética de novas experiências e nova linguagem" (*R*,11,12,15; *CIS*, XIV, 29). Em outras palavras, a satisfação estética, o auto-enriquecimento, a autocriação são buscados não apenas por meio de experiências autênticas de vida, mas também pela opção mais tímida de empregar "novos vocabulários da reflexão moral" para caracterizar nossas ações e as imagens que produzimos de nós mesmos, de uma maneira mais sedutora e rica (*R*, 11).

A ética estetizada da perfeição privada que encontramos em Rorty é associada à afirmação do liberalismo — com sua tolerância da individualidade, seu desgosto pela crueldade e sua justiça protocolar que visa "a igualdade humana" (*CIS*, 88) — como a melhor forma de moralidade pública e solidariedade social. Mas ele não pensa que esses ideais privados e públicos possam ser fundidos numa só teoria ou numa mesma busca; e a ética privada é claramente privilegiada, como sendo aquilo que dá conteúdo real à vida, enquanto o liberalismo fornece simplesmente a moldura estável necessária para uma organização social que nos permita perseguir em paz e com conforto nossos objetivos estéticos individuais. Pois Rorty nos persuade explicitamente a considerar os valores primordiais e "o propósito de uma sociedade justa e livre no fato de ela deixar seus cidadãos serem individualistas, 'irracionais' e estetas o quanto quiserem, desde que o façam em seu próprio tempo — sem causar nenhum dano aos outros nem usando nenhum recurso que seja necessário aos menos favorecidos" (*CIS*, XIV). A estetização que Rorty efetua da ética apresenta, creio eu, uma direção promissora, ainda que precise ser criticado e revisado em alguns pontos importantes. De qualquer modo, sua apreciação requer que o coloquemos no contexto de outros argumentos e outras visões da vida estética.

II

Por que deveria a filosofia pós-moderna estetizar a ética? A ascensão ética do gosto pode ser largamente explicada pelo declínio dos modelos mais tradicionais da ética. Assim como nós, uma vez tendo nascido, somos obrigados a viver nossa vida de uma certa forma, do mesmo modo, quando começamos a pensar eticamente sobre como viver, devemos pensar numa forma de vida. A erosão da fé nas teorias éticas tradicionais deixou um *horror vacui* ético, que a ética do gosto naturalmente se adiantou em preencher. Esta parece ser a posição de Rorty quando argumenta que, depois de Galileu, Darwin e Freud, "nem a moral religiosa nem a moral secular e liberal parecem possíveis, e nenhuma terceira alternativa apareceu" — exceto, ao que parece, a da estética, que ele continua a defender[9]. As razões mais fortes que levam os filósofos contemporâneos a rejeitar a ética tradicional provêm de duas atitudes filosóficas gerais. A primeira consiste num antiessencialismo histórico e pluralista em relação à natureza humana, enquanto a segunda aponta severas limitações na moralidade, o que a torna claramente inadequada para uma ética satisfatória. Podemos descrever esta última visão como a subclassificação ou a redução da ética pela moralidade. Cada uma dessas atitudes comporta diversos aspectos ou níveis que merecem nossa atenção.

1. Tradicionalmente, as teorias éticas buscavam não apenas justificar a si mesmas como também justificar toda a organização ética a partir do que Bernard Williams chamou o "ponto de Arquimedes: algo com o qual mesmo o amoral ou o cético estão envolvidos e que, se considerado adequadamente, nos mostrará o quanto cada um é irracional, pouco razoável ou está, em todo caso, errado"[10]. Essas teorias apóiam-se, de maneira característica, em teorias gerais sobre a natureza humana, tentando derivar a vida essencialmente boa para o homem daquilo que é essencial para ele ou para a humanidade, e reconhecendo que todo "dever" ético depende de um "poder" não-ético. O desejo de prazer e felicidade, assim como a capacidade e o exercício do pensamento ou de uma ação racional têm sido os candidatos mais comumente aceitos como tais características essenciais da natureza humana. Por fazer a síntese desses dois aspectos, e por dar uma

[9] Richard Rorty, "Freud, morality and hermeneutics", em *New Library History*, 12, 1980, p. 180.

[10] Bernard Williams, *Ethics and the limits of philosophy*, Londres, Fontana, 1985, p. 29; abreviado *infra*: *ELP*.

imagem mais concreta e substancial do que constitui uma boa vida para o homem (embora não para as mulheres e os escravos), a teoria ética de Aristóteles goza de uma vantagem sobre a de Kant. Pois enquanto a epistemologia kantiana reconhece plenamente a natureza humana tanto sensorial como a racional, sua ética repousa sobre um conceito abstrato extremamente purificado e incorpóreo do homem, como um agente racional. Tal agente, para realizar sua essência racional, necessita de alguma liberdade de escolha na ação, que ele exerce adequadamente no plano ético ao determinar sua opção, baseando-se em princípios racionais e universais, sem levar em conta considerações contingentes relacionadas à sua conveniência ou aos seus sentimentos.

Não nos deteremos nos problemas específicos das morais aristotélica e kantiana, muitos dos quais Williams salienta com clareza. O problema fundamental que pesa sobre as tentativas de fundar uma ética sobre a noção de uma natureza essencial e intrínseca ao homem é a suspeita de que não existe realmente tal coisa. Temos uma suspeita ainda maior de que não existe uma essência a-histórica universal e ontologicamente presente na humanidade, e ainda suficientemente precisa e substancial para engendrar ou justificar, por mera construção ou derivação lógica, uma teoria ética definida. Chegamos à conclusão de que mesmo nossos melhores candidatos ao *status* de essencial, como a racionalidade e a felicidade, parecem promissores apenas enquanto não exploramos com profundidade as noções histórica e culturalmente divergentes do que, de fato, constitui tais coisas.

A ausência de uma essência humana a-histórica dada ontologicamente não impede, no entanto, que uma teoria ética seja derivada da natureza humana. Esse projeto poderia ser realizado pela determinação de uma essência humana não-ontológica, mas trans-histórica ou trans-cultural; um tipo de amálgama de universais lingüísticos, culturais e biológicos descobertos como presentes e necessários à vida humana em geral, em todos os tempos e lugares em que ela tenha florescido, da qual pudéssemos tirar uma imagem definida e coerente do que constitui uma vida ideal. Mas aqui o ceticismo não é menos potente face às evidentes divergências histórico-culturais. Mesmo dentro daquilo que consideramos uma mesma tradição cultural — por exemplo, aquilo que Eliot personificou como "a mente da Europa"[11] —,

[11] Ver T.S. Eliot, "Tradition and individual talent", em *op. cit.*, p. 16.

encontramos respostas muito diferentes à questão de saber o que é essencial ou desejável a uma vida humana conveniente. Além disso, como conseqüência do que Lyotard diagnosticou como nossa suspeita pós-moderna em relação às grandes narrativas legitimadoras[12], não podemos tentar justificar essas divergências, recorrendo a manifestações variadas mas progressivas do espírito humano em busca de liberação e/ou perfeição.

No entanto, embora possamos rejeitar a essência humana, tanto a-histórica quanto trans-histórica, como fundamento para alguma ética universal, ainda resta o projeto mais modesto de criar uma teoria ética essencial para nossa própria época e cultura. Este propósito "limitado" é certamente o que mais queremos, visto que o que queremos saber é como viver nossas vidas, e não as vidas de nossos ancestrais e nossos antecedentes — que, obviamente, não são nossas, para que possamos vivê-las. Mas mesmo reduzindo drasticamente nosso enfoque à sociedade americana contemporânea, percebemos que existe uma variedade muito significativa para falarmos com confiança de uma essência constitutiva que possa nos indicar o que buscar quando buscamos uma vida ideal. Talvez tenhamos em comum um envolvimento com a liberdade e com a oportunidade de buscar a felicidade. Mas tais noções, como freqüentemente deploram os críticos do liberalismo, são perdidamente vagas e abstratas; e a unidade que parecem oferecer logo se desintegra em visões opostas do que a liberdade, a felicidade e a oportunidade realmente significam.

Existem ao menos duas boas razões pelas quais não podemos encontrar essências humanas assim tão delimitadas. A primeira é que, não apenas nos Estados Unidos, mas em qualquer civilização desenvolvida, existe uma grande ordem de divisão de trabalho, uma divisão de funções ocupacionais. A idéia de uma essência funcional geral, tal como Aristóteles e outros filósofos definiram, construindo sobre elas suas teorias éticas, parece não ser mais viável quando homens *e mulheres* ocupam tantas funções distintas e tão difíceis de reconciliar. Como reconciliar a essência funcional de um fazendeiro e a de um corretor da bolsa de valores, de um artista criador e de um operário, de um padre e de um esteticista, de um cientista e de um *croupier* de cassino? Bem mais embaraçante é o fato de que experimentamos não apenas coletivamente um conflito de essências funcionais divergentes,

[12] Ver Lyotard, *op. cit.*, pp. 20-4.

como também o ressentimos fortemente em nós. O conflito entre a essência funcional de uma mulher, tal como ela é definida por sua profissão e por sua função como mãe, talvez seja o mais familiar e intenso dos problemas de identidade da atualidade. Mas existem inúmeros outros exemplos de como nossas funções profissionais ou nossos perfis individuais entram em conflito ou simplesmente não se articulam de maneira coerente com nossa própria definição enquanto amigos, parentes ou agentes políticos. Esses conflitos nos dão a impressão de ser impossível encontrar uma essência funcional do indivíduo que possa unir coerentemente todas as suas funções sociais.

Dizer que o homem pós-moderno não pode criar uma ética geral ou mesmo uma ética pessoal a partir de sua função porque todos nós ocupamos uma pluralidade de papéis mal-integrados equivale a dizer, ao lado de Wittgenstein e Lyotard, que adotamos uma variedade tão grande de jogos de linguagem e somos moldados por tantas formas de discursos que não somos mais capazes de dizer precisamente quem somos. Não podemos dizer o que é a vida ideal para nós, pelo fato de nossa natureza ser assim tão questionável e vacilante, com nossos papéis e nossa própria representação mudando constantemente. É questionável, diria Rorty, por não ser dada de maneira definitiva, pronta para ser descoberta, mas, pelo contrário, apresentar-se sujeita à criação e à modelação, devendo, assim, ser traçada esteticamente.

Além disso, segundo Rorty, não apenas é inútil tentar penetrar nossas funções sociais para achar uma essência humana comum que não existe, como a própria idéia de uma essência individual coerente e específica a uma personalidade particular (seu verdadeiro ego) constitui um mito, que foi destruído por Freud. Nosso eu, ou nossa personalidade, revela-se como uma difícil combinação de vários "quase-egos" contraditórios (conscientes e inconscientes), formados por contingências históricas e compostos por "sistemas incompatíveis de crenças e desejos", uma visão que desacredita a noção de um "verdadeiro eu" pertencente a uma determinada pessoa (*R*, 5, 9, 19). Longe de ser algo unificado e consistente, emergindo de um centro autônomo, estável e racional, o eu é "destituído de centro", é uma coleção de "quase-egos", o produto de "um conjunto aleatório de necessidades idiossincráticas", moldado e modificado por "um monte de episódios acidentais e idiossincráticos" transformados e alterados pela memória e pelos múltiplos vocabulários (*R*, 4, 12, 14). "Qualquer coisa, do som de uma palavra, passando pela cor de uma folha, até o contato com a pele, pode, como Freud nos mostrou, servir para dramatizar e cristalizar o senso da própria identidade do ser humano. [...] Qualquer constelação aparentemente aleatória de tais coisas pode dar tonalidade a uma vida" (*CIS*, 37). Para Rorty, a descentralização, a multiplicação e a arbitrariedade que caracterizam o ego freudiano "abriram novas possibilidades para a vida estética", enquanto ética. Pois, se não existe um ego verdadeiro a ser descoberto e ao qual se adaptar, então os modelos mais promissores de "reflexão moral e sofisticação" tornamse "a autocriação" e "a ampliação do ego", e não o "conhecimento" e a "purificação" de si.

O antiessencialismo desenvolvido em relação à natureza humana leva-nos a uma ética do gosto. Seria errado, no entanto, ver isso como uma conseqüência lógica. Se a falta de uma essência da natureza humana significa que ela não implica uma ética determinada, também não pode, assim, sugerir uma ética estética. Mas ela ainda pode levar a uma ética do gosto, visto que, na ausência de qualquer fundamento intrínseco para justificar uma ética, podemos ser levados a escolher, sensatamente, aquela que mais nos atrai; e é plausível pensar que tal atração constitui, em última instância, uma questão estética, daquilo que nos toca de forma mais atraente ou perfeita.

2. Passemos à segunda atitude que contribuiu para destruir as teorias éticas tradicionais, promovendo, assim, a ética estetizada do gosto. Esta atitude, que designei "subclassificação da ética pela moralidade", comporta dois aspectos, que concernem, respectivamente, à extensão e ao domínio das considerações morais no pensamento ético. O primeiro aspecto encontra sua expressão mais geral no crescente reconhecimento, por parte da filosofia contemporânea, de que a moralidade, tradicionalmente concebida, não cobre de fato toda a gama de preocupações éticas. Pois a ética engloba um campo muito amplo de questões sobre o valor e o bem, referentes à maneira ideal de viver. Muitas dessas questões são claramente pessoais e egoístas, ou ao menos não-universais (por exemplo, a preocupação específica com seus próprios interesses ou os de sua família), sendo que muitas não são obrigatórias (por exemplo, a generosidade e as ações espontâneas de bondade e de heroísmo). Mas o projeto tradicional de moralidade, como afirmam Williams e Wollheim, constitui um "subsistema" da ética bem mais restrito, governado pela obrigação e pela universalização. Tomando "a moralidade num sentido restrito [...] que tenha a obrigação em

seu coração", Wollheim a opõe radicalmente ao domínio do valor e da bondade, em termos da diferença de sua origem psicológica e de seu conseqüente impacto para a satisfação humana. "Uma (a moralidade) deriva da introjeção [de uma figura ameaçadora], o outro (o valor) deriva da projeção [da 'felicidade arcaica', do 'amor satisfeito']. A moralidade é, em sua origem, amplamente proibitiva e coercitiva, contrariamente ao valor. Uma tenta proteger contra o medo, o outro tenta perpetuar o amor"[13]. E, se a visão de moralidade que Wollheim nos apresenta enfatiza seus postulados ameaçadores e aspectos sombrios, Williams é ainda mais explícito (e talvez mais radical) ao afirmar com franqueza que "estaríamos melhor sem ela" (*ELP*, 174).

A crítica de Williams da moralidade como uma "instituição peculiar" ou "um sistema especial" (*ELP*, 174) concentra-se menos em suas fontes e seus efeitos psicológicos aflitivos do que em suas particularidades lógicas e sua insuficiência para explicar nosso pensamento ético. O que agrava essa insuficiência é que, ao mesmo tempo que a moralidade limita e empobrece a ética, ela se considera como um sistema globalmente exaustivo em suas determinações, apresentando-se como um conjunto de obrigações (e portanto de direitos) que pode nos dizer o que devemos fazer em todos os casos. Que devemos fazer isto ou aquilo implica que *podemos* fazê-lo: assim essas obrigações são hierarquicamente ordenadas de maneira que não entrem num conflito insolúvel, visto que não podem resultar em ações contraditórias que, sendo incompatíveis, são irrealizáveis. "A obrigação moral é inevitável", e, quer queiramos ou não nos conformar ao sistema, ele nos inclui em sua lógica universalizadora, impondo-nos uma culpa moral, caso não atuemos conforme seu sistema completo de obrigações (*ELP*, 177-78).

[13] Richard Wollheim, *The thread of life*, Cambridge, Mass., Harvard University Press, 1984, pp. 215 e 216; abreviado *infra*: *TL*. Wollheim não utiliza de fato o termo "ética" aqui; mas ele faz a mesma distinção que Williams ao falar de "moralidade concebida num sentido restrito", dominada pela obrigação e fundada na introjeção (por exemplo, *TL*, p. 221). Devo mencionar que nem Wollheim nem Williams são filósofos tipicamente pós-modernos, ainda que desafiem a ética dominante da moralidade governada pela obrigação e pela razão. Embora sua crítica reflita sem dúvida a experiência pós-moderna, seu estilo filosófico e seu objetivismo permanecem tradicionalmente modernos. Rorty, ao contrário, pode ser chamado um filósofo pós-moderno, ainda que este não seja o lugar para tentar explicar ou justificar essa distinção. Faço uma breve tentativa neste sentido em "Postmodernism and the aesthetic turn", em *Poetics Today*, 10, 1989, pp. 604-22.

Williams se empenha sobretudo em combater duas das opiniões categóricas da moralidade: sua pretensão à exaustão e sua onipotência em todos os campos onde é aplicada. Ele mostra como a moralidade não pode sustentar a primeira ambição diante de casos evidentes como os de bondade e generosidade, que não são motivados por uma obrigação e podem até mesmo entrar em conflito com alguma obrigação específica. E ele expõe a falta de êxito dos esforços filosóficos em socorrer tal reivindicação, propondo, de maneira pouco convincente, um sistema hipotético de obrigações diferentemente ordenadas (obrigações particulares, obrigações gerais, obrigações negativas, obrigações *prima facie*, obrigações para consigo mesmo, obrigações em relação aos outros etc.) de tal forma que qualquer ação que possamos considerar favoravelmente ou com desgosto será vista como derivando ou desviando de alguma obrigação importante (ou de um complexo ordenado delas).

A suposição de que a moralidade esgota toda ação e escolha éticas e de que qualquer ato de valor pode, por fim, ser justificado somente em termos de alguma obrigação, está intimamente relacionada com a presunção de que, em qualquer questão ética, as considerações morais devem sempre predominar sobre todas as outras, determinando como devemos agir ou viver. Assim, se a realização de um ato espontâneo de bondade me impede de cumprir alguma obrigação banal, digamos, chegar pontualmente num jantar, então, uma vaga obrigação geral relativa à generosidade precisa ser colocada como princípio para justificar o valor óbvio de meu ato. A idéia de que certas coisas podem ser boas independentemente de qualquer obrigação, podendo mesmo ter mais importância do que a obrigação na deliberação ética, é totalmente estranha e intolerável para o sistema da moralidade. Williams define essa máxima da moralidade pela idéia de que "só uma obrigação pode bater uma obrigação" (*ELP*, 187), e a falsidade evidente dessa máxima constitui a segunda parte da argumentação pós-moderna contra a subclassificação da ética pela moralidade. A ética, enquanto distinta da moralidade, reconhece que existe mais do que o cumprimento de obrigações numa vida ideal e "pode [até] reconhecer que outras coisas além dela própria são importantes [...] como parte daquilo que vale na vida" (ELP, 184). Isso não significa que a ética deva rejeitar inteiramente as considerações morais, mas simplesmente a sua pretensão à exaustão e à onipotência. O que é negado (e desta vez nas palavras de Wollheim) é "a visão de que a moralidade é suprema e decisiva" (*TL*, 225).

A redução da obrigação moral a apenas um fator significativo na escolha ética de como viver a vida ideal faz tal decisão ser muito mais próxima de uma justificação e de um juízo estéticos do que de um discurso legalista ou silogístico. Encontrar o que é certo torna-se uma questão de encontrar a forma (*Gestalt*) que mais nos convém, que mais nos atrai, ou de perceber a constelação mais sedutora e harmoniosa das várias características dadas numa determinada situação ou vida. Não se trata mais da dedução de uma obrigação a partir de outra mais geral ou de um grupo de obrigações; nem do resultado de um cálculo lógico baseado numa clara ordem hierárquica de obrigações. Do mesmo modo, a justificação ética passa a ter semelhança com a interpretação estética, apelando, na sua tentativa de convencer, não ao silogismo, mas ao argumento persuasivo (através de uma narração bem-trabalhada, de uma retórica tendenciosa e de exemplos imaginativos). Tal justificação repousa sobre alguns consensos básicos (um vago *sensus communis*) relativos aos limites da ação adequada, e ainda reconhece e promove uma tolerância das diferenças de percepção ou de gosto dentro destes limites (que são alteráveis). Como no caso da interpretação ou da apreciação estéticas, desejamos que nossos amigos e cúmplices compreendam nossas perspectivas éticas e esperamos que considerem sensatas as nossas escolhas; mas já não é mais crucial que eles as aceitem como universalmente justas e válidas para todos. Os juízos éticos não podem ser demonstrados como categoricamente verdadeiros, por intermédio de princípios irrevogáveis, mais do que podem os juízos estéticos. Pois as decisões éticas, como as artísticas, não devem ser o resultado da estrita aplicação de regras, e sim o produto de uma imaginação crítica e criativa. É neste sentido que ética e estética tornam-se um só; e o projeto de uma vida ética torna-se um exercício de viver esteticamente. Talvez seja isso o que Wollheim tem em mente quando sugere, muito vagamente, que a ética deve ser considerada "como arte" (*TL*, 198)[14].

[14] Ver a ética como uma arte criativa sugere que o agente da ética dispõe da mesma liberdade e do mesmo poder na vida que um artista em sua arte. Pode-se facilmente objetar que este não é o caso para a maioria das pessoas em sociedade, ignorando o fato de que mesmo os pobres têm algumas opiniões quanto à estilização de suas vidas. Por esta razão, como demonstrarei adiante, uma reforma social (bem como estética) é necessária para tornar mais acessível o ideal ético de viver a vida como arte.

III

Embora estetização da ética pareça um passo dado em boa direção, a defesa explícita que Rorty faz da vida estética é muito mais radical e importante. Rejeitando a teoria moral tradicional, baseando-se no fato de não termos uma essência comum, mas de sermos o produto de contingências aleatórias e idiossincráticas, Rorty persiste na conclusão de que devemos criar a nós próprios, e devemos fazê-lo por uma redefinição estética que nos enriqueça. Pode-se alegar que um eu pode ser criado pela escolha da moralidade mais ascética e tradicional, e que a necessidade da autocriação não implica, de modo algum, a busca de uma vida necessariamente estética. Mas como veremos, Rorty insiste em identificar a autocriação comum com a vida estética; mesmo que a vida específica que ele defende não faça justiça às várias formas de vida estética defendidas por diferentes filósofos através dos tempos, incluindo este século.

Qual é então a visão rortyiana da vida estética, como ela se confronta com as outras? Ela recusa qualquer "busca de pureza" e de simplicidade fundada no conhecimento sólido de si; afirma pelo contrário "a busca de um crescimento", de um "enriquecimento" e de uma "criação do eu" (*R*, 11, 15; *CIS*, 41). "O desejo de ampliar o eu", diz Rorty, "é o desejo de abraçar mais e mais possibilidades, de estar constantemente apreendendo, de se entregar inteiramente à curiosidade, de acabar tendo considerado todas as possibilidades do passado e do futuro", um fim obviamente infinito (*R*, 11). Essa busca pelo enriquecimento e pela autocriação envolve uma dupla "busca estética de novas experiências e [de] novas linguagens" que permitem novas descrições dessas experiências, enriquecendo, assim, a elas e àqueles que as vivenciam (*R*, 15). Da mesma forma, "o desenvolvimento de maneiras mais ricas e completas de formular nossos desejos e esperanças" torna "estes mesmos desejos e esperanças — e portanto nós mesmos — mais ricos e completos" (*R*, 11). A intenção estética não é mais "ver as coisas de maneira estável e em sua integridade", mas ver, a elas e a nós mesmos, através da renovação constante de "narrativas e vocabulários alternativos [designados] como instrumentos da mudança" (*R*, 9). Estes "indivíduos excepcionais" que podem enfrentar o ritmo ofegante da produção e da adoção destes vocabulários múltiplos — determinados por mudanças contínuas — serão capazes de "fazer de suas vidas obras de arte", nas quais a criação deve ser extremamente original, e não "uma cópia ou uma réplica de algo que já tenha sido identificado" nem mesmo "uma variação elegante" de criações anteriores (*R*, 11; *CIS*, 28).

Rorty identifica esses mestres da vida estética nas figuras aparentemente distintas do "ironista" intelectual e curioso (personificada pelo crítico literário com seu ecletismo e ceticismo) e "o grande poeta". No entanto, ele tenta igualar os dois como sendo essencialmente o mesmo em sua busca ético-estética, dado que ambos estão engajados na aspiração incerta do enriquecimento e da criação do eu, pelo uso de novas linguagens para descrevê-lo. Mas esses objetivos de autocriação e de auto-enriquecimento não são idênticos. Não apenas podemos atingir um sem atingir o outro, como os dois podem entrar em profundo conflito. A curiosidade insaciável pode ameaçar a concentração necessária para uma criação gratificante de si. O ironista curioso e o poeta criador podem representar, de fato, duas formas bem diferentes de vida estética que Rorty mistura, de maneira errônea, na mesma vida estética que preconiza. Não apenas elas dificilmente se conciliam, como cada qual, individualmente, apresenta certos problemas na formulação de Rorty.

A vida estética do "intelectual curioso" ou do "ironista" é a "vida da curiosidade insaciável, a vida que anseia estender seus limites mais do que encontrar seu centro". Seu "desejo de abraçar cada vez mais possibilidades" pela adoção de vocabulários sempre diversos para a nova autodescrição exige uma atitude "cada vez mais irônica, brincalhona, livre e inventiva" em relação a todo vocabulário eleito ou considerado no momento como determinante para a autodescrição ou para sua identidade ética (*R*, 11, 12). Rorty chama este vocabulário determinante de "vocabulário final" de cada indivíduo, e define o "ironista" como aquele que "tem dúvidas radicais e contínuas sobre o vocabulário final que emprega no momento" e que está então sempre em busca de outros novos e melhores, através de vasta leitura. "Os ironistas têm medo de se tornar prisioneiros do vocabulário pelo qual foram educados" ou mesmo de qualquer outro vocabulário. Tendo abandonado a idéia de um eu essencial, de um vocabulário final ou de uma grande narração para a qual deveriam dirigir-se, eles são determinados "pela diversificação e pela novidade" da autodescrição, alargando continuamente sua "própria identidade moral pela revisão de [seu] vocabulário final". O ironista, sempre curioso e desejando enriquecer seu eu, "lembra a si mesmo sua ausência de raízes", tentando sempre entender os artifícios dos novos jogos de linguagem que pode aprender (*CIS*, 73, 75, 77, 80).

Ao contrário, o grande poeta precisa conhecer e respeitar o limite para criar a si mesmo enquanto um indivíduo particular. Ele não pode entregar-se "inteiramente à curiosidade", adotando tantos vocabulários e narrativas quantos forem possíveis, experimentando idealmente "todas as possibilidades do passado e do futuro". Ao fazer isto, ele arriscaria perder o foco necessário para fixar e imprimir com firmeza um sentido do que é especial e característico na sua vida e na sua linguagem; e isto é, para Rorty, o próprio núcleo da vida poética de autocriação. O medo do grande poeta é de que, mesmo que suas palavras sobrevivam, "ninguém ache nelas algo que se distinga". "Este não terá imprimido sua marca na linguagem, mas terá, ao invés, passado sua vida empurrando peças de moedas já cunhadas. Então não terá realmente tido um eu" (*CIS*, 24). Tal medo implica uma crítica poderosa em relação à vida estética de auto-enriquecimento do ironista.

Essa vida de estilo essencialmente romântico e burlesco é uma insaciável busca faustiana da excitação pela curiosidade e pela novidade, uma busca tão ampla quanto desestruturada pela falta de centro que ela celebra. No entanto, a ausência de um centro estrutural (que não precisa ser universalmente humano, nem estatisticamente permanente, nem dado no lugar de construído) a impede de ser o tipo de *Bildungsroman* que ela parece querer ser. Pois a geração ilimitada de vocabulários alternativos e de narrações (muitas vezes inconsistentes) de si — que visam a desestruturar todo eu estável, transformando-o numa multiplicidade inconstante e crescente de egos, ou de descrições de si — faz o projeto de um eu integral e durável parecer vazio e suspeito. Mas sem um tal eu, que mantenha uma identidade através da mudança ou da descrição mutável, não pode haver um eu capaz de se enriquecer ou se alargar, e isso anularia o projeto de vida estética de Rorty, tornando-o sem significação. Do mesmo modo, abandonar a noção de um eu particular, que não seja continuamente suplantado por infindáveis descrições em novos vocabulários adquiridos de outrem, torna o projeto de autocriação singular não menos problemático. Essa necessidade de um limite que possibilite a centralização e a distinção do eu — o oposto da busca de todas as possibilidades — é claramente expressa nos versos de Larkin que Rorty usa para introduzir o ideal estético de autocriação:

E depois de ter percorrido a extensão de sua mente,
[o que
Você comanda é tão claro quanto uma lista de bagagem.
Nada mais pode, para você, ser pensado
Como existente.
E qual é a vantagem? Apenas isto, quando
Identificarmos parte da cega impressão
Deixada por todas nossas atitudes, poderá guiar de
[volta.[15]

O argumento da autolimitação e da autodefinição não constitui um apelo ao eu essencial que existe no fundo de cada um de nós, mas sim um apelo à coerência e à unidade. Afinal, tendo abandonado a justo título o essencialismo, só podemos compor o eu em termos de narrações sobre ele, como Rorty mesmo nos propõe. Segue-se daí que a unidade e a coerência do eu dependerá da unidade e coerência das narrações. Assim, embora ele rejeite a melancolia de MacIntyre pelas narrativas aristotélicas, Rorty não pode questionar sua insistência num "conceito de um eu cuja unidade resida na unidade da narrativa"[16]. Pois sem unidade e coerência narrativa não há um eu inteligível que o ironista possa enriquecer, ampliar ou aperfeiçoar. Se abandonamos a perspectiva de uma narração de si unificada ou coerente — adotando como Rorty um coro de "quase-egos" inconsistentes, constituídos por narrações e vocabulários em constante transformação, muitas vezes imensuráveis, que nenhuma narração complexa é "capaz de unir" (*R*, 5, 8) —, então o projeto do auto-enriquecimento torna-se irreal e incoerente: o mito de um único eu que coleciona e reúne toda essa diversidade.

A unidade do eu, indispensável se queremos falar de auto-enriquecimento ou aperfeiçoamento de maneira significativa, é, no entanto, algo construído com esforço, e não dado a priori. Esse processo envolve, é claro, mudança e multiplicidade em seu desenvolvimento, como toda unidade de narrativa, e pode apresentar conflitos em sua unidade, como acontece com toda narrativa interessante. Um eu unificado não é um

[15] No original: "And once you have walked the lenght of your mind, what/ You command is as clear as a lading-list./ Anything else must not, for you, be thought/ To exist./ And what's the profit? Only that, in time/ We half-identify the blind impress/ All our behavings bear, may trace it home". (N. da T.)

[16] Alisdair MacIntyre, *After virtue*, p. 191.

eu uniforme; mas também não pode ser uma coleção desordenada de "quase-egos" incompatíveis ocupando a mesma máquina corpórea.

Rorty parece reconhecer a necessidade da unidade do eu quando afirma que a única versão pós-freudiana da dignidade humana é "uma imagem coerente de si" e quando tenta adotar a virtude unificadora de MacIntyre da "integridade da constância" como uma parte da "busca da perfeição" (*R*, 17, 19). Mas ele nega implicitamente a coerência ao defender um eu composto por "uma pluralidade de pessoas [...] [constituídas por] sistemas incompatíveis de crenças e desejos" (*R*, 19); e a única constância que de fato prescreve para o esteta ironista é a constância da mudança, da renovação das descrições e das narrações de si, a constância da inconstância, que anula fundamentalmente a coerência do eu.

Rorty, aprendendo tanto com Freud, poderia ter examinado por que ele parece tão menos desejoso de abrir mão de um eu unificado, integrado. Por que, por exemplo, preferiu postular um inconsciente dominante mais do que, simplesmente, múltiplas consciências ou personalidades residindo no mesmo corpo? Por que nunca retratou, como o faz Rorty, nossos componentes psicológicos, como quase-individualidades idealmente "igualitárias" e "racionais" envolvidas numa livre conversação (*R*, 7-9), não ordenadas pela censura e pela repressão, que implicam, é claro, uma hierarquia determinante? Uma razão pode ser que Freud tenha compreendido o quanto a importância da unidade do eu é inestimável, o quanto é difícil construir um eu (ou uma narração de si) unificado e, no entanto, o quanto ele é necessário para conduzir qualquer versão plausível de uma vida boa ou satisfatória na sociedade humana. Esse é necessariamente o pressuposto do ideal de vida estética próprio ao ironista em Rorty, não importando o quanto sua teoria pós-moderna de múltiplos egos pretenda rejeitá-lo. Na verdade, o que faz seu retrato desta vida parecer não apenas coerente, mas talvez também atraente para nós, é que ele se concentra em torno de um tipo de vocabulário e de narrativa do eu: a do intelectual curioso e de sua busca.

O outro modelo de vida estética que encontramos em Rorty, o da autocriação personificada pelo grande poeta, não está preso à negação teoricamente problemática da coerência de si. Já vimos como esta vida requer um limite, um foco. Ela também implica uma narração central ou um motivo unificador — sejam contingentes, idiossincráticos, progressivos ou modulados —, que organizem os elementos confusos da experiência num "drama de uma vida humana individual [...] como um todo", de maneira que não constitua uma mistura em contínua expansão de narrativas incompatíveis e vocabulários desmedidos (*CIS*, 29). Assim, nas palavras do poema de Larkin, "todas as nossas atitudes" podem vir a ser compreendidas e estruturadas segundo os termos deste motivo, que pode tornar-se "claro como uma lista de bagagem", ainda que baseado na "cega impressão" de certos fatores contingentes de nossas vidas, que só podemos "identificar parcialmente". Além disso, enquanto a cega impressão é dada de maneira irrevogável, o motivo *não* o é; e Rorty enxerga, com razão, a autocriação como a tecelagem feliz do motivo, a construção artística da narrativa que tornará nossas vidas e nós mesmos mais realizados.

Rorty, no entanto, nos oferece uma imagem muito restrita do que constitui a vida e a autocriação esteticamente satisfatórias. Pois mesmo quando o ideal do inconstante ironista é complementado pelo ideal do grande poeta que cria uma identidade sólida e original, as possibilidades da vida estética permanecem muito limitadas. Antes de criticar essas limitações, poderíamos, entretanto, mencionar duas outras versões da vida estética que encontraram expressão cultural e defesa filosófica.

IV

Talvez a mais familiar seja a vida devota ao prazer da beleza — objetos belos da natureza e da arte — assim como aos produtos compostos da natureza e da arte que hesitamos em enxergar como objetos — as pessoas belas. Esse modelo de vida estética marcou muito a primeira parte do nosso século com o grupo de Bloomsbury, que reconhece ter tomado de G.E. Moore o ideal de vida humana. Para Moore (que, como Rorty, repudia toda ética baseada na idéia de um "eu verdadeiro" essencial), o ideal consiste em "certos estados de consciência que podem ser definidos, grosso modo, como os prazeres das relações humanas e do agrado das coisas belas": "as afeições pessoais e os prazeres estéticos incluem *todas* as maiores alegrias da vida, as *mais* supremas que nós podemos imaginar"[17]. Estes dois componentes da vida estética são constituídos por unidades orgânicas complexas e enriquecedoras (compostas de inúmeras variáveis em constante transformação) que não podem ser reduzidas a uma ordem algorítmica.

[17] Ver G. E. Moore, *Principia ethica*, pp. 188-9; abreviado *infra*: *PE*.

Moore afirma, no entanto, que os maiores prazeres de afeição pessoal requerem "que o objeto deva ser não apenas verdadeiramente belo como também verdadeiramente bom, num alto grau" e que uma apreciação adequada da beleza humana precise incluir a apreciação de sua forma "puramente material" e da "expressão corporal" de suas qualidades mentais (*PE*, 203-4).

Se esta vida estética, inspirada em Bloomsbury e Moore, nos choca por sua atualidade ao se comprometer com nossa tendência hedonística pelas coisas e pessoas belas, deveríamos lembrar que ela representa (assim como a busca do ironista de Rorty) um gênero romântico familiar, mais especificamente, um ideal romântico tardio, o do esteta. Recusando aceitar a imagem dominante de um mundo mecanizado, incapaz de aceitar as exigências tradicionais da moral e da religião em relação à espiritualidade, pouco disposto a se manchar com a política filistina e o trabalho sujo da reforma social, os estetas buscam a salvação individual através da chama preciosa e agradável da arte e da sensação, mais do que através de Deus ou do Estado. Seu ideal da vida estética difere daquele de Rorty, não apenas por ser menos preocupado com os esforços incessantes da curiosidade intelectual e da luta esgotante pela autocriação original, mas também por ser mais apreciador da beleza, da sensação aprazível e dos prazeres e satisfações do ócio. Trata-se, essencialmente, da ética de Pater e de Wilde, uma flor elegante da decadência estética, que mantém inegavelmente seu charme e doçura, e talvez seja a única flor ainda capaz de crescer no deserto pós-moderno de nossa esperança social.

Entretanto, como as versões da vida estética tendem, de alguma maneira, a se sobrepor e misturar, encontramos na máxima nietzscheana de Wilde, na qual "a vida em si é uma arte", uma alusão explícita a uma outra forma de vida estética, que poderíamos, em oposição, chamar de clássica[18]. A idéia aqui não é tanto a de uma vida de consumo

[18] O. Wilde, *The works of Oscar Wilde*, Nova York, Dutton, 1954, p. 934. A defesa que Wilde faz em favor da vida estética parece combinar alguns aspectos dos três gêneros de vida estética que distingui anteriormente. Ele insiste em: 1) a vida dos prazeres da contemplação estética (com a inatividade que ela implica); 2) a necessidade vital de formar um todo esteticamente agradável; e 3) algo que se aproxima da vida estética faustiana traçada por Rorty, quando indica que tal unidade é encontrada na mudança permanente. Na verdade, Wilde já apresenta o modelo pós-moderno do ironista rortyiano em 1890, quando afirma que "o esteta ideal se realizará de várias formas, seguindo milhares de caminhos diferentes, e estará sem-

estética, mas de uma vida que seja, em si, um produto que mereça uma apreciação estética — pela sua estrutura e *design* — como sendo uma unidade orgânica. Como muitas idéias antigas, ela é retomada e reciclada no pensamento pós-moderno. Foucault, por exemplo, volta-se a ela através de uma análise da cultura grega antiga, cuja "ética [...] era uma estética de existência", a expressão da "vontade de viver uma bela vida, e de deixar aos outros lembranças de uma bela existência"[19].

Os gregos, como notaram Williams e Wolheim em suas discussões sobre a reflexão ética, tinham forte tendência a conceber e avaliar a vida ideal como um todo unificado. A idéia, segundo a qual a vida de um indivíduo deve ser considerada, organizada e avaliada em termos de unidade orgânica (mais do que simplesmente agregativa), deu força especial à famosa injunção de Sólon de "não chamar um homem de feliz antes de sua morte". Pois um fim inapropriado poderia alterar de maneira irreparável a feliz unidade da vida levada até então. Um dos projetos fundamentais da ética grega era tentar encontrar uma vida suficientemente bem-estruturada, que fosse o mais livre possível da ameaça das desgraças desagregadoras; e uma estratégia geral para alcançar tal unidade consiste em estabelecer para a vida um centro e um contorno definidos por meio de um objetivo arqueado, ou de um conjunto engrenado de objetivos.

Esse tipo de vida de unidade centrada, respeitosa de certos limites, é classificada por Rorty como "vida ascética" (*R*, 11), numa oposição desfavorável à "vida estética" que ele defende. Mas tal caracterização é enganadora e injusta. É simplesmente errado assumir que uma vida que acentue uma forte unidade e que adote, assim, as limitações

pre curioso sobre novas sensações e novos pontos de vista. Por meio desta mudança contínua, e somente por meio dela, ele encontrará sua verdadeira unidade" (p. 987).

Devemos notar que Pater, por sua vez, também antecipa a vida estética de Rorty ao defender "uma consciência múltipla, viva", uma sede pela excitação intensa da novidade, uma visão pragmática experimental do conhecimento, que visa não a fornecer uma verdade permanente (o que é inatingível), mas simplesmente "idéias", "pontos de vista", ou "instrumentos de crítica" (nos termos de Rorty, "vocabulários") que enriqueçam nossa experiência e estimulem nossa apreciação (ver Walter Pater, *The renaissance*, Londres, Macmillan, 1917, VII-XV, pp. 233-9).

[19] Michel Foucault, "On the genealogy of ethics: An overview of work in progress", em Paul Rabinow (org.), *The Foucault reader*, Nova York, Pantheon, 1984, pp. 341-3. Para o desenvolvimento desta idéia, ver Foucault, *Histoire de la sexualité*, vol. 2, pp. 105-7.

que isso requer não possa ser uma vida estética; que ela não possa ser apreciada e enaltecida como esteticamente satisfatória, ou mesmo recomendada por seu fascínio estético. Pode-se muito bem preferir a vida de um fazendeiro ligado à família e enraizado em sua terra à vida de um acadêmico, sempre pegando avião e trocando de cônjuge, simplesmente em função dos prazeres estéticos de ordem, coerência e harmonia, que derivam de um projeto de desenvolvimento delimitado e estruturado em torno de um centro, cuja unidade é constituída e ampliada por variações cíclicas de seu tema principal ou narrativa. Como Foucault nota em seu estudo sobre a ética grega, pode-se aspirar a uma simplicidade e pureza de vida ainda maiores, aperfeiçoando-se a si mesmo como um indivíduo fora do comum, por meio de uma concentração unida num projeto restrito. Até mesmo um ascetismo real pode ser recomendado como esteticamente efetivo, não somente em função de um estilo de distinção minimalista — onde menos se torna mais, visto estar acima do gosto das massas — mas também por causa dos prazeres efetivos do autocontrole e do domínio de si[20].

Se a perspectiva clássica do viver estético pode acomodar o ascetismo, ela em si não é confinada às restrições ascéticas. Ela incorpora, ao contrário, a clássica definição da beleza como unidade na variedade e está, assim, longe de se opor à riqueza e à diversidade. O que ela afirma é que a variedade não deve ser superestimada a ponto de não poder mais ser reunida numa unidade coerente e satisfatória. O asceta visa a um foco muito preciso de unidade através da variedade inevitável das vicissitudes da vida. Mas o ideal clássico da vida estética pode endossar uma grande variedade de experiências, caso nosso gosto estético, nossas necessidades psicológicas e condições materiais e sociais permitam inventar unidades mais complexas e menos rígidas, que não seriam nem dadas nem estáticas. Poderiam até ser um tipo de unidade genealógica, constitutiva do eu em sua variedade, como Nietzsche (um romântico, no fundo, intimamente clássico) parece nos oferecer como a vida ideal ou original[21]. Tal unidade pode mesmo ad-

[20] Foucault, *Histoire de la sexualité*, vol. 3, Gallimard, 1984, pp. 57-9 e 81-4.

[21] Esta interpretação de Nietzsche é apresentada de maneira convidativa em Alexander Nehamas, *Nietzsche: Life as literature*, Cambridge, Mass., Harvard University Press, 1985. Ele escreve: "A unidade do eu, que constitui também a identidade, não é algo dado, mas atingido, não é um princípio, mas um objetivo (p. 182). Este objetivo "do eu unificado é, no entanto, compatível com a mudan-

mitir um eu composto de múltiplas narrações, na medida em estas possam, de algum modo, se unir numa unidade superior a partir da perspectiva da narração conveniente, a que tornará esse eu mais rico e poderoso em sua individualidade estética.

Do mesmo modo que não é necessário ser um ironista sem raízes para conduzir uma vida estética, também não é necessário tomar o caminho do grande poeta para se autocriar esteticamente. Aqui, mais uma vez, Rorty confunde o estético com o radicalmente novo, assim como assimila criação artística à originalidade singular e autonomia à distinção. Segundo Rorty, a autocriação, para o grande poeta, deve ser surpreendentemente inovadora e eminente. Seu objetivo é "fazer algo com o qual nunca se tenha sonhado antes", evidenciando sua idiossincrasia e descrevendo-se "numa nova linguagem", "com palavras nunca dantes usadas", de maneira a criar "um eu que seus antecessores nunca imaginaram ser possível". Falhamos nesta busca estética se nossas criações e nossos eus são simplesmente "exemplos melhores ou piores de tipos familiares", ou "elegantes variações sobre poemas já escritos" (*CIS*, 13, 24, 28-9). Mas mesmo que o objetivo ético da criação e da narração de si seja modelado sobre a criação de uma obra de arte, isso não implica que tal criação deva ser radicalmente nova e absolutamente única. Pois as obras de arte em si não requerem uma originalidade absoluta para serem esteticamente satisfatórias, como podemos claramente ver nas artes clássica e medieval. Pensar que a verdadeira criação artística exclui tipos já estabelecidos e variações sobre fórmulas familiares equivale a confundir a arte com a ideologia artística do individualismo romântico e da vanguarda modernista — confusão historicamente datada, da qual Rorty é vítima. É possível definir seu próprio estilo estético, criar sua vida como uma obra de arte, adotando e adaptando funções e estilos de vida familiares, ajustando e alterando essas formas genéricas às circunstâncias individuais contingentes.

ça contínua" e a experiência diversa (p. 189). Ele permite ao eu, para retomar as palavras de Nietzsche, realizar "todos os fortes desejos, por mais contraditórios que pareçam — e de tal forma que eles se mantenham sob o mesmo domínio" (p. 221), retidos firmemente, como o são as ações contraditórias que podem engendrar, numa unidade coerente que chega ser muito complexa. Minha dificuldade com Nietzsche e Nehamas é sua tentativa de fundamentar esse ideal de unidade do eu sobre princípios de unidade mais fundamentalmente lógicos e ontológicos. Discuto este ponto em meu artigo "Nietzsche and Nehamas on organic unity", em *Southern Journal of Philosophy*, 26, 1988, pp. 379-92.

Essa era, como observa Foucault, a maneira grega da construção estética da vida, uma construção estilizada do sujeito ético não em termos de regras morais categóricas, mas segundo um senso da arte de viver, baseado em certas fórmulas gerais e ideais já reconhecidos socialmente como convenientes: nenhuma necessidade de inventar fórmulas inteiramente novas — não havia nada de inartístico em variações elegantes sobre o familiar. Hoje, á claro, encontramos uma gama muito maior de estilos de vida recomendados e um consenso muito menor em relação ao mais adequado. Mas isso simplesmente nos proporciona mais materiais e modelos para a adoção de um estilo artístico pessoal; e embora ainda soframos do hábito moderno de identificar a arte estritamente com a originalidade radical e a singularidade individualista, o pós-modernismo está colocando cada vez mais esta estética em questão.

Assim como a imagem de Rorty do grande poeta associa a criação artística com a inovação radical, ela também confunde autonomia e definição original de si, liberdade e singularidade. A única maneira de nos definirmos enquanto indivíduos livres é, segundo Rorty, escapando às descrições de si herdadas do passado, por uma nova descrição e pela reconstituição do eu através de novas vias e com uma nova linguagem, que "o passado jamais conheceu". Mas por que não pode nossa autonomia ser expressa na liberdade de nos definirmos com uma linguagem ou um estilo de vida já existente? Não há razão pela qual a liberdade de sermos nós mesmos seja incompatível com o desejo de ser como os outros, a menos que confundamos autonomia com individualismo radical. Na verdade, a compulsão rortyiana da autocriação guiada pela inovação pode, ela mesma, ser vista como uma forma de não-autonomia, uma escravidão em relação ao novo e à individualidade. Seu medo motivador, o de ser apenas uma réplica, sugere, na verdade, um sentido muito tênue do eu, um eu que necessita desesperadamente se afirmar pela diferença e pela distinção. Para Rorty, o eu "destaca-se" mais dentro da dimensão privada do indivíduo do que na sua expressão através das diferentes camadas da solidariedade social, o que parece ser uma concepção bastante unilateral e "falocêntrica" da individualidade[22].

[22] Pode-se dizer, de uma maneira mais geral, que a preocupação de nossa cultura de se destacar visivelmente como um indivíduo firmemente determinado resulta de uma identificação machista do eu com o falo. A sexualidade feminina,

Além do mais, trata-se de uma forma de autonomia e de vida estética limitada a uma elite restrita. "É algo que certos seres humanos particulares esperam alcançar pela autocriação, mas que poucos realmente conseguem" (*CIS*, 65). Dado seu caráter elitista, é difícil que o projeto de autocriação radicalmente inovador possa ser adotado como um modelo geral de vida estética, como uma direção que todos devem seguir em sua busca da perfeição privada e da felicidade. Mas, ao invés de optar pela posição pluralista e promissora do reconhecimento de uma pluralidade de formas de vida estética — algumas não necessariamente originais[23] —, Rorty tenta universalizar e democratizar a busca do grande poeta, fazendo de cada um de nós, em nosso inconsciente, um grande poeta inovador e ambiciosamente individualista. Baseando-se em Freud, ele argumenta que dado que mesmo a pessoa mais prosaica possui uma vida rica em fantasias que busca exprimir, deveríamos "considerar a necessidade consciente do grande poeta de *demonstrar* que [ele] não é uma cópia ou uma réplica como simplesmente uma forma especial de uma necessidade inconsciente que todo mundo possui" (*CIS*, 35-6, 43). Mas o fato de o inconsciente singular de cada um buscar exprimir-se não significa que o que ele busca seja a expressão de sua idiossincrasia, uma apresentação de si por meio daquilo que ele tem de original e inovador.

V

A ênfase de Rorty na diferenciação pessoal reflete sua visão da vida estética como uma ética privada, essencialmente independente das

que não posssui um sexo visível e singular, mas é constituída de multiplas dobras sobrepostas, pode sugerir um outro modelo do eu e de sociedade. Ver Luce Irigaray, *This sex which is not one*, Ithaca, Cornell University Press, 1985, pp. 23-33

[23] Tal pluralismo está, de fato, mais de acordo com a defesa que ele faz de uma "vontade crescente de viver com a pluralidade" e "de um sentido crescente da diversidade radical que existe entre os objetivos privados. Mas Rorty identifica de maneira muito restrita a diversidade com as autocriações originais dos grandes poetas e ironistas, com "o caráter radicalmente poético das vidas individuais" (*CIS*, 67). Um pluralismo pragmatista mais consistente reconheceria na diversidade dos objetivos privados também o desejo de ser aceito como o simples membro de um grupo, um desejo de semelhança e de filiação, livre da aspiração à singularidade absoluta e à originalidade individual.

regras e dos princípios éticos da vida social; ele realmente afirma que nenhuma filosofia ou teoria pode sintetizar o objetivo "privado" da autocriação com o propósito público da solidariedade social (*CIS*, XIII-XIV). Mas essa afirmação não é produto de nossa ideologia liberal e de nossa estética romântica? Afinal, somente quando a primeira define o eu como essencialmente privado e quando a segunda considera a criação estética como necessariamente individualista, o aperfeiçoamento do eu e da sociedade parecem inevitavelmente divergir. Devemos ser cuidadosos para não interpretar uma divisão da estrutura sociocultural, dada historicamente, como uma oposição filosófica intrínseca. Contudo, enquanto nossa sociedade partilhar esses pontos de vista liberais e românticos, Rorty pode estar certo sobre a impossibilidade de uma síntese satisfatória. Construir uma vida estética que unisse o privado e o público exigiria uma reconsideração não somente de nossa ética e nossa política como também da natureza da criação artística e sua exigência de originalidade radical. A forma de tal síntese é atualmente difícil de prever, mas liberar nosso conceito de arte de sua escravidão ao individualismo de vanguarda poderia ser uma preparação favorável neste sentido.

Em todo o caso, mesmo admitindo que em nossa sociedade liberal a perfeição de si e a solidariedade social não podem ser adequadamente unidas numa única visão ética, não podemos, contudo, concordar com a visão da vida estética de Rorty em razão de seu caráter excessivamente privado. Ela repousa sobre "uma firme distinção entre o privado e o público" (*CIS*, 83), que inclui a influência formadora deste sobre o primeiro. Pois, dada a notável dialética do eu e do outro, o eu privado que Rorty quer criar e aperfeiçoar é em ampla medida o produto de um domínio público; desde sempre ele é social, e necessariamente, uma vez que adota uma linguagem para seus pensamentos privados. Na verdade, não só a moralidade privada que Rorty defende mas também a privatização que ele faz da moralidade refletem com evidência o tipo de público e de sociedade que modelam seu pensamento — o meio intelectual e a sociedade de consumo do liberalismo capitalista tardio.

Consideremos primeiramente a dimensão pública essencial à busca privada do grande poeta. Sua nova linguagem, como Rorty mesmo admite, precisa fazer empréstimos às linguagens herdadas do passado para desenvolver e evidenciar sua novidade, assim como depende da linguagem compartilhada no futuro para poder permanecer compreensível. O sucesso de sua busca pessoal, supostamente privada, depende essencialmente do reconhecimento público, pois isso, segundo Rorty, é o que faz a diferença entre o "gênio" original e a mera "excentricidade" aberrante (*CIS*, 29, 37). Mais importante, seu próprio ideal de autocriação, o desejo de distinção individual e de originalidade, é em si o produto de pressões de um certo domínio público. É o campo da competição artística e intelectual — cuja lógica social de individualização cresce para garantir sua própria legitimação, sua distinção e seu valor de mercado — que tem sido analisada em detalhes por Pierre Bourdieu[24]. Não se pode ser um verdadeiro pensador ou um grande artista a não ser que se consiga criar sua marca particular no pensamento ou na arte; tais pressões incitam à distinção pela afirmação, pela marca, pela valorização das diferenças do indivíduo em seu campo de empenho. O fato de que essas pressões sociais tenham sido interiorizadas por agentes individuais não lhes dá um caráter essencialmente privado, e o assim chamado projeto ético privado que estruturam não pode ser visto como correndo livre de influências e conseqüências públicas.

A busca privada do esteta ironista não recebe menos influência de pressões e *éthos* públicos. Não é preciso ter uma visão tão perspicaz ou subversiva para enxergar em sua glorificação e busca do novo, em sua "pesquisa estética em vista de nova experiência e nova linguagem", o velho culto do novo que alimenta o ritmo rápido e incessante do consumo de mercadorias de nossa sociedade consumista do capitalismo avançado. Como críticos da estética de produtos comerciais têm demonstrado, a demanda pela inovação estética constante, incitada em nome da nobre criatividade e do progresso, constitui também um programa sistemático astucioso para aumentar o valor de troca, ocultando ou distorcendo o valor de uso: ao fazer com que um item já adquirido e ainda perfeitamente utilizável pareça estar desatualizado e necessite ser trocado, a inovação estética estimula, assim, novas aquisições[25]. Este sistema, orientado e programado em função do lucro, invade nossa sociedade de consumo e, inevitavelmente, seu ponto de

[24] Ver Pierre Bourdieu, "Le marché des biens symboliques", em *Actes de la recherche*, 13, 1977; e "La Production de la croyance: Contribution à une économie des biens symboliques".

[25] Ver W.F. Haug, *Critique of commodity aesthetics: Appearence, sexuality, and advertising in capitalist society*, Minneapolis, University of Minnesota Press, 1988, vol. 2, p. 70.

vista ético. A busca do ironista pela aquisição de novos vocabulários constitui um paralelo filosófico do desejo do consumidor em maximizar seu consumo. Ambas parecem ser sonhos narcóticos de felicidade induzidos pelo sonho maior do capitalismo (um sonho terrivelmente real) de realizar mais vendas e obter mais lucros.

Além do mais, a privatização da moralidade e sua redução à simples questão de enriquecimento pessoal reflete claramente uma moralidade pública que privilegia o indivíduo autônomo e particular (proprietário ou consumidor), fenômeno central para a expansão do capitalismo e do liberalismo. Entretanto, num paradoxo aparente, essa autonomia do eu é precisamente o alvo visado pela sociedade fragmentada do capitalismo tardio. O individualismo competitivo e suas conseqüentes deformações sociais dissolveram os papéis sociais estáveis e articulados que antes davam alguma integridade e uma certa estrutura sólida ao eu. Nesse vazio ético e social e na ausência de um pensamento sério sobre a melhor maneira de estruturar a vida esteticamente, a formação do eu e sua carreira são simplesmente abandonados aos caprichos do mercado. Somos submetidos ao domínio volúvel de noções motivadas pelo lucro que propagam a realização e a satisfação do eu, ao mesmo tempo que não possuímos uma significação estável deste eu a ser cumprido. A idéia divulgada, segundo a qual todos deveriam adotar um estilo próprio e individual pela escolha livre e pessoal de modos de vida, não pode ocultar o fato de quc não somente a gama de opções viáveis de modo de vida como também a própria consciência e a própria escolha do indivíduo são fortemente coagidas e programadas por forças sociais que estão normalmente muito além de seu poder — enquanto indivíduo — de resistir, para não falar em controlá-las.

Esse paradoxo, próprio ao capitalismo tardio, da busca privada da realização de si resultando na perda de autonomia real e de integridade do eu é perfeitamente refletido na profunda contradição de Rorty quando ele encoraja o auto-enriquecimento do ironista, ao mesmo tempo que nega efetivamente a existência de um eu a ser enriquecido. O não eu rortyiano, dispersado em "quase egos" incompatíveis, inteiramente motivados e constituídos por vocabulários mutáveis e diversos, parece ser realmente o eu ideal para os poderes que governam a sociedade de consumo: um eu fragmentado, confuso, adquirindo mercadorias o quanto pode, mas não possuindo a integridade disciplinada para combater tanto seus hábitos de consumo quanto o sistema que os manipula, aproveitando-se deles.

Por sua extrema privatização da moralidade, por não conseguir reconhecer o quão profundamente o *ethos* público estrutura a própria concepção de nossas diversas buscas em função da perfeição privada, a visão de Rorty da vida estética precisa ser estendida a fim de abraçar mais largamente o social. Ela precisa dessa expansão para, como vimos, abraçar uma variedade maior de gêneros de vida estética e de autocriação. Eu desejo terminar minha crítica apontando uma outra dimensão em que a visão de Rorty da natureza humana e da realização de si parece muito restrita — seu essencialismo lingüístico.

Embora Rorty repudie sem reserva todo essencialismo, e ainda que negue especificamente que participamos de uma essência humana por partilharmos de uma coisa comum chamada linguagem, sua visão do eu como sendo nada mais do que uma rede complexa de vocabulários e narrativas parece inconfortavelmente próxima de uma visão essencialista da natureza humana como exclusivamente lingüística. Tudo o que parece importar para o eu e seu estar-no-mundo é a linguagem: "seres humanos são simplesmente vocabulários corporalizados"; são "as palavras que [...] fazem de nós aquilo que somos" (*CIS*, 88, 117). Assim, Nietzsche é exaltado como aquele que "ao descrever a si mesmo em seus próprios termos [...] criou a si mesmo, [visto que] [...] criou a única parte de si que importava na constituição de sua própria mente. Criar o espírito de um indivíduo equivale a criar sua própria linguagem" (*CIS*, 27). Pois os homens não são "nada mais do que atitudes proposicionais — nada mais do que a presença ou a ausência de disposições para o uso de sentenças pronunciadas num vocabulário historicamente condicionado" (*CIS*, 88).

Tais observações sugerem claramente que o homem é essencialmente espírito, e que o espírito é essencialmente lingüístico. Porém, mais problemático que seu aparente essencialismo é o fato de que elas endossam uma concepção puramente mental da natureza humana, contra a própria ênfase de Nietzsche no papel formador e no valor do corpo, inclusive na constituição do espírito. Essa prioridade dada ao mental e ao lingüístico assim como a negligência desdenhosa para com o corpo são particularmente inoportunas num filósofo que deseja promover a vida estética. Pois a relação da estética com os sentidos corporais, os prazeres e as percepções não-lingüísticas deveria ser evidente, se não fosse a tendência racionalista que tanto dominou a teoria estética tradicional e que parece ainda apanhar Rorty em sua cilada.

Mas embora ele se esforce para excluir a experiência não-lingüística do que é significativamente humano e estético, quando Rorty se propõe a expor sua noção de liberalismo como o "desejo de evitar a crueldade e o sofrimento", o não-discursivo volta para se vingar em forma de sofrimento, que "é não-lingüístico" e quase ameaça desalojar a linguagem enquanto o fator humano mais comum. "O que une [...] [um indivíduo] ao resto de sua espécie não é a linguagem comum, mas *somente* a possibilidade do sofrimento, e em particular este tipo especial de sofrimento que os selvagens não compartilham com os humanos — a humilhação", um sofrimento que Rorty identifica lingüisticamente, no entanto, como a perda da linguagem (*CIS*, 65, 92, 94, 177-78). Na verdade, o sofrimento, junto com o poder brutal, parece constituir para Rorty a realidade fundamental do mundo, imutável, que não pode ser vencida por nossas narrativas transformáveis.

> *Pois nossa relação com o mundo, o poder bruto e o sofrimento puro não tem nada em comum com o tipo de relação que temos com as outras pessoas. Confrontados com o inumano, com o não-lingüístico, não temos mais a capacidade de superar a contingência e o sofrimento pela apropriação e transformação [da linguagem], mas apenas a capacidade de* reconher *a contingência e o sofrimento. A vitória final da poesia em sua antiga querela com a filosofia — a vitória final das metáforas da autocriação sobre as da descoberta — consistiria na aceitação da idéia de que este é o único tipo de poder no mundo que podemos esperar ter. Isso equivaleria a renunciar decisivamente à noção de que a verdade, e não apenas o poder e o sofrimento, existe em si.* (CIS, 40)

Que o fundo inatingível da realidade seja "somente o poder e o sofrimento" parece constituir um enunciado metafísico genérico, que não se enquadra no repúdio de Rorty em relação à metafísica. Mas se interpretarmos isso como um deslize regressivo à má metafísica ou como uma simples generalização empírica sobre nossa experiência não-lingüística, isso nos revela uma ausência especialmente problemática na visão rortyiana da vida estética. Triste e insatisfeito é o esteticismo que afirma a presença persuasiva do sofrimento não-lingüístico e ignora os prazeres sensoriais do corpo. Tais prazeres "existem em si"; e não apenas constituem grande parte daquilo que vale na vida, como também podem ser cultivados para tornar a vida esteticamente mais rica. A negligência desses prazeres não-lingüísticos tornam a estética de Rorty desagradavelmente desviscerada e tediosa. Ela permanece excessivamente o produto da América puritana e capitalista, pois não é orientada em função de uma rica satisfação sensorial nem mesmo, de maneira mais geral, em função do prazer (uma noção que quase não menciona), mas sim em função de uma produção ofegante e de uma acumulação de novos vocabulários e narrativas. Trata-se mais de uma poética, uma teoria do fazer industrial, do que de uma estética do pleno prazer.

A vida estética também deve cultivar os prazeres e as disciplinas do corpo. Embora a experiência somática possa ser irredutível à formulação lingüística, sua contribuição à formação do espírito e da individualidade não pode ser negada, e revela, na verdade, o erro fundamental que consiste na consideração do espírito e do corpo como entidades separadas e na identificação do eu estritamente com o primeiro. Ainda que Rorty afirme com razão que o eu é estruturado pelos vocabulários que herda, Foucault está igualmente certo ao salientar que ele também é o produto de práticas disciplinares inscritas no corpo. E se podemos emancipar e transformar o eu por meio de nova linguagem, também podemos liberá-lo e transfigurá-lo por meio de práticas corporais.

Não quero sugerir que o trabalho do corpo possa oferecer uma via autônoma à perfeição individual e à autocriação. Como a linguagem do grande poeta, o corpo não constitui um fato totalmente privado. Ele é moldado significativamente e atemorizado de forma repressiva pelas práticas e ideologias históricas dominantes, o que equivale a dizer que ele não é livre de marcas lingüísticas. Mas o fato de que o somático seja estruturado por ideologias e discursos punidores do corpo não significa que ele não possa servir como um recurso para desafiá-los por meio de práticas corporais alternativas e de uma consciência somática maior. Talvez tenhamos que ler e ouvir nosso corpo mais atentamente, talvez tenhamos que transpor as metáforas do ler e do ouvir, muito ligadas à linguagem, e aprender a senti-las melhor. É claro, trabalhar sua individualidade através do corpo não constitui em si um desafio muito sério às estruturas político-sociais que formam o eu e a linguagem de sua descrição. Mas isso talvez possa permitir atitudes e estilos de conduta que favorecessem e sustentassem uma transformação social.

Idealmente, a busca de uma vida estética deveria envolver o enriquecimento de si e da sociedade por meio de mudanças somáticas, lingüísticas, cognitivas, psicológicas e sociais que se sustentam e se implicam reciprocamente. Existe, no entanto, um medo de que a reforma social seja impedida pela atenção voltada ao corpo, visto que este foco é estritamente individualista. Como Fredric Jameson afirma, a atenção dada ao corpo concerne apenas a "minha relação individual com meu próprio corpo [...] e não a relação (muito diferente) entre eu, ou meu corpo, e outras pessoas", e ela pode, então, promover o individualismo perigoso sobre o qual repousa a sociedade burguesa[26]. Mas considerar o somático como um domínio essencialmente privado parece também ser um reflexo da ideologia burguesa. Não apenas o corpo é moldado pelo social como contribui para o social. Podemos dividir nossos corpos e prazeres corporais tanto quanto podemos fazê-lo com nossos espíritos, e eles podem ser tão públicos quanto nossas idéias.

Falar de transformação do eu por práticas corporais evoca certas imagens perigosamente simplistas e comuns: a confiança cega adquirida pelos mais fracos graça aos músculos desenvolvidos num programa de *body-building* ou a frágil auto-estima que alguém que outrora era flácido adquire pela tonificação aeróbica. A idéia de que a transformação somática de si precisa corresponder aos modelos de Arnold Schwartzenegger ou Jane Fonda é muito perniciosa, por refletir a pobreza da reflexão sobre a estética corporalizada[27]. A partir do momento que assumimos não ser o corpo um terreno conveniente para o pensamento estético seriamente crítico e imaginativo, a busca do bem-estar somático é deixada à dominação das forças do mercado que inculcam ideais padronizados de contornos corporais impressionantes e superficiais.

[26] Fredric Jameson, *The ideologies of theory*, Minneapolis, University of Minnesota Press, 1988, vol. 2, p. 70.

[27] Para uma crítica esclarecedora sobre os vídeos aeróbicos de Jane Fonda em termos de suas deficiências e de seus perigos para o corpo e a personalidade, ver Elisabeth Kagan e Margaret, "The body electronic, aerobic exercise on video: women's search for empowerment and self-transformation", em *The Drama Review*, 32, 1988, pp. 164-80. Para uma crítica feminista mais ampla da preocupação de nossa cultura com a transformação da forma externa do corpo a fim de ajustá-la a modelos sociais privilegiados, ver Susan Bordo, "'Material girl': The effacements of postmodern culture", em *Michigan Quarterly Review*, 1990, pp. 653-77.

Defender uma estética pragmatista mais encarnada não significa confinar a realização estética ao corpo jovem, magro, bronzeado e atlético. Não somente porque ela reconhece outras dimensões de realização estética, mas também porque a estética do corpo não é limitada à sua forma superficial e a seus cosméticos ornamentais; ela também concerne à maneira do corpo se movimentar e viver sua própria experiência. Se nossa tradição estética racionalista privilegia formas externas fixas e uma apreciação distanciada, uma perspectiva mais deweyiana é necessária para reconhecer e encorajar o dinâmico e o experimental na estética corporalizada. Tal perspectiva levaria em consideração a maneira pela qual fatores como uma respiração e uma postura mais equilibradas, uma maior harmonia cinética e, de forma geral, uma maior consciência somática podem enriquecer esteticamente nossas vidas, em termos de qualidade e conhecimento maiores da experiência vivida. Ela também exploraria os modos pelos quais as práticas corporais que atingem esses efeitos podem ajudar a transformar o eu emocional, cognitiva e eticamente, ao revelar um maior equilíbrio psicológico, uma maior receptividade sensorial e uma tolerância paciente e aberta.

Se tudo isso soa muito "New Age", devemos lembrar que muitas dessas idéias nos apresentam indícios de ligações com antigas tradições orientais como a yoga e o Tai Chi. Se algo disso parece merecer ser explorado, terá que esperar por um outro livro. Aqui nossa idéia de uma estética mais corpórea, dirigida à beleza vivaz, realiza a função pragmatista da teoria defendida por William James[28]: ela oferece não tanto uma conclusão final, mas "um programa para outros trabalhos".

[28] William James, *Pragmatism and other essays*, Nova York, Simon and Schuster, 1963, p. 26.

Apêndice
SITUANDO O PRAGMATISMO

I

A estética anglo-americana deste século apresenta duas formas características, derivadas de fontes filosóficas distintas: a filosofia analítica e o pragmatismo. A primeira surgiu na Inglaterra, enquanto a segunda constitui uma contribuição original da América para a filosofia. A estética analítica prosperou, ao passo que a estética pragmatista praticamente desapareceu — fato bastante surpreendente, pois suas respectivas origens sugerem que a evolução contrária teria sido mais lógica.

A estética constituiu um interesse central para John Dewey, a figura mais ativa e influente do pragmatismo deste século. Por outro lado, teve uma importância filosófica apenas secundária aos olhos de grandes filósofos analíticos: Moore, Russell e Wittgenstein. Russell praticamente não tratou de questões estéticas e, ainda que as discussões de Moore e Wittgenstein nesse domínio sejam importantes, elas têm um âmbito limitado e pouco minucioso. As considerações estéticas de Moore se resumem a uma dúzia de seções de sua obra principal *Principia ethica*; e as de Wittgenstein, embora extremamente influentes, são, no entanto, muito esquemáticas e esparsas, reunidas a partir de publicações póstumas de suas conferências[1]. Em suma, não podemos encontrar no primeiro período da filosofia analítica uma reflexão sobre a estética que seja comparável ao âmbito, à argumentação precisa e ao poder passional de *Art as experience*, obra de Dewey publicada

[1] Para maiores detalhes sobre a estética de Moore e sua influência na filosofia analítica da arte, ver meu artigo "Analysing analytic aesthetics", em R. Shusterman (org.), *Analytic aesthetics*, Oxford, Blackwell, 1989, pp. 1-19. Para uma visão concisa dos escritos de Wittgenstein e sua influência na estética, ver meu artigo "Wittgenstein and critical reasoning", em *Philosophy and Phenomenological Research*, 47, 1986, pp. 91-110. Ver também Richard Eldridge, "Problems and prospects of Wittgensteinian aesthetics", em *Journal of Aesthetics and Art Criticism*, 45, 1987, pp. 251-61.

em 1934[2]. Embora essa obra de início tenha despertado um interesse considerável[3], hoje praticamente não é mais estudada, tampouco considerada como fonte promissora para uma futura teoria estética. Já no fim dos anos 50, a estética pragmatista foi quase totalmente eclipsada pela filosofia analítica da arte, que constitui, desde então, a única tradição dominante na estética anglo-americana.

Mas existem sinais de mudança. A hegemonia analítica da estética anglo-americana tem sido fortemente desafiada por teorias de inspiração continental, baseadas nas filosofias hermenêutica, pós-estruturalista ou marxista. Em oposição à tradição analítica, mas em concordância com o pragmatismo, essas filosofias recusam as categorias ontológicas bem como as essências supra-históricas, insistindo, ao contrário, na mutabilidade, no contexto e na constituição sócio-histórica do pensamento e de seus objetos. Além disso, trabalhos analíticos recentes de Quine, Goodman e Davidson, convergem para alguns dos temas da filosofia continental, na medida em que abalam muitas das distinções e dos pressupostos fundamentais da filosofia analítica (as distinções entre analítico e sintético, esquema e conteúdo, mundo e representação do mundo, para citar alguns exemplos). Não surpreende que, em resposta a essa crítica interna e à atração exercida pela teoria continental, o pragmatismo seja hoje objeto de um renascimento dentro da filosofia americana, mesmo que ainda não esteja claramente expresso numa nova estética, tarefa que tentamos realizar nestes capítulos precedentes.

Este apêndice tem por intuito explorar as diferenças principais entre a estética pragmatista tradicional e a estética analítica, situando os trabalhos de Dewey em seu contexto filosófico, como também em relação às oposições das teorias analíticas. Alguns dos temas mais fecundos da estética continental contemporânea (que revelam, por comparação, a pobreza e a rigidez da estética analítica), estão efetivamente presentes na obra de Dewey, onde muitas vezes encontram uma expressão mais clara e otimista. Situado entre a estética analítica e a

[2] John Dewey, *Late works of John Dewey*. As referências das páginas serão dadas entre parênteses ao longo do texto, precedidas da abreviação *AE*.

[3] Para além da filosofia, sua influência se estendeu a artistas como Robert Motherwell, Thomas Hart Benton e Jackson Pollock. Ver Stewart Beuttner, "Dewey and the visual arts", em *Journal of Aesthetics and Art Criticism*, 33, 1975, pp. 383-91.

estética continental, combinando o discernimento e os interesses amplos desta última com o espírito empírico e o senso realista da outra, o pragmatismo ocupa, sem dúvida alguma, a posição ideal para reorientar e revigorar a filosofia da arte contemporânea. Essa visão do pragmatismo como um caminho promissor, um mediador entre as tradições continental e analítica, motivou grande parte de meu livro. Pretendemos aqui desenvolvê-la em relação à estética de Dewey.

Várias razões explicam que a estética de Dewey tenha sido objeto de interesse apenas passageiro dos filósofos anglo-americanos. Uma razão evidente é o domínio geral da filosofia analítica sobre o pragmatismo, mas não é minha intenção entrar na análise detalhada deste fato. Contudo, podemos dizer, de maneira geral, adotando uma postura de especulação imaginativa e adaptando o *aperçu* de Oscar Wilde sobre arte, que as conquistas filosóficas são o produto ou de uma personalidade forte ou de um novo método. Com as personalidades dominantes de Moore e Russell, e com a lógica simbólica deste último, a filosofia analítica satisfez plenamente ambas as condições. O pragmatismo, apesar de suas pretensões metodológicas, nunca apresentou um método específico que pudesse ser comparado ao impressionante cientificismo da lógica de *Principia mathematica.* Além disso, mesmo que todos os pragmatistas tenham feito elogio à ciência e seus métodos, e ainda que Peirce e James tenham sido incontestavelmente homens de ciência, o pragmatismo não vê a filosofia científica como a totalidade do que a filosofia poderia ou deveria ser. Numa época de profissionalismo, em que a ciência reinava como modelo dominante das disciplinas universitárias, não surpreende que o programa mais científico da filosofia analítica tenha prevalecido sobre o pragmatismo.

Uma outra razão, mais essencial, é que a estética pragmatista não pode ser facilmente incorporada na filosofia analítica. Ainda que aberta ao espírito empírico e concreto do pragmatismo, ela se opõe radicalmente a suas teses principais sobre a verdade, o saber e a experiência. Essa atitude se explica em parte pela hostilidade que ela manifesta em relação aos temas hegelianos do holismo e antiessencialismo historicista, que se encontram no seio do pragmatismo e, particularmente, na obra de Dewey. A filosofia analítica, é necessário lembrar, estabeleceu-se a partir da luta contra o neo-hegelianismo de Bradley, Bosanquet e McTaggart, que constituía a ortodoxia dominante do momento. Essencial no ataque de Moore e Russell contra o hegelianismo foi a crítica da doutrina holística das relações internas e da unidade orgânica — idéia segundo a qual nenhum elemento nem conceito possui uma identidade ou uma essência independente, mas é, ao contrário, uma função tecida de múltiplas relações que o ligam a outros elementos e conceitos de um todo ao qual pertence. O programa analítico foi lançado sob a égide do atomismo lógico — idéia de que existem coisas e fatos logicamente independentes no mundo (ainda que sejam apenas dados sensoriais), que constituem um fundamento constante à realidade, à verdade e à referência, e que nos são, de certo modo, representados na experiência por nosso esquema conceitual. Na perspectiva kantiana de divisão de disciplinas, a filosofia distinguiu-se da ciência, atribuindo-se a tarefa de analisar os conceitos através dos quais os fatos, e realmente todos os fatos empíricos, são representados e conhecidos; trata-se não apenas de determinar mais uma marca de verdade empírica, mas sobretudo de resultar em verdades conceituais que, sendo não-empíricas, poderiam ser conhecidas apoditicamente e servir, assim, de fundamento a todas as questões do saber.

Richard Rorty sugere que os conflitos epistemológicos e metafísicos que opõem a filosofia analítica ao pragmatismo refletem uma querela mais antiga entre Kant e Hegel, e eu penso que esta idéia pode ser estendida à estética[4]. A estética de Dewey é profundamente hegeliana em suas qualidades holísticas, historicistas e organicistas, chegando a sê-lo em demasia, segundo alguns de seus discípulos[5]. Além disso, ela é também relacionada à estética de Croce, que é associada ao idealismo hegeliano, formando, assim, o foco da crítica analítica contra a "estética idealista"[6]. Como poderemos ver, alguns dos aspec-

[4] Ver Richard Rorty, *Philosophy and the mirror of nature*, Princeton, Princeton University Press, 1979, pp. 130-69; e seu capítulo entitulado "Dewey's metaphysics", em *Consequences of pragmatism,* Minneapolis, University of Minnesota Press, 1982, pp. 72-89. Nicolas Wolterstoff apresenta com exatidão a filosofia analítica da arte como um neokantismo, mas não leva em consideração a estética pragmatista. Ver Wolterstoff, "Philosophy of art after analysis and romanticism", em *Analytic aesthetics*, pp. 32-58.

[5] Ver a crítica que faz Stephan Pepper, por exemplo, de seu organicismo hegeliano em "Some Questions on Dewey's aesthetics", em P.A. Schilpp (org), *The philosophy of John Dewey,* La Salle, Ill., Open Court, 1989, pp. 369-89. Para uma defesa contemporânea de Dewey em resposta a esta crítica, ver Thomas Alexander, *John Dewey's theory of art, experience and nature: The horizons of feelings,* Albany, SUNY Press, 1987, pp. 1-13.

[6] Ver, por exemplo, W.B. Gallie, "The function of philosophical aesthetics",

tos hegelianos da estética de Dewey eram de tal forma contrários aos pressupostos kantianos, métodos e interesses da filosofia analítica da arte, que fizeram com que suas teorias fossem irremediavelmente rejeitadas pelas gerações seguintes de estetas anglo-americanos trabalhando sob a influência da filosofia analítica.

No entanto, meu objetivo aqui não é o de justificar os paralelos Kant-Hegel, analítica-pragmatismo, mas o de comparar a estética pragmatista e a estética analítica, de maneira que possamos compreender por que os filósofos analíticos rejeitaram a estética de Dewey como sendo um "amontoado de métodos contraditórios e de especulações indisciplinadas"[7]. Para tornar a diferença clara e elucidativa, vamos primeiro ressaltar as características principais da estética analítica, de forma rápida e esquemática, um pouco à maneira de um "tipo-ideal" weberiano, ainda que baseando-nos na história atual do movimento.

II

1. Um dos traços fundamentais da estética deweyiana é seu naturalismo somático. O primeiro capítulo de *Art as experience* intitula-se "A criatura viva" e é dedicado, como os capítulos seguintes, a buscar as origens da estética nas necessidades naturais, na constituição e nas atividades do organismo humano. Dewey pretende "reencontrar a continuidade entre a experiência estética e os processos normais da vida" (*AE*, 16). A compreensão estética deve iniciar-se com o fato de que as raízes da arte e da beleza residem nas "funções vitais e elementares", nas qualidades biológicas que o homem divide com "o pássaro e o animal"(*AE*, 19-20) — fato que nunca deve ser esquecido. Para Dewey, toda arte é o produto de uma interação entre o organismo vivo e seu ambiente, um jogo de ação e recepção que ocasiona uma reorganização de energias, ações e materiais. Mesmo que as be-

em William Elton (org.), *Aesthetics and language*, Oxford, Blackwell, 1954, pp. 13-35. Esse livro contém uma série de outras críticas sobre Croce. Para uma visão mais geral sobre os primeiros desenvolvimentos da estética analítica em oposição a Croce, ver meu artigo "Analytic aesthetics, literary theory and deconstruction", em *Monist*, 69, 1986, pp. 22-38.

[7] Ver o artigo de Arnold Isenberg, "Analytic philosophy and the study of art", em *Journal of Aesthetics and Art Criticism*, 48, 1987, p. 128.

las-artes tenham se espiritualizado enormemente, "o substrato orgânico continua a ser o fundamento último e dinâmico", a fonte sustentadora de energias emocionais da arte — que a tornam tão enriquecedora para a vida (*AE*, 30-1). Esse substrato fisiológico essencial não é limitado ao artista. O receptor também deve engajar seus sentimentos e energias naturais, assim como suas reações fisiológicas e sensomotoras, para apreciar a arte, de maneira a reconstituir, através de sua experiência estética, um objeto em obra de arte. Assim, o exercício preparatório de tais encaminhamentos de reações "representa uma grande parte da educação estética. Saber o que buscar e como olhar algo supõem que as faculdades motoras estejam preparadas para fazê-lo", embora também seja necessário um fundo de "significações e valores extraídos de experiências anteriores" (*AE*, 103-4).

É a presença da forma que caracteriza, normalmente, a experiência estética e os objetos de arte. Porém esta, mesmo na pintura e na escultura, não é apenas um conjunto de relações espaciais e estáticas, mas depende de uma interação dinâmica dos elementos entre si, na medida em que eles manifestam "uma acumulação, uma tensão, uma conservação, uma antecipação e uma completitude" — qualidades que, somadas à intensidade emocional, constituem a marca de uma experiência estética. Tais "condições formais são profundamente enraizadas no próprio mundo", em nossos próprios ritmos biológicos e nos ritmos mais vastos da natureza, refletidos e elaborados gradualmente dentro dos ritmos do mito e da arte, e nas "leis" rítmicas da ciência (*AE*, 152). É assim que Dewey é levado a declarar: "Sob o ritmo de cada arte e de cada obra reside [...] o motivo básico das relações que a criatura viva tem com seu meio", de maneira que "o naturalismo, no sentido mais amplo e profundo da natureza, é uma necessidade para toda grande arte" (*AE*, 155-156). Pois o papel da arte não é o de negar as raízes e as necessidades naturais ou orgânicas do homem, a fim de alcançar alguma experiência etérea, mas sim o de oferecer uma expressão satisfatoriamente integrada a nossas dimensões corporais e intelectuais, as quais, segundo Dewey, nós cometemos o doloroso erro de separar. O objetivo da arte é "servir a criatura toda em sua vitalidade unificada" (*AE*, 122).

A linha diretriz da estética analítica é radicalmente oposta à naturalização da arte e do valor estético. G.E. Moore foi quem nos forneceu a estratégia analítica dominante com sua doutrina da "ilusão naturalista", ilusão que "tem sido cometida tanto em relação à beleza como em relação ao bem"[8]. Para retomar sua argumentação, simplesmente não podemos ver na beleza uma qualidade natural, porque sempre podemos colocar a questão de saber se um objeto que possui essa qualidade é, de fato, belo; o debate é constantemente reinstaurado, ao passo que tal questão não teria nem mesmo sentido se a beleza fosse uma qualidade natural. Mesmo quando o interesse por esse argumento com referência às questões abertas diminuiu consideravelmente, os estetas analíticos recusaram-se a identificar as qualidades estéticas às qualidades naturais, ou mesmo a vê-las como logicamente dedutíveis de propriedades perceptivas naturais. É esta a razão pela qual Margaret Mcdonald defende que "as obras de arte são objetos esotéricos"; é ainda este o ponto central de um artigo fundamental de Frank Sibley, "Os conceitos estéticos", onde ele sustenta que tais conceitos não podem ser corretamente empregados, tendo-se por base a percepção sensorial natural e a inteligência; eles exigiriam uma faculdade especial, o gosto. Segundo Sibley, este não é regido por regras, nem é comum a todos, como o seria um dom universal da natureza humana[9].

Ainda que a noção de uma faculdade de gosto não submissa a uma legislação nos remeta claramente a Kant, é possível, por outro lado, considerar a estética kantiana como decididamente naturalista, insistindo no fato de que o padrão do gosto seja "fundado na natureza humana [...], nisto que o senso comum nos faz esperar e exigir de cada um"[10]. Mas o naturalismo estético de Kant é uma grande ilusão. Não apenas sua consideração do juízo estético pressupõe uma condição cultural especial e um privilégio de classe[11], como a natureza hu-

[8] G.E. Moore, *Principia ethica*, Cambridge, Cambridge University Press, 1959, p. 201.

[9] Margaret Mcdonald, "Some distinctive features of arguments used in criticism of the arts", em Elton (org.), *op. cit.*, p. 114. O artigo de F. Sibley foi primeiro publicado em *The Philosophical Review*, 68, 1959, pp. 421-50, e traduzido sob o título "Les concepts esthétiques", em Danielle Lories (org.), *op. cit.*, pp. 41-69.

[10] E. Kant, *CJ*, p. 209. As outras citações deste parágrafo são extraídas das pp. 305, 157, 154 e 155.

[11] Para Kant, o juízo estético é essencialmente caracterizado pela atenção desinteressada à forma, na qual o desinteresse pressupõe um "juízo [...] livre" (*CJ*, p. 139). Mas quem pode se permitir realmente tal desinteresse? Quem pode dispor do tempo e do custo de contemplar as coisas do ponto de vista meramente formal, ignorando que elas também sejam instrumentos que respondem a necessida-

mana, a qual Kant invoca como fundamento da validade do juízo, é algo que está além do domínio da natureza, tal como a concebemos; trata-se do "substrato suprasensível de todas as faculdades subjetivas (inatingível pelo conceito do entendimento)", o qual é postulado dentro de uma profissão de fé metafísica. Este vôo em direção ao suprasensível assinala o fato de o naturalismo estético de Kant representar uma noção extremamente pobre e etérea da natureza humana. Em contraste à visão de Dewey, que considera a criatura viva em sua totalidade, o juízo estético kantiano restringe-se a propriedades intelectuais da forma. Apenas o prazer do "aumento das [...] capacidades cognitivas" é verdadeiramente estético, "não aquilo que satisfaz sensorialmente, mas tão somente aquilo que agrada pela sua forma". As satisfações naturais derivadas da emoção e do prazer sensorial são renegadas pelo fato

des e desejos? Evidentemente, apenas aqueles que têm a facilidade, o ócio e os meios para assim agir, aqueles cujas necessidades e desejos essenciais são satisfeitos, enfim, aqueles que são privilegiados de um ponto de vista cultural e socioeconômico. Não apenas o juízo do gosto requer uma boa educação, como também a apreciação estética da natureza revela-se, para Kant, dependente de um costume e de boas condicões socioculturais. O sublime não poderia ser apreciado sem uma distância de segurança que nos preservasse dos estragos "assustadores" da natureza, e sem um desenvolvimento das idéias éticas. Por conseguinte, "o juízo sobre o caráter sublime da natureza exige (mais do que o juízo referente ao belo) um certo desenvolvimento da cultura" (*CJ*, p. 208). "O interesse imediato" pela beleza natural não é, na realidade, nem "comum" nem natural às pessoas incultas: ele é "próprio unicamente àqueles cuja maneira de pensar é ou já formada em vista do bem, ou particularmente receptiva a essa formação" (*CJ*, p. 253), e cujo gosto pela forma pode ignorar os atrativos emocionais e sensoriais da natureza, que corrompem o juízo do gosto e exprimem um espírito bárbaro" (*CJ*, p. 155).

É sintomático que, no momento em que ele introduz a noção de desinteresse, distinguindo-a das reações interessadas, Kant refira-se a tipos de indivíduos para os quais a ligação entre gosto medíocre e baixo nível cultural é patente. Aqueles que não conseguem adotar uma atitude desinteressada em relação a um palácio são como "este iroquês que nada apreciava em Paris mais que as rotisserias", ou como Rousseau, que se preocupa com os desfavorecidos "protestando contra a vaidade dos grandes que fazem o suor do povo servir a coisas tão supérfluas", enfim, como um homem "numa ilha deserta", totalmente privado da sociedade e não tendo, assim, ocasião de afirmar sua distinção social através de um juízo de gosto (*CJ*, p. 131). Meus argumentos contra o naturalismo de Kant são mais amplamente desenvolvidos em "Of the scandal of taste: Social privilege as nature in the aesthetic theories of Hume and Kant", em *Philosophical Forum*, 20, pp. 211-29. Conferir também a crítica sugestiva de Pierre Bourdieu em *La distinction*.

de implicarem interesse e desejo. Portanto, para Kant, há sempre "corrupção onde o atrativo ou a emoção participam do juízo pelo qual algo é declarado como belo"; e o gosto que pretende defender tais satisfações "ainda não emergiu do barbarismo".

2. A noção kantiana de desinteresse encontra uma nova expressão na filosofia analítica da arte, apresentando, assim, uma segunda oposição à estética pragmatista de Dewey. Não se trata apenas da questão defendida por Moore, segundo a qual a beleza, assim como o bem, é um valor intrínseco, um fim em si mesmo não-utilitário, que como meio só poderia ser incompreendido e inadaptado. Há ainda a caracterização da arte como algo definido pela sua não-funcionalidade e gratuidade. Strawson explica a impossibilidade da existência de regras universais relativas à arte, ao definir nosso interesse por esta como sendo totalmente despojado de qualquer consideração "quanto ao que ela pode ou deve fazer, ou quanto ao que podemos fazer com ela, e mesmo quanto às reações específicas (de excitação, estupefação, etc.) que ela pode produzir em nós". Stuart Hampshire afirma, igualmente, que "a obra de arte é gratuita", algo "feito ou criado gratuitamente, e não em resposta a um problema colocado"[12]. A razão principal, que motiva tantos esforços para purificar a arte de qualquer funcionalidade, não é denegrir a arte, como algo inútil e sem importância, mas sim estimar um valor à parte para ela, situado acima do domínio de normas instrumentais. Esta estratégia constitui um vestígio da concepção da "arte pela arte"; temendo a incapacidade da arte para justificar-se em termos de valor instrumental, essa teoria visa a proteger a autonomia da arte da possível concorrência injusta que o pensamento utilitarista e grosseiro poderia lhe apresentar. A intenção é defender um certo domínio da espiritualidade humana da ameaça de uma racionalidade grosseiramente calculista e utilitária, que não apenas desencantou o mundo como o destruiu através da contaminação de uma industrialização funcionalista. A estética representaria um domínio à parte, um domínio de liberdade, em que a arte estaria livre de qualquer função, uso ou problema prático; e esse desprendimento constituiria seu traço distintivo e enobrecedor.

[12] Ver Peter Strawson, "Aesthetic appraisal and works of art", em *Freedom and resentment*, Londres, Methuen, 1974, p. 187; e Stuart Hampshire, "Logic and appreciation", em Elton (org.), *op. cit.*, pp. 161 e 164.

Tudo isto é estranho à estética pragmatista de Dewey. Embora ele também tenha se dedicado a defender a estética e a provar seu valor intangível, Dewey elabora essa defesa insistindo na funcionalidade global[13] da arte. Pois tudo aquilo que pretenda ter valor humano deve, de alguma maneira, enriquecer a vida e servir às necessidades do organismo humano em seu desenvolvimento e em sua forma de lidar com as circunstâncias do mundo. O erro da tradição kantiana foi afirmar que a arte, não tendo uma função específica a cumprir com perfeição, poderia ser defendida somente se situada além de qualquer uso ou função, como possuindo um puro valor intrínseco. Esse erro foi agravado pela idéia de que a funcionalidade é, em certo sentido, oposta à noção de valor intrínseco, devido à dicotomia assumida entre os meios e os fins, e de sua associação à algo como um "simples departamento [...] de eficácia" (*AE*, 144).

As correções de Dewey não se limitam a rejeitar a oposição (embora não a diferença) entre valor funcional e valor intrínseco, dando nova interpretação à distinção meios/fins (*AE*, 143-6, 201-4). Mais importante é seu argumento de que o valor e a função especial da arte não residem em algum fim particular, especializado, mas sim em satisfazer a criatura viva de maneira global, servindo a fins variados e, acima de tudo, aumentando nossa experiência imediata, que nos revigora e vitaliza, ajudando-nos, assim, a realizar qualquer fim que busquemos. A arte possui tanto um valor funcional como um fim em si (*AE*, 144). "Aquilo que é apenas uma utilidade satisfaz [...] um fim particular e limitado. A obra de arte estética satisfaz muitos fins [...] Ela serve à vida, no lugar de prescrever um modo definido e limitado de viver" (*AE*, 140). "Somos conduzidos a ter uma atitude renovada em relação às circunstâncias e exigências da vida ordinária." E sua funcionalidade não "cessa sequer quando acaba a ação direta de percepção. Ela continua a agir por canais indiretos" (*AE*, 144). O canto de trabalho nos campos de colheita não apenas fornece aos camponeses uma experiência estética de satisfação, mas seu entusiasmo se estende ao trabalho, estimulando e enriquecendo-o, ao mesmo tempo que estabelece um espírito de solidariedade que permanece mesmo depois do fim das atividades. A mesma funcionalidade, largamente expandida, pode ser encontrada nas obras normalmente qualificadas

[13] Para ele, "uma filosofia da arte é estéril, se não nos torna sensíveis à função da arte em relação aos outros modos de experiência" (*AE*, 17).

como arte. Elas não são apenas uma coleção refinada de instrumentos que geram uma experiência estética especializada. Elas trabalham na mudança e no aprimoramento da percepção e da comunicação; são fontes de energia e inspiração, porque a experiência estética está sempre transbordando sobre nossas outras atividades, ampliando e aprofundando-as (*AE*, 101, 110, 138, 248-9, 335, 348-9).

A arte, assim, "mantém vivo o poder de sentir o mundo comum em sua plenitude" (*AE*, 138); torna o mundo e nossa presença nele mais significativos e toleráveis, pela introdução de um certo "senso de unidade satisfatório" em sua experiência (*AE*, 199). Essa importante função artística de justificar a existência, dando-lhe um agradável senso da forma e do todo, traça um paralelo entre a estética de Dewey e a visão de Nietzsche, segundo a qual "este mundo só pode ser justificado como um fenômeno estético" — visão que reencontramos na análise que Foucault faz do ideal grego enquanto uma "estética da existência". Além disso, ao defender uma estética plenamente corporalizada e ao rejeitar a noção kantiana de "desinteresse", Dewey está em sintonia com o reconhecimento nietzscheano "da 'fisiologia' da estética" e da "excitação [...] do 'interesse'" que ela provoca. Ele compartilha esse somatismo de Nietzsche com Foucault e Bataille, cuja ênfase no desvio, na distorção sociocultural e no excesso, faz de Dewey um espírito ora sadio e entusiasta, ora ingênuo e sem sofisticação. De qualquer modo, sua estética otimista de energias naturais está mais propensa a inspirar exploradores esperançosos do "New Age" do que intelectuais europeus desencantados ou aqueles nascidos e criados na América[14]. De qualquer modo, ela capta o tema essencial do corpo que, embora

[14] Nietzsche, *The birth of tragedy* e *The genealogy of morals*, Nova York, Doubleday, 1956, pp. 143, 240 e 247. Foucault fala da "estética da existência" em *Histoire de la sexualité*, vol. 2, p. 106. O naturalismo de Dewey não pode ser acusado de ignorar o quanto as estruturas sociais informam o corpo e seus modos de prazer. Tais estruturas, segundo Dewey, pertencem ao meio natural, que interage na formação do organismo individual. Seu reconhecimento da importância dos fatores sócio-históricos na constituição de nossa percepção estética, do quanto "a vida institucional dos homens" afeta "nossos diversos sentidos" (*AE*, 26-7), faz parte da crítica histórico-social de Dewey em relação à concepção museológica da arte, que eu comento mais adiante. Longe de professar um naturalismo restritamente fisiológico, Dewey repete: "Nem o homem selvagem nem o civilizado são o que são pela sua constituição natural, mas pela cultura da qual participam" (*AE*, 347). [Ver Nietzsche, *Origem da tragédia*, Lisboa, Guimarães, 1958, e *Genealogia da moral*, Lisboa, Guimarães, 1959; Foucault, M., *História da sexualidade*, Rio de Janeiro, Edições Graal Ltda., 1993.]

apresente um interesse crescente na teoria continental, continua ausente na estética analítica. Talvez o ponto de vista somático de Dewey ressoe mais dentro da atenção focal que Merleau-Ponty reserva ao corpo vivo: "É a operação expressiva do corpo, que começa pela menor percepção e que é ampliada em pintura e arte", afirma; essa frase poderia perfeitamente ter sido extraída de *Art as experience*, embora certamente esse não tenha sido o caso[15].

3. A funcionalidade global que Dewey atribui à arte pode ser conectada a uma outra de suas visões, que o separa radicalmente da maioria dos filósofos analistas: a primazia cultural e filosófica da arte e da estética. Sendo a experiência estética aquela "na qual a criatura está viva", afirma Dewey, é a ela "que o filósofo deve se ligar para entender o que é a experiência em geral". Uma aptidão filosófica para entender o que é a experiência estética é, para ele, um teste da capacidade "de compreender a natureza da experiência em si [...] Não há teste mais revelador da parcialidade de uma filosofia que a sua abordagem da arte e da experiência estética" (*AE*, 24-5, 33, 278). Para Dewey, "as artes que prosperam são [...] a medida final da qualidade da cultura" (*AE*, 347); enquanto, para os filósofos analíticos, o ideal e o paradigma da realização humana é, ao contrário, a ciência.

Dado que a filosofia analítica modelou-se como uma filosofia científica, a arte e a estética receberam dela um estatuto marginal, sendo muitas vezes evitadas como algo além da esfera do entendimento científico. A estética analítica, ao menos no início, apresentou-se como uma tentativa de aplicar os métodos rigorosos e precisos da filosofia científica ao domínio caprichoso e obscuro da realidade artística, para esclarecer os seus conceitos sombrios, assim como os métodos confusos que predominam em sua interpretação e avaliação. Dewey, embora grande admirador da ciência e de seus dons à civilização, não pôde deixar de ver a experiência científica como sendo mais fraca que a arte. A arte, com efeito, envolve mais significativamente o organismo humano (*AE*, 90-1, 126, 278); envolvimento que engloba as maneiras

[15] Ver Maurice Merleau-Ponty, *Signes*, Paris, Gallimard, 1960, p. 87; comparar com Dewey: na medida em que "os movimentos do corpo individual entram na remodulação do material [...] algo do ritmo da expressão vital [...] deve estar presente no ato de esculpir, pintar, fazer estátuas, projetar prédios e escrever histórias" (*AE*, 231-2). "A arte é, desse modo, prefigurada em todos os processos da vida" (*AE*, 30).

mais complexas e elevadas do pensamento: "a produção de uma obra de arte autêntica exige, provavelmente, mais inteligência do que a maioria dos ditos pensamentos daqueles que se orgulham de ser 'intelectuais'" (*AE*, 52). Dewey sustenta, portanto, que "a arte — modo de atividade carregado de significações passíveis de serem imediatamente possuídas e apreciadas — é o ponto culminante da natureza, e a 'ciência' é a servidora que conduz os eventos naturais a esse feliz resultado"[16].

Não vejo como provar tal afirmação, um tanto extravagante, tampouco esta outra, segundo a qual a experiência estética é a chave necessária para entender filosoficamente "a natureza da experiência em geral" (*AE*, 278). Também não estou certo de que a experiência estética deva ser analisada em termos filosóficos; ao me referir à obra de Dewey, estarei discutindo isto detalhadamente. Contudo, duas coisas são claras. A atitude de Dewey ao privilegiar a arte em relação à ciência, a partir de um fundamento filosófico fortemente empirista e naturalista, constitui um gesto corajoso e terapêutico num mundo cada vez mais tecnológico, cujo herói cultural dominante é o cientista. Em segundo lugar, a pesquisa estética seria, sem dúvida, melhor servida por uma filosofia que concedesse à arte e à teoria da arte uma importância filosófica suprema para a nossa autocompreensão cultural. Aqui, mais uma vez, o pragmatismo de Dewey, ao lado da filosofia continental, goza de uma vantagem em relação à estética analítica.

4. Insistindo no fato de que o pensamento sólido é importante tanto para a arte como para a ciência, Dewey reconhece, em compensação, que a ciência em si é mais do que puro pensamento destituído de sentimento e imaginação, e que "a qualidade estética [...] pode ser parte integrante do trabalho científico" (*AE*, 202). Pois a pesquisa científica pode, ocasionalmente, proporcionar esta "qualidade emocional de satisfação [...] engendrada por uma integração interior e uma plenitude, atingidas através de movimento ordenado e organizado", envolvendo todas nossas faculdades humanas — o que, para Dewey, constitui a marca distintiva da ciência (*AE*, 45). De fato, ele foi ambicioso ao ressaltar as profundas semelhanças entre a arte e a ciência, como formas de ordenar e lidar com a experiência, notando que elas têm estreitas afinidades nas culturas antigas e primitivas (*AE*, 153-4).

[16] John Dewey, *Experience and nature*, La Salle I11, Open Court, 1929, p. 290; abreviado *infra EN*.

Dewey vai mais longe, ao declarar que "a ciência em si é apenas uma arte central, que auxilia a geração e a utilização de outras artes", e que tanto a ciência como a filosofia podem suscitar em seus praticantes uma experiência estética (*AE*, 125-6).

Todas essas associações e assimilações entre diferentes disciplinas nos aponta um dos temas mais importantes da filosofia deweyiana: o tema da continuidade. Em oposição à estética analítica (e, talvez, refletindo mais uma vez a oposição Kant/Hegel), Dewey dedica-se mais a realizar associações do que distinções. Ele estabelece, de maneira perspicaz, uma ligação entre todos aspectos da existência e da atividade humana, que têm sido divididos pelo pensamento especializado, e mais ainda pelas instituições compartimentadas, nas quais esse pensamento é inscrito e reforçado. Ele antecipa, de certa maneira, a análise mais elaborada de Foucault sobre o poder disciplinar, assim como a crítica, ainda mais amarga, que Adorno fará da desintegração social e pessoal produzida por uma sociedade administrativa, que governa pela divisão e homogeneização de suas formas burocráticas. Lamentando a fragmentação da experiência provocada pela reificação das distinções, Dewey denuncia as intoleráveis divisões sociais e as contradições culturais que constituem, ao mesmo tempo, a origem e a conseqüência deste processo. Sempre consciente do condicionamento sócio-histórico do pensamento e da experiência, Dewey reconhece que:

> [as] teorias *que isolam a arte e a sua apreciação, situando-as num domínio à parte, desligado de outros modos de experiência, não são inerentes a seu assunto, mas surgem por causa de condições externas específicas. Arraigadas como são em instituições e em hábitos de vida, essas condições operam de maneira efetiva, pois funcionam inconscientemente. Eis por que os teoristas afirmam que elas estão enraizadas na natureza das coisas. Apesar disso, a influência dessas condições não se limita à teoria* [...], *ela afeta profundamente a prática do viver, expulsando as percepções estéticas, que são ingredientes necessários de nossa felicidade, ou reduzindo-as ao nível de excitações compensadoras, agradáveis e transitórias. (*AE, 16*)*
>
> *A vida institucional do homem é marcada pela desorganização. Esta desordem é, muitas vezes, disfarçada pelo fato de tomar a forma de uma divisão estática de classes,*

> *separação aceita como sendo a verdadeira essência da ordem, desde que seja suficientemente fixa para não gerar um conflito aberto. Não somente a vida é compartimentada, como os setores institucionais são classificados como altos e baixos; seus valores como profanos e espirituais, como materiais e ideais. Os interesses se ligam uns aos outros de maneira externa e mecânica* [...]. *Assim como a religião, a moral, a política, os negócios, têm cada qual um setor próprio que lhe é conveniente, a arte também deve ter o seu domínio particular* [...]. *Aqueles que descrevem a anatomia da experiência supõem, então, que essas divisões residam na própria constituição da natureza humana* [...]. [Embora] *não possamos negar que tais separações existem para grande parte de nossa experiência atual, da maneira como ela é vivida nas presentes condições econômicas e institucionais. (*AE, *26-7)*

O naturalismo estético de Dewey pretende "redescobrir uma continuidade entre a experiência estética e os processos normais do viver"; ele tenta romper a influência da "concepção classificatória de belas-artes", esta velha ideologia filosófica da estética, solidamente implantada nas instituições, que distingue radicalmente a arte da vida real, reservando-a "a um domínio à parte" — o museu, o teatro, a sala de concerto (*AE*, 9, 14, 16).

Mas a estética de continuidade de Dewey conecta mais do que a arte e a vida; ela insiste na continuidade essencial de uma série de noções binárias tradicionais, cuja oposição, há tempos assumida, estruturou a filosofia estética: as belas-artes contra as artes aplicadas (*AE*, 11-12, 33-4, 87), o erudito contra o popular (*AE*, 191), a arte espacial contra a temporal (*AE*, 187), a estética contra o cognitivo (*AE*, 45, 52, 80, 202) e o prático (*AE*, 45-7, 265-7)[17], e por fim os artistas contra as pessoas "comuns" que constituem seu público (*AE*, 54, 60, 80). Com efeito, para assegurar tal continuidade em estética, Dewey estende o seu ataque à dicotomia, a fim de destruir dualidades mais básicas, que

[17] Rejeitando claramente a diferenciação kantiana entre estética, por um lado, e o conhecimento e a prática, por outro, Dewey afirma: "Os inimigos da estética não são nem o prático nem o intelectual. São a rotina, a monotonia e a ociosidade; a submissão às convenções nos procedimentos práticos e intelectuais" (*AE*, 47).

explicam e reforçam o seqüestro e a fragmentação de nossa experiência da arte. Mais notáveis dentre elas são as dicotomias do corpo e do espírito, do material e do ideal, do pensamento e do sentimento, da forma e da substância, do homem e da natureza, do eu e do mundo, do sujeito e do objeto, dos meios e dos fins.

Não é aqui o lugar para tratar da crítica de Dewey a todos esses dualismos[18]. Mas é crucial notar o quanto sua ênfase na continuidade contrasta com a orientação analítica — cujo próprio nome denota divisão em partes — que se orgulha da clareza e do rigor de suas distinções. A princípio, a estética analítica fez seu nome atacando as generalizações vagas e sem valor que pareciam resultar da abordagem da arte e da estética como um todo contínuo, sobre o qual era permitido generalizar com vantagem. O alvo principal da crítica analítica foi Croce, que, ao definir a arte como uma intuição-expressão livre e criativa, negou a validade de qualquer tipo de distinção, identificando explicitamente, de fato, estética à lingüística. O argumento principal dos filósofos analíticos é que o compromisso com a continuidade em estética produz teorias globais, tão vagas e ambíguas quanto virtualmente vazias, ou que, mais precisamente, distorcem o caráter específico de certas formas de arte para enquadrá-las numa teoria geral. O remédio proposto contra a fluidez e as distorções da estética geral é "praticar distinções com ferocidade" e estabelecer uma abordagem mais especializada e disciplinar. Sugeriu-se até que, "[não havendo] uma estética, mas sim princípios de crítica literária, crítica musical etc.", a estética geral fosse abandonada por um "estudo intensivo e especializado de cada arte"[19].

Essa visão classificatória da pesquisa estética através da análise rigorosa de cada arte em particular, assim como seu criticismo, foram, de certo modo, muito frutíferos, tendo contribuído significativamente para o entendimento geral da simbolização e da representação. Mas

[18] Ver *AE*, sobre a crítica de Dewey aos dualismos: 26-8, 267 (corpo/espírito); 34, 38, 109 (material/ideal); 40, 125, 161, 251-2, 263 (pensamento/sentimento); 112-4, 123, 133 (forma/substância); 152-5, 163, 190, 336, 341 (homem/natureza); 109, 252, 254, 274-5, 286 (eu/mundo); 251, 281, 292 (sujeito/objeto); e 201-2 (meios/fins).

[19] As citações aqui são de John Passmore, "The dreariness of aesthetics", em Elton (org.), *op. cit.*, pp. 50 e 55. Este ponto é desenvolvido em meu artigo "Analytic aesthetics, literary theory, and destruction", *op. cit.*

três pontos devem ser mencionados. Em primeiro lugar, a divisão do estudo específico de cada arte é uma clara conseqüência do desenvolvimento da crítica acadêmica especializada, baseada em departamentos institucionais distintos e em revistas universitárias disciplinares. Pressões de legitimação profissional tornam irresistível a afirmação dessa repartição. Em segundo lugar, os efeitos permanentes dessa especialização disciplinar não conseguiram ser tão satisfatórios, ainda que tais estudos fossem realizados sob a vaga noção de que as diversas formas de arte — a despeito de suas diferenças evidentes — devessem ser, de algum modo, associadas (ao menos historicamente). Estamos assistindo hoje ao movimento inverso, de defesa do estudo interdisciplinar da arte. O número crescente de novas revistas e novos departamentos de "estudos culturais" constituem um interessante meio de expressão institucional e formam um suporte para esse movimento promissor de integração global.

Em terceiro lugar, o mais forte argumento analítico em favor do estabelecimento de distinções — o de que nenhuma pesquisa produtiva é possível sem distinções que estruturem o discurso — é perfeitamente aceitável para Dewey. Pois ele aceita prontamente as distinções e as diferenças como instrumentos flexíveis e provisórios que marcam tendências e possibilitam *insights* ou novas percepções. Ele simplesmente se recusa a vê-las como princípios invioláveis de classificação e avaliação, a instaurar lacunas intransponíveis entre coisas que são (ou poderiam ser) profunda e fecundamente associadas na experiência concreta. Dewey distingue, ele próprio, experiência estética de outro tipo de experiência (*AE*, 61), emoção estética de emoção ordinária (*AE*, 85), assim como distingue os diversos tipos de arte através de seus diferentes suportes (*AE*, 111, 231). Mas, em oposição à abordagem analítica tradicional, que busca uma qualidade ou uma experiência específica e singular para definir arte ou estética como "um único *fundamentum divisionis*"[20], as distinções de Dewey se fazem em termos de "*tendências* significativas" em constelações complexas de características agrupadas (*AE*, 221, 227, 287). A experiência estética é diferenciada não pela posse única de um elemento particular, mas pela possível e excitante integração de todos os elementos da experiência ordinária, "for-

[20] J.O. Ursom, "What makes a situation aesthetic?", em F.J. Coleman (org.), *op. cit.*, pp. 359 e 368.

mando um todo a partir de sua variedade", o que dá ao sujeito da experiência um forte sentimento de totalidade e ordem do mundo (*AE*, 199, 278). "A experiência é marcada por uma maior inclusão de todos os fatores psicológicos que ocorrem nas experiências ordinárias, e não pela redução destas a uma única resposta" (*AE*, 259).

Para a perspectiva holística de Dewey, é um erro tentar definir a estética pelo isolamento de "um elemento da experiência total" de um objeto — seja ele sensorial, emocional, formal, ou qualquer outro —, uma vez que o assim chamado estético é "aquilo que se deve ao padrão global, para o qual ele contribui e no qual é absorvido" (*AE*, 295). Do mesmo modo, as distinções entre as artes segundo o seu suporte não são rigidamente nítidas. Sem contar as obras que utilizam suportes mistos, podemos encontrar metáforas e outros traços literários na pintura, na escultura e na dança; existe nos poemas impressos um visual gráfico esteticamente trabalhado[21]. Portanto, para Dewey, "tais palavras como poético, arquitetural, dramático, escultural, pictural, literário [...] designam *tendências* que pertencem, em certa medida, a todo tipo de arte, pois qualificam qualquer experiência completa, mesmo que um determinado material seja mais adaptado para enfatizar esse traço" (*AE*, 233). Distinções — entre forma e matéria ou entre diferentes gêneros — dependem do contexto; seu valor e "utilidade real encontram-se no fato de servirem como instrumentos de abordagem do jogo variável do material concreto, e não no fato de restringirem esse material à imobilidade rígida" (*AE*, 137, 229). O perigo das distinções é que nós acabamos fetichizando-as, "instituindo-as dentro de divisões compartimentadas" (*AE*, 257).

Os argumentos efetivos de Dewey contra as distinções classificatórias são muito esquemáticos e pouco precisos. Um deles parece ser o seguinte: o estudo separado daquilo que na experiência apresenta-se como um todo nos leva à distorção e ao empobrecimento de nossa compreensão global desse todo. Pois, pelo princípio da unidade orgânica, um todo estético é mais do que a soma de propriedades de suas partes isoladas. Com efeito, as partes em si não iriam nem sequer apa-

[21] Analiso o visual estético do texto em "Aesthetic blindness to textual visuality", em *Journal of Aesthetics and Art Criticism*, 41, 1982, pp. 87-96; "The anomalous nature of literature", em *British Journal of Aesthetics*, 18, 1978, pp. 317-29; e "Ingarden, inscription, and literary ontology", em *Journal of the Bristish Society for Phenomenology*, 18, 1987, pp. 103-19.

recer como aparecem, se não fosse sua integração no todo, do qual a classificação as separa (*AE*, 43-4, 140-1, 166, 196).

Um outro argumento relativo a essa questão é que a visão das coisas como unidas é simplesmente mais enriquecedora e gratificante do que vê-las divididas. E isso pode, talvez, ser explicado pela idéia de que, ao dividir rigidamente as faculdades humanas, os interesses e os objetos, estamos dividindo a criatura humana contra si mesma, forçando-a a escolher entre capacidades — emocionais, intelectuais, sensoriais — que naturalmente funcionam juntas; criamos, assim, um conflito interno e uma alienação de si (*AE*, 26-8, 34, 252-3). Além disso, como Dewey observou bem antes do desconstrutivismo, as distinções tendem a tomar um aspecto normativo e, ao privilegiar um termo em relação a outro, elas obscurecem ou degradam o valor real do termo dominado, que uma reflexão mais profunda pode revelar como essencial ao valor do termo "superior". Os termos e suas "divisões institucionais são classificados como altos e baixos; seus valores como profano e espiritual, material e ideal", sensorial e intelectual. "Sob tais condições, corpo e sentidos são termos pejorativos", e ignoramos sua contribuição inestimável à plenitude da vida, até mesmo em suas dimensões moral e intelectual (*AE*, 26-7).

Talvez o argumento mais importante de Dewey contra as distinções classificatórias é que elas consolidam o pensamento e a percepção em rotinas fixas, canais automáticos e padronizados, com destinações pré-determinadas e limites familiares. Isso inibe a riqueza e a variação da percepção, impede a criatividade e restringe essa abertura à experiência, que Dewey considera como essencial para o descobrimento e o enriquecimento da vida. "Existem já obstruções suficientes no caminho da expressão autêntica. As regras que acompanham a classificação acrescentam mais uma deficiência" (*AE*, 229-30).

Em oposição ao holismo deweyiano, a estética analítica concentrou-se principalmente em projetos de distinção, dedicando enormes esforços para distinguir com clareza o estético do não-estético, a arte daquilo que não é arte, e (mais notável no trabalho de Nelson Goodman) a obra de arte em particular de outros objetos que pretendem falsamente representá-la (como reproduções, textos infiéis e performances). Mas há um importante filósofo analista, Morris Weitz, que questiona, como Dewey, o valor das definições classificatórias em arte. Ele afirma não apenas a impossibilidade lógica de estabelecer definições reais para conceitos logicamente abertos como os estéticos (em termos de essência ou de condições necessárias e suficientes), como também acrescenta ser inútil tentar aprisioná-los através de tais definições. Tal encerramento só "restringiria [...] as condições de criatividade em arte"[22].

Por outro lado, Weitz é responsável por uma forte distinção que exerceu uma influência considerável e que acabou se consolidando numa dicotomia limitante, a qual empobreceu a estética analítica. Sua visão de que o termo "arte" tem dois usos distintos, enquanto descrição classificatória e enquanto termo de elogio, foi instituída por George Dickie numa repartição de dois diferentes "sentidos" do conceito de arte: um puramente classificatório e outro apreciativo. O primeiro, destituído de qualquer conteúdo de avaliação, convinha a uma definição objetiva e se tornou o foco da definição institucional e não-normativa da arte. A busca rigorosa de uma distinção e de uma demarcação "objetiva" da arte levou ao fato de defini-la de maneira formal e vazia, independentemente de seu valor. Uma obra de arte é simplesmente um artefato que recebe o *status* de arte por uma instituição denominada "o mundo da arte", quer mereça ou não ser tratado assim.

5. É importante notar que a separação entre um sentido descritivo e outro apreciativo da arte, e o privilégio conferido ao primeiro pela estética analítica, são sintomáticos da tendência geral desta última a evitar a questão da apreciação. Tal tendência resulta de seu desejo de ser uma filosofia científica e de sua concepção do científico como uma verdade neutra[23]. A propensão da estética analítica a se apresentar como metacrítica reforça essa tendência. Sua intenção é analisar e esclarecer os conceitos e as práticas da crítica estabelecida, e não de questioná-las mais profundamente. Trata-se, mais uma vez, de descrever com exatidão nosso conceito de arte, não de transformá-lo. Bem ao contrário, a estética de Dewey não busca a verdade pelo amor da verdade, mas sim alcançar uma experiência mais rica e satisfatória, uma experiência de um valor sem o qual a arte não teria sentido nem razão, sem o qual não existiria ou não seria compreendida como fenômeno global, nem mesmo definida como tal. No pragmatismo de Dewey,

22 Morris Weitz, "The role of theory in aesthetics", em *Journal of Aesthetics and Art Criticism* 16, 1955, pp. 27-35; reed. em Coleman (org.), *op. cit.*, pp. 90 e ss.

23 A recusa deliberada de qualquer apreciação é, por vezes, bem explícita, como quando Nelson Goodman lamenta que a preocupação com os valores tenha causado "constrição e distorção da pesquisa estética" (Nelson Goodman, *Language of art*, Oxford, Oxford University Press, 1969, pp. 261-2).

é a experiência que, bem mais que a verdade, constitui a norma suprema: até mesmo "o valor dos ideais se apóia sobre as experiências às quais eles conduzem" (*AE*, 325). Sua teoria instrumental do saber considera que o objetivo final de toda pesquisa científica ou estética é, não a verdade ou o saber em si mesmos, mas uma experiência melhor ou a experimentação de um valor. A importância do saber está em ser "um instrumento para o enriquecimento da experiência imediata através do controle da ação que ela realiza" (*AE*, 294); e, para Dewey, nada supera a rica proximidade da experiência estética.

Desse critério radicalmente experimental de valor, segue-se que a ciência é subordinada à arte. Segue-se ainda que os valores estéticos nunca podem ser fixados de maneira permanente pela arte ou pela crítica, mas devem ser continuamente testados e experimentados, podendo ser revertidos pelo tribunal das percepções estéticas transitórias. "A concepção segundo a qual os objetos possuiriam valores fixos e inalteráveis constitui precisamente o preconceito do qual arte nos emancipa", uma vez que na "obra de arte a prova do pudim está decididamente no fato de comê-lo", e não numa "regra *a priori*" ou num princípio crítico qualquer (*AE*, 100-1).

6. Mas existe uma outra conseqüência, bem mais radical, dessa norma experimental: nossos conceitos estéticos, incluindo o próprio conceito de arte, são apenas instrumentos que precisam ser colocados em questão e revisados quando deixam de proporcionar a melhor experiência possível. Isso pode explicar a evidente tentativa deweyiana de orientar sua teoria estética através da reforma radical de nosso conceito de arte e estética, que é estranha ao espírito conservador e esclarecedor do projeto analítico. Se por um lado a estética analítica se inscreve numa tradição moderna e romântica, defendendo os valores da arte e de sua autonomia pela identificação do conceito de arte com o conceito de artes "maiores" (e às idéias de sublime e de gênio a elas associadas), por outro, Dewey deplora essa tradição elitista, que ataca sob o rótulo da "concepção museológica da arte" e de "idéia esotérica de belas-artes" (*AE*, 12, 90).

A oposição de Dewey a esse seqüestro espiritual da arte foi, a princípio, relacionada a seu naturalismo. Mas o motivo dominante desse ataque resulta não de considerações ontológicas de continuidade naturalística, mas do objetivo instrumental de incrementar nossa experiência imediata através de transformações socioculturais, nas quais a arte seria mais rica e satisfatória para um número de pessoas maior, pois seria mais próxima de seus interesses vitais e mais integrada a suas vidas. A repartição e a espiritualização da arte como um "reino superior à parte" sob um "pedestal inatingível", separada dos interesses e materiais dos esforços humanos, retiraram a arte das vidas da maioria de nós, empobrecendo assim sua qualidade estética (*AE*, 9-15). A arte é, com efeito, colocada em quarentena nos museus, nas salas de concerto e de teatro, assim como nas salas de aula, longe de um acesso cotidiano, livre e casual. Não somente a equação elitista "arte = artes maiores" aliena e intimida muita gente a buscar satisfação nas belas-artes, como também lhes nega o reconhecimento da legitimidade artística do divertimento, ou das assim chamadas artes "menores" que tanto agradam as pessoas — "o cinema, o jazz, as histórias em quadrinhos". Elas são levadas a perder a esperança de cultivar uma sensibilidade artística e a buscar, no lugar disso, satisfação em coisas cada vez mais "baratas e [...] vulgares" (*AE*, 11-2). Esta identificação da arte com a tradição das belas-artes pode servir, portanto, a uma elite sociocultural opressiva, que busca afirmar e reforçar sua superioridade de classe, garantindo que a arte (ao menos em seus modos de apreciação canonizados) continuará fora do alcance e além do gosto dos homens comuns e reforçando, assim, o sentimento de inferioridade dos mesmos.

Além disso, para Dewey, até a experiência da elite cultural é empobrecida e restringida por essa concepção espiritualizada e esotérica das belas-artes. Na medida em que essas pessoas, para sobreviver e prosperar, devem ser não somente estetas mas indivíduos engajados ativamente na vida, sua compreensão da arte pode ser mais rica e satisfatória quando se relaciona de maneira mais próxima com a experiência, incrementando-a. Mesmos os artistas são tolhidos pela concepção da arte como algo distinto e acima da vida. Isolados profissionalmente "da grande corrente dos interesses ativos", "menos integrados que antes no fluxo normal das necessidades sociais", desligados de tantas pessoas que poderiam constituir seu público, os artistas têm menos acesso aos materiais experimentais e às fontes que servem para suas criações artísticas. Eles também são forçados (numa lógica de especialização e de originalidade que os leva a afirmar sua forte distinção em relação a outras profissões e mesmo a outros artistas) a desenvolver um individualismo intenso, que torna suas criações cada vez mais inacessíveis e de difícil apreciação (*AE*, 15).

Mas a arte não é a única a sofrer deste seqüestro espiritual: tal repartição não foi estabelecida simplesmente por e para estetas assegurarem e refinarem seus prazeres. A concepção de arte e de estética como um reino à parte, caracterizado pela sua liberdade, imaginação e prazer, tem por correlato subjacente a triste suposição de que a vida comum seja necessariamente uma coerção das menos imaginativas e agradáveis. Isso proporciona uma desculpa para os poderes e as instituições que estruturam nosso dia-a-dia para serem brutalmente indiferentes às necessidades naturais humanas em relação aos prazeres da beleza e da liberdade de imaginação. Esses prazeres não seriam encontrados na vida real, mas sim na arte, cujo contraste e fuga do real ofereceriam a nós, humanos sofredores, consolação e alívio temporários. Fazendo da arte algo a ser desfrutado nos momentos em que nos aliviamos da realidade, as instituições e as práticas mais repugnantes de nossa sociedade são legitimadas e enraizadas como necessidades reais, às quais a arte e a beleza devem se submeter. Pior ainda, essas rígidas realidades institucionais justificam e glorificam a si mesmas através das artes maiores que nossa sociedade produz ao tentar transcendê-las. A arte se torna, na expressão sarcástica de Dewey, "o salão de beleza da civilização", cobrindo com uma opulenta superfície estética seus horrores e atrocidades — incluindo, ainda segundo Dewey, esnobismo social, imperialismo, opressão ligada à busca do lucro capitalista, desintegração social e alienação do trabalho (*AE*, 14-6, 345-7).

Aqui ainda, vemos Dewey antecipar as teses mais influentes da Escola de Frankfurt. Quando Benjamin e Adorno lamentam o fato de nossa cultura superior ocultar uma face sombria que se assemelha a mais rude barbárie, como não ver aí um eco da visão de Dewey, segundo a qual a "arte é um salão de beleza da civilização", em que a "civilização não é civil"? (*AE*, 339, 346). Adorno, que exalta Dewey como "um pensador realmente emancipado", lamenta a mesma realidade social, em que a "luxuosa" arte burguesa constitui uma reação à vida "ascética", "privada [...] de gratificação real na esfera da experiência sensível imediata"[24]. Mas Adorno prudentemente insiste em

[24] T.W. Adorno, *AT*, pp. 19 e 460. A insistência de Adorno na intrincada "dialética da cultura e do barbarismo" faz lembrar a famosa observação de Benjamin sobre o fato de que "não existe um documento da civilização que não seja ao mesmo tempo um documento da barbárie". Ver T.W. Adorno, *Prisms*, Cambridge, Mass, MIT Press, 1981, p. 34, e Walter Benjamin, *Illuminations: Essays and reflections*, Nova York, Harcourt, Brace & World, 1968, p. 256. [Ver Adorno, *Prismas: crítica cultural e sociedade*, São Paulo, Ática, 1993.]

que a arte se mantenha separada da vida e conserve sua autonomia sacralizada, embora socialmente culpada, identificando-se com uma cultura superior, a fim de evitar contaminações por um mundo corrompido e de possibilitar, assim, uma crítica mais pura dessa realidade repugnante. O pragmatismo de Dewey, ao contrário, parece mais próximo do pensamento otimista de Marx. O papel da arte — assim como o da filosofia — não é criticar a realidade, mas trasformá-la; e poucas mudanças podem ser feitas se a arte se mantém enclausurada num domínio à parte. Dewey afirma, dessa forma, que apesar do risco de apropriação errônea por um mundo injusto e inestético, a arte deveria ser retirada de sua repartição sagrada e introduzida no domínio da vida cotidiana, no qual pode funcionar mais efetivamente como um modelo e estímulo de uma reforma construtiva, ao invés de permanecer um simples ornamento ou uma alternativa imaginária para o real[25]. Mais no espírito de Walter Benjamin do que no de Adorno, o pragmatismo está disposto a trocar a aura de soberania transcendental da arte por um brilho mais realista e democrático de uma vida melhor e de uma comunidade mais compreensiva. Em suma, as instituições, as distinções hierárquicas e as divisões de classe da sociedade têm moldado de maneira significativa o conceito tradicional e elitista de arte, sendo também, de certa forma, reforçadas reciprocamente por ele[26]. Para nós, pragmatistas, tal conceito precisa, portanto, ser democraticamente repensado como parte de uma reforma social.

[25] Isso não deve ser interpretado como uma preferência por uma arte estritamente política ou moral, à qual Dewey, como Adorno, é desfavorável (*AE*, 186, 194, 348-51). O que significa exatamente para Dewey a importação da arte e de seu princípio estético para o domínio da vida cotidiana? Em primeiro lugar, isso estimularia um cultivo mais atento das diversas artes de viver (inclusive as artes políticas, sociais e tecnológicas), colocando ênfase sobre as qualidades de harmonia, criatividade e imaginação, e integrando melhor seus meios e seus fins, de modo que um número maior de atividades cotidianas procurariam uma satisfação imediata e não apenas uma simples esperança de um prazer protelado e exterior (*AE*, 87). Isso nos permitiria, assim, reestruturar a vida ética, social e política através da noção estética de unidade, a fim de conceber um todo integrado em que as diversas partes não perdem sua identidade própria (*AE*, 43) — outro ideal evocado por Adorno. Se tais esclarecimentos sobre a integração da arte coma vida cotidiana parecem ainda muito vagos, minhas reflexões sobre a arte popular e a vida estética (capítulos 3 e 5) podem ser considerados como uma tentativa de dar corpo a essa idéia.

[26] "A história da oposição aguda entre as belas-artes e as artes aplicadas é a

7. A divergência entre a estética de Dewey e a estética analítica não repousa apenas sobre seu ataque contra a repartição elitista da arte e em seu maior interesse em reformar do que em esclarecer, com uma teoria que irá antes mudar a prática do que explicá-la, fundamentá-la ou justificá-la. A diferença reside também na dimensão histórica e sociocultural da teoria de Dewey, em sua insistência de que a arte e a estética não podem ser entendidas sem um exame completo de seus aspectos sociais e históricos. Essa idéia reflete a influência do hegelianismo historicista sobre Dewey e aproxima seu pensamento ao da tradição marxista da estética continental. Até bem recentemente, a maioria dos estetas analíticos simplesmente ignorava essa dimensão contextual, considerando-a sem importância, provavelmente porque pensavam a experiência estética enquanto inscrita no imediato — não somente por sua satisfação imediata, como também por sua percepção direta, oposta ao pensamento inferencial. É assim que Moore recomenda, para a apreciação estética um "método de isolamento absoluto", um reconhecimento intuitivo dos diferentes objetos estéticos, "como se existissem por si mesmos, num isolamento absoluto". Clive Bell, influente teórico da arte para a tradição analítica, expressa o mesmo desdém pelo contexto histórico: "Eu não sou um historiador da arte, nem de qualquer outra coisa. Dou muito pouca importância para quando ou o por quê as coisas foram feitas; o que me interessa é o seu significado emocional para nós. Para o historiador, tudo constitui um meio para outros meios; para mim, o importante é aquilo que constitui um meio direto para a emoção". Essa tendência a-histórica foi mais tarde sustentada pelas teorias de falácia afetiva e genética de Monroe Beardsley, as quais visam a isolar o objeto estético de um contexto histórico de produção e de recepção mais amplo[27].

mesma do desenvolvimento industrial pelo qual a produção se transformou numa forma de viver proteladamente, e grande parte do consumo tornou-se o deleitar-se com o fruto do trabalho alheio" (*AE*, 34). Face a essa brecha aberta entre a produção industrial e o prazer estético, expressão da lacuna conceitual entre a arte e a vida prática, "nenhuma solução permanente é possível, a não ser dentro de uma radical alteração social, que afete o grau e o tipo de participação que os trabalhadores têm na produção e disposição social dos bens que produzem" (*AE*, 345).

[27] Ver Moore, *op. cit.*, p. 187-8; M.C. Beardsley, *Aesthetics: Problems in the philosophy of criticism*, Nova York, Harcourt, Brace, 1958, pp. 457-61; e Clive Bell, *Art*, Nova York, Capricorn, 1958, p. 73. As teorias de "falácia" que Beardsley elabora com o "new critic" William K. Wimsatt formam a ideologia explicitamente

Foi provavelmente Arthur Danto o primeiro a chamar a atenção da estética analítica para a incontestável dimensão histórica e social de nossa apreciação da arte. Em reação a obras como *Fontaine* de Duchamp ou *Brillo Box* de Warhol, ele escreveu em 1964: "Para ver algo como arte precisamos de algo que os olhos não podem vislumbrar — uma atmosfera de teoria artística, um conhecimento de história da arte: um mundo artístico"[28]. Esta noção de mundo da arte foi retomada e transformada por Dickie em sua definição institucional da arte, enquanto Danto, Wollheim e outros filósofos analíticos acentuaram o papel determinante da história da arte na formação de um conceito de arte e de estética. Mas essas tentativas analíticas de uma compreensão histórica e social da arte são muito restritas e pouco densas, se comparadas às de Dewey. Para ele, o mundo da arte não constitui uma noção estética abstrata e autônoma, mas algo integrado ao mundo real e estruturado por fatores socioeconômicos e políticos. Vê a história da arte como sendo igualmente condicionada por tais fatores, longe de ser um "desenvolvimento interno" essencialmente autônomo, tal como é retratada por Danto e outros analíticos[29]. Mais precisamente, Dewey compreendeu que não apenas os conceitos de arte e estética sobre os quais teorizamos, mas também nossos próprios conceitos sobre teoria e filosofia são estruturados e condicionados pelas práticas sociais e institucionais que informam nossas vidas e pensamentos. Portanto, são também condicionados pelas contingências e lutas da história que, de certa forma, moldam essas instituições e práticas estruturadoras.

Para advogar a integração da arte com a vida, Dewey precisa afirmar que sua oposição convencional não é o produto de uma incompatibilidade inevitável; e ele o faz não através de uma análise conceitual penosa, mas por uma genealogia histórico-político-socioeconômica. A fenda existente entre o prático e o estético não é um mal necessário, mas uma catástrofe histórica. Dewey começa sua teorização evocando a sociedade esteticamente mais integrada da Grécia antiga,

a-histórica do "New Criticism", que dominou os anos 50 e 60, e cujas críticas serviram, por sua vez, de modelo e justificativa para a estética analítica.

[28] Ver Arthur Danto, "The artworld", em *Journal of Philosophy*, 61, 1964, p. 581.

[29] Ver Arthur Danto, *The Philosophical Disenfranchisement of Art*, Nova York, Columbia University Press, 1986, pp. 97-111, 204; e Roger Scruton, *The Aesthetic Understanding*, Londres, Methuen, 1983, pp. 166-78.

em que as boas ações também eram descritas como belas (*kalón-agathón*; *AE*, 46) e onde as artes eram "uma parte tão integrante do *ethos* e das instituições da comunidade [que a] [...] idéia de "arte pela arte" não teria sido entendida" (*AE*, 13-4). Ele prossegue, então, sugerindo em termos breves e gerais, algumas das "razões históricas que explicam a emergência da concepção compartimentada de belas-artes", a fim de destruí-la através de sua gênese:

> *Nossos atuais museus e galerias para onde nossas obras de arte foram removidas e conservadas ilustram algumas das causas que conduziram à segregação da arte, no lugar de integrá-la ao templo, ao fórum e a outras formas de vida coletiva* [...]. *Posso apontar alguns fatos relevantes. A maioria dos museus europeus são, entre outras coisas, memoriais da ascensão do nacionalismo e do imperialismo. Toda capital tem de ter seu próprio museu de pintura, escultura etc., destinado em parte para expor as grandezas de seu passado artístico, em parte para exibir as riquezas saqueadas por seus monarcas na conquista de outras nações; vejam o exemplo da acumulação de espólios de Napoleão no Louvre. Esses casos testemunham a conexão existente entre a segregação moderna da arte, o nacionalismo e o militarismo.* (*AE*, 14)

Os fatores sociais e históricos que ajudaram a fundar e a consolidar a concepção de arte dos museus foram tanto econômicas como políticas:

> *A ascensão do capitalismo tem tido uma influência primordial no desenvolvimento do museu como o lar ideal para obras de arte e na promoção da idéia de que elas são separadas da vida cotidiana.* Os nouveaux riches, *um importante sub-produto do capitalismo, sentiram-se comprometidos a cercarem-se de obras de arte que, sendo raras, são também caras. De maneira geral, o colecionador típico é o capitalista típico. Para provar seu elevado nível cultural, ele reúne pinturas, estátuas e* bijoux *artísticos* [...]. *Não apenas indivíduos mas comunidades e nações evidenciam seu bom gosto cultural construindo óperas, galerias e museus. Isso mostra que a comunidade não está totalmente absorta nos*

> *bens materiais, pois se dispõe a utilizar seus ganhos no patrocínio da arte* [...]. *Estes objetos refletem e estabelecem um status cultural superior, ao passo que sua segregação da vida cotidiana refletem o fato de que eles não pertencem a uma cultura nativa espontânea.*
>
> [...] [As belas-artes podem revelar] *uma atitude de superioridade* [...] *em relação aos interesses e ocupações que absorvem a maioria do tempo e da energia da comunidade.* (*AE*, 14-5)

Dewey prossegue mostrando como o capitalismo internacional e a industrialização ajudaram a transformar a recepção e a produção artística, tornando a arte enclausurada em seu próprio mundo:

> *A mobilidade do comércio e das populações, devida ao sistema econômico, enfraqueceu e destruiu a relação existente entre as obras de arte e o* genius loci, *do qual eram a expressão natural. Como as obras de arte perderam seu* status *indígena, elas adquiriram um outro — o de ser espécimens das belas-artes e nada mais* [...], [espécimens] *que são atualmente produzidos, como outros artigos, para serem vendidos no mercado.* (*AE*, 15)

Em contraste com o mecenato exercido no passado por indivíduos relacionados aos artistas ou às instituições comunitárias como a Igreja, a produção artística é abandonada à "impessoalidade do mercado mundial" e privada de uma "estreita relação social" com seu público. Daí se segue que o artista está cada vez mais marginalizado, isolado do "fluxo normal" da sociedade e levado a chamar atenção para seu trabalho pela ênfase na sua singularidade. Na medida em que nossa sociedade é dominada pela busca do lucro, o artista pode muito bem ver seu isolamento social como essencial para sua arte, e nela necessariamente expresso. A arte se torna, então, ainda mais confinada numa especialização "esotérica" (*AE*, 15).

Combinando todos esses fatores, ao lado das condições sociais gerais que fundam a divisão entre o prazer livre e o trabalho "imposto exteriormente", entre a imaginativa satisfação emocional e a monótona produção mecânica, e, mais genericamente, "entre produtor e consumidor na sociedade moderna", teremos o fundo incógnito que estrutura as teorias filosóficas dominantes da arte e da estética. Teremos, assim, "o abismo entre a experiência comum e a estética", o oceano que separa a vida que praticamos ativamente no mundo real e a arte que contemplamos, fugindo deste mundo para dentro dos museus, teatros e salas de concerto (*AE*, 15-6, 285).

Dewey nos adverte de que sua breve genealogia não busca endossar um determinismo econômico absoluto das artes; de fato, como mostra o trabalho de Pierre Bourdieu, as relações entre riqueza e classe social, e entre capital econômico e *status* cultural, são bem mais complexas do que Dewey sugere[30]. O *status* cultural e o esnobismo social se estabelecem, não somente pela posse e admiração de objetos de arte consagrados, mas também por modos de valorização especializados de sua apropriação. Estes também são colocados num pedestal, onde podem ser constantemente deslocados de acordo com as variações dos modos e caprichos da crítica, a fim de conservá-los num isolamento privilegiado, longe da experiência e das pessoas comuns. O que a genealogia de Dewey, no entanto, aspira com sucesso a nos mostrar é que as usuais "teorias que isolam a arte e sua apreciação, colocando-as num domínio próprio a elas, desconectadas de outros modos de experiência" são elas mesmas não os produtos imutáveis da razão pura, atenta à necessária e verdadeira natureza das coisas, mas o resultado de "condições específicas externas", socialmente gravadas "nas instituições e nos modos de vida" (*AE*, 16). Assim determinadas pela história e pelas contingências, tais teorias — e seus conceitos — não podem requerer o *status* de verdade privilegiada e não podem escapar imunes à reforma que a teoria de Dewey aspira.

Além disso, para Dewey, a constituição social e histórica da teoria não se restringe apenas à estética. A distinção rígida instituída na teoria ética entre meios e fins e "as distinções psicológicas agudas" características da tradicional filosofia do espírito são, de modo mais amplo, o produto da "formulação de diferenças estabelecidas entre os partidos e as classes da sociedade" na Grécia antiga (*AE*, 252; *EN*, 298-9).

Essa concepção pragmatista e hegeliana da filosofia, considerada não como um acesso à verdade eterna, mas como uma expressão da "apreensão de seu próprio tempo em idéias"[31], associada à crítica

[30] Ver Pierre Bourdieu, *op. cit.*, p. 453.

[31] G.W.F. Hegel, *Philosophy of right*, Oxford, Oxford University Press, 1952, p. 11.

de tais idéias com o intuito de criar tempos assim como pensamentos melhores, é bastante estranha à filosofia analítica. O mesmo pode-se dizer, é claro, do fervor anticapitalista que se difunde pela teoria estética de Dewey, levando-o a visar a uma linha de reformas teóricas e sociais. Essa combinação de Hegel e Marx dificilmente faria de sua teoria da arte uma opção atraente para a filosofia americana na era macarthista dos anos 50, quando a estética analítica subitamente floresce, embora eu duvide de que isso seja razão suficiente para explicar o quanto a estética de Dewey foi ofuscada e negligenciada.

8. Gostaria de concluir esta breve exposição sobre Dewey, considerando outro ponto, no qual sua oposição às suposições dominantes da estética analítica converge, de maneira interessante, para as correntes mais fortes da filosofia continental contemporânea. Talvez seja este o tema mais importante da estética de Dewey: privilegiar a experiência estética dinâmica sobre o objeto material fixo, que nosso pensamento convencional identifica com a obra de arte — para, em seguida, negociá-lo e fetichizá-lo. Para Dewey, a essência e o valor da arte não residem nos simples objetos que vemos habitualmente como sendo arte, mas na dinâmica e no desenvolvimento de uma atividade experimental, através da qual eles são criados e percebidos. Ele começa, então, por distinguir os "produtos artísticos" — objetos tais como uma pintura, uma escultura ou um texto impresso, que, uma vez criados, podem existir "física e exteriormente", "à parte da experiência humana" — e "a verdadeira obra de arte [que] é o que o produto faz com e dentro da experiência" (*AE*, 9, 167). Graça ao privilégio conferido ao processo estético sobre o produto, a arte é então definida como "uma qualidade de experiência", e não como uma coleção de objetos ou uma essência específica pertencente a esses objetos; a experiência estética se torna, deste modo, a pedra fundamental da filosofia da arte[32].

Dewey não nega a importância dos objetos materiais da arte. Ele

[32] Para Dewey, a arte é antes um modo de experiência qualitativa do que um tipo ou uma categoria compartimentada de experiência. "A arte é uma qualidade que permite uma experiência; não é, salvo pelo modo de expressão, a experiência em si" (*AE*, 329). Sempre que Dewey fala da arte, refere-se a uma "qualidade da ação" ou a uma "qualidade da atividade" (*AE*, 218, 227, 233). Na medida que a ação e a atividade são formas de experiência, não existe inconsistência alguma em sua teoria.

insiste, como Adorno, na inevitável "necessidade de objetivação" de algo suficientemente fixo e qualitativamente produtivo para guiar e estruturar a criação da experiência estética[33]. Segundo ele, "não pode haver experiência estética separada de um *objeto*, e [...] para que um objeto seja o conteúdo de uma apreciação estética, ele deve satisfazer condições *objetivas*, sem as quais [...] [as condições necessárias para a experiência estética] não podem ser alcançadas" (*AE*, 151). Assim como "um produto estético existe apenas quando as idéias cessam de flutuar e são incorporados a um objeto", também a obra de arte enquanto experiência estética existe apenas quando "as imagens e as emoções são igualmente ligadas ao objeto e [...] fundidas com sua matéria" (*AE*, 280). Mas apesar da necessidade de objetos de arte concretos, Dewey privilegia o que Adorno descreve posteriormente como "a essência do processo da experiência estética e da obra de arte", a saber, o fato de que "as obras de arte existem tão somente em *actu*", na dinâmica da experiência vivida"[34].

O primeiro propósito de Dewey ao definir a arte como experiência estética foi o de romper a sufocante dominação da concepção museológica da arte, cujo poder é reforçado por nossa preocupação excessiva com as obras de arte consagradas. Afinal, a experiência estética excede claramente os limites das belas-artes e seus objetos. Mas a concepção experimental de Dewey visa a oferecer uma apreciação maior das belas-artes, e, de certa maneira, essa reivindicação é plausível. Em primeiro lugar, compreender as belas-artes enquanto experiência vivaz mais do que enquanto objetos estáticos faz mais justiça ao poder dinâmico e ao espírito ativo que faz da arte algo tão vivo e atraente (*AE*, 181, 197). Pois a experiência estética, mesmo da contemplação das artes pretensamente estáticas, é sempre um processo dinâmico de ação e passividade, no qual o receptor, assim como o artista

[33] Adorno, *AT*, p. 263.

[34] *Ibid.*, pp. 252 e 253. A visão de Adorno segundo a qual "a obra de arte é um modo de comportamento" (p. 257) estabelece um claro paralelo com a de Dewey, quando este define a arte como "uma qualidade de ação" ou de experiência. É preciso, no entanto, ressaltar que Adorno é bem mais favorável que Dewey à reificação da arte no objeto. Isso se deve ao fato de que a fetichização dos objetos de arte conserva uma concepção compartimentada da arte, e Adorno, ao contrário de Dewey, prefere manter essa noção de arte como um campo isolado e separado da vida, o que a torna mais livre para criticar as imperfeições do real.

criador, é capturado e levado a uma plenitude através de suas próprias energias, que se satisfazem com seu engajamento e sua absorção (*AE*, 57-62, 70-1, 142-3, 165-6, 178-81). Em segundo lugar, a reivindicação de um valor artístico intrínseco e imediato é bem mais convincente e menos socialmente repugnante quando a arte é concebida como experiência estética, e não como um conjunto de objetos comerciais de especulação capitalista. Em terceiro lugar, passar da noção de objetos isolados e independentes para a consideração de seu papel e de sua história na experiência oferece-nos uma base melhor para acomodar a complexa contextualidade histórica e social da arte. Uma vez que a obra não pode ser logicamente separada de sua criação original dentro do mundo experimental do artista, nem da maneira variável pela qual é recebida na experiência dos outros, é preciso considerar tanto as condições históricas e sociais de sua emergência como as mutações resultantes de sua interpretação e apreciação. Assim, o sentido e o valor da obra podem mudar com as transformações das realidades e práticas que condicionam nossa experiência com ela (*AE*, 113, 325-7, 334). Como Adorno reconhece, "as obras de arte não são algo estável e definitivo, mas algo em fluxo [...]; em virtude de seu processo de formação, [elas] têm uma existência histórica [...] [e] se transformam de acordo com a mudança histórica das atitudes das pessoas", embora tais mudanças não sejam tão grandes a ponto de nos impedir de falar significativamente da mesma obra de arte[35].

Os objetivos, os méritos e os problemas levantados pela definição de arte em termos de experiência são examinados mais detalhadamente no primeiro capítulo, onde esboço a diferença de minhas próprias posições pragmatistas em relação a sua fonte deweyiana. Gostaria apenas de precisar aqui por qual razão a filosofia analítica privilegiou de forma tão marcante o objeto de arte em relação à experiência estética, e por que a própria noção de experiência estética foi freqüentemente marginalizada e, por vezes, atacada pelos filósofos analíticos.

Uma razão é que o medo que a tradição analítica tem do psicologismo, o receio de que qualquer conceito de experiência seja necessariamente contaminado pela subjetividade individual; pensar a arte em termos de experiência estética levaria-nos a cair num solipsismo, privando a arte de toda possibilidade de comunicação ou de debate crí-

[35] *Ibid.*, pp. 255-6.

tico. A resposta de Dewey é que tal medo repousa numa concepção filosófica restrita da experiência, assimilando-a a uma sensação ou a um sentimento atomista e puramente subjetivo. Essa concepção, cujas raízes ele detecta no empirismo e na defesa da vida interior proposta pelo romantismo, não apenas é historicamente limitada e filosoficamente estreita, como também é falsa do ponto de vista empírico[36]. "Para os gregos, a experiência era uma conseqüência da acumulação de atos praticados, sofrimentos e de uma percepção gradualmente transformada [...] em habilidade. Não havia nada de meramente pessoal nem de subjetivo nisso" (*EN*, 189). Essa velha noção ainda sobrevive hoje em dia, e podemos dizer que ela constitui, na verdade, a significação mais comum de experiência, fora dos limites técnicos da filosofia. Quando perguntamos se tal pessoa possui a experiência necessária para um determinado trabalho, não nos preocupamos em saber se essa pessoa tem sensações particulares suficientes ou boas "impressões imediatas".

Não é esse, no entanto, o sentido que encontramos no centro da noção de experiência estética em Dewey. Para ele, esse termo refere um episódio marcante, que acaba por se revelar agradável e que se distingue do fluxo monótono da vida, uma concentração "de significações e energias que resultam numa qualidade de satisfação emocional particular". A experiência estética existe, segundo Dewey, somente quando os elementos e as qualidades inerentes a "*uma* experiência são elevadas muito acima do limiar da percepção" e apreciadas "por si mesmas" (*AE*, 42, 45, 63)[37]. Mas a introdução de uma satisfação emocional não torna uma experiência necessariamente privada ou inteiramente subjetiva. Afinal, ninguém coloca em dúvida, com exceção dos filósofos céticos dentro do exercício de sua profissão, que não possa-

[36] Dewey sustenta que o "empirismo atômico confunde falsamente os resultados de sua *análise* dos dados da experiência, como o que é efetivamente dado na experiência *como experimentado*, sendo tal confusão um exemplo da "falácia intelectualista" (*EN*, 18-23). Como James, Dewey pensa que experimentamos coisas completas e suas relações, e não simplesmente sensações independentes e individuais que seriam então relacionadas e sintetizadas em objetos por meio de uma faculdade mental adicional.

[37] A distinção deweyiana entre a simples experiência e "*uma* experiência" relaciona-se com a distinção que Dilthey estabelece entre *Erfahrung* e *Erlebnis*, que encontramos freqüentemente na teoria da hermenêutica continental, ainda que Dewey não faça referência à Dilthey em *Art as experience*.

mos compartilhar tais experiências marcantes, mesmo se elas sempre se modulem um pouco diferentemente em relação a nossas distintas personalidades e histórias. De fato, tais experiências são memorizadas não apenas *como* compartilhadas, mas *por que* são compartilhadas. Apenas a busca filosófica de uma certeza absoluta transforma as interpretações pessoais divergentes e a possibilidade de um mal-entendido numa prisão individualista que exclui uma experiência emocional compartilhada.

Além disso, mesmo o que consideramos uma experiência mental particular é, na realidade, mais que um evento psicológico privado. Pois a experiência é sempre a "interação de um organismo [que não se limita a um sujeito mental] com seu ambiente, um ambiente que é tão humano quanto físico, que inclui os materiais das tradições e das instituições assim como o contexto local" (*AE*, 251). Nossos pensamentos mais íntimos se exprimem sempre numa linguagem compartilhada e pública, do mesmo modo que nossa experiência sensorial também, na medida que ela se baseia numa "constituição fisiológica [mais ou menos] comum a todos os indivíduos" e que ela é lingüística e socioculturalmente modulada (*AE*, 250).

Uma segunda razão pela qual a filosofia analítica negligenciou a experiência estética é que ela parece ser efêmera, evanescente e ilusória. Contrariamente aos objetos de arte, sólidos e duráveis, que constituem realidades discretas e descritivas e satisfazem ao que Austin chama de tendência filosófica para "mercadorias de tamanho médio", a experiência estética não constitui uma substância estável ou um fenômeno claramente definido. É até mesmo impossível isolá-la de experiências não classificadas como artísticas, tais como os prazeres do esporte, da discussão ou de um bom jantar. Reciprocamente, a presença de uma obra-prima não implica a manifestação da experiência estética. Mas como podemos dizer que uma experiência estética existe, se não enquanto uma experiência comum e peculiar a tudo aquilo que é estético? Uma vez que ela parece tanto resistir à definição analítica como distanciar-se dos hábitos estabelecidos que distinguem o estético do não-estético e a arte da não-arte, a experiência estética se vê então condenada a ser um "fantasma" metafísico, vago e inútil[38].

[38] Ver George Dickie, "Beardsley's phantom aesthetics experience", em *Journal of Philosophy*, 62, 1965, pp. 129-36, que também criticava Dewey por tratar a experiência estética como algo "metafísico" (pp. 134-5).

Embora a crítica analítica tenha sido em parte uma reação justificada em relação às definições e aos empregos por vezes desatinados desse conceito, a dificuldade de definir a experiência estética e sua extensão ao não-estético não constitui um argumento para sua existência e importância para a filosofia da arte. Na verdade, o poder da experiência estética de desprezar as definições delimitantes e de romper com as rígidas divisões convencionais, é precisamente aquilo que a torna tão importante para uma estética reformadora como a de Dewey.

Uma terceira razão para privilegiar os objetos de arte sobre a experiência estética (e, mais genericamente, a noção de arte sobre a de estética) é o fato de a concepção *standart* de experiência estética ser dominada pela idéia de interesse frívolo pelo prazer, pelo sensorial e pela emoção; como algo que contradiz o poder cognitivo e espiritual da arte, assim como seu potencial prático e político. Afinal, nossa noção tradicional de "estético", segundo Danto, representa "um esforço [da filosofia] para banalizar a arte, ao considerá-la adequada somente ao prazer", limitando-se ao formal e ao trivial[39]. Dewey não refutaria de maneira alguma essa acusação. Ele afirmaria, no entanto, que um valor mais amplo da arte poderia ser estabelecido se, ao invés de refutarmos a noção do estético, a interpretássemos de maneira positiva e em termos mais ricos, que reconhecessem a continuidade da arte e do estético no mundo cotidiano do pensamento e da ação. Ele salientaria ainda que o prazer está longe de ser uma coisa frívola, pois nós, humanos (incluindo os filósofos), vivemos primordialmente não para a verdade, mas para a satisfação emocional e sensual[40]. E, mesmo que o prazer da experiência estética fosse indissociável da percepção cogni tiva, seu valor afetivo e quase impulsivo não poderia ser negligenciado nem reduzido a seu mérito cognitivo (como Nelson Goodman sugere), tampouco a sua utilidade prática[41].

[39] Arthur Danto, *The philosophical disenfranchisement of art*, XIV-XV, p. 13.

[40] Ver John Dewey, *Reconstruction in philosophy*, Nova York, Mentor, 1952, pp. 32-3; e *EN*, 67-9, onde "a preocupação com a satisfação imediata" através de "festas e festividades, ornamentação, dança" etc., é considerada um dos "traços mais marcantes" da humanidade. Além disso, "os prazeres não devem ser desprezados num mundo cheio de dores" (*AE*, 23).

[41] Nelson Goodman, um especialista da estética analítica aberto ao pragmatismo, faz uma análise justa da dimensão e do valor cognitivo da experiência esté-

Em contraste com a satisfação estética cultivada por Dewey, a filosofia analítica visa a alcançar uma verdade objetiva sobre objetos independentes. Não há dúvida de que a estética analítica dedicou-se exageradamente aos objetos de arte. Enormes esforços foram despendidos para tentar determinar o *status* ontológico das obras de arte em diferentes campos artísticos e para fixar um critério preciso para identificar a mesma obra de arte em suas diferentes manifestações (cópias autênticas, tiragens, representações etc.), a fim de distingui-la de outras obras e de possíveis falsificações. As pressões socioculturais para tanto são bastante evidentes. A morte da fé religiosa fez das obras de arte a coisa mais próxima que temos dos textos e relíquias sagrados; assim fetichizadas, elas precisam ser preservadas em sua pureza e protegidas de impostores. Mais influentes ainda na transfiguração de um texto artístico num "ícone verbal" sacralizado (como Wimsatt as denomina[42]) foram as pressões profissionais dos acadêmicos.

A crítica estética universitária deve professar um conhecimento objetivo, que supostamente deve requerer um objeto de estudo bem-definido; tal é o objetivo visado pela crítica analítica enquanto metacrítica. "A primeira condição necessária para que a crítica seja possível", nota Beardsley, "é um objeto a ser criticado — algo [...] com qualidades próprias, em função das quais as interpretações e os julgamentos possam ser verificados". Ele postula, então, os princípios reificados de "independência" e "autonomia": "as obras literárias existem enquanto indivíduos" e representam "entidades autosuficientes", que não têm necessidade de serem definidas por seu contexto de criação ou recepção dentro da experiência[43]. Na influente obra de Nelson Goodman,

tica. Mas ele tende a reduzir o valor estético ao cognitivo, refletindo aí o preconceito filosófico tradicional a favor do conhecimento. Ver *Languages of art*, p. 259, onde ele trata da "subsunção da estética dentro da excelência cognitiva". Ele reforça esta perspectiva em *Of mind and other matters*, Cambridge, Mass., Harvard University Press, 1984, pp. 138 e 148.

[42] Ver W.K. Wimsatt, *The verbal icon*, Lexington, University of Kentucky Press, 1954.

[43] M.C. Beardsley, *The possibility of criticism*, Detroit, Wayne Sate University, 1970, p. 16. Para maiores detalhes sobre a preferência inicial acordada por Beardsley à experiência estética como fundamento metafísico da apreciação crítica, ver sua obra *Aesthetics*, pp. 524-43.

Languages of art, o desejo de uma definição precisa de obra de arte beira paradoxos extremos. A fim de definir a obra em termos teóricos suficientemente precisos para protegê-la de distorções, Goodman trata a questão da identidade da obra e da autenticidade de suas manifestações independentemente de suas "propriedades estéticas importantes". As "propriedades constitutivas [para a definição] de uma obra [...] não podem ser identificadas com suas propriedades estéticas", pois estas estão sujeitas a muita ambigüidade e variação para servir a uma definição precisa. Dado que, para Goodman, a identidade de uma obra musical e a autenticidade de uma performance são definidas por "uma fidelidade absoluta à partição", "a mais deplorável performance, mas sem erros reais" exemplifica uma verdadeira representação da obra, "contrariamente à mais brilhante performance que contenha uma única nota falsa". Paradoxos similares emergem nas definições de notação que ele dá às obras literárias e dramáticas[44]. Mas qual é o propósito, Dewey se perguntaria, de definir e preservar as obras de maneira tão rígida, se não para utilizá-las na estruturação de uma experiência estética? Qual o interesse, então, de assim as definir, se as "importantes qualidades estéticas" não são necessariamente conservadas na experiência, e o deplorável do ponto de vista estético é legitimado, tão somente por não infringir o princípio de notação?

Grande parte da atração exercida pelo pós-estruturalismo europeu vem de seu protesto contra a noção de que a obra de arte seria um objeto plenamente determinado, auto-suficiente e inviolável, uma unidade reclusa e fetichizada. A insistência do pós-estruturalismo sobre o fato de que o sentido de um texto não é um dado permanente, mas o produto mutável de práticas de escrita e de leitura, elas mesmas social e historicamente condicionadas e sujeitas a transformações, remete-nos à concepção pragmatista de um universo plástico aberto, a ser moldado pelo esforço humano[45]. Numa perspectiva pós-estruturalista, a significação de um texto evolui constantemente pelo fato de o produto do contexto lingüístico estar em contínua mutação, as-

[44] Nelson Goodman, *Languages of art*, pp. 120, 186 e 209-10. Para uma crítica mais detalhada de seu método de definição do ponto de vista pragmatista, ver Richard Shusterman, *The object of literary criticism*, Amsterdam, Rodopi, 1984, pp. 130-9.

[45] Ver, por exemplo, a noção deweyiana de mundo enquanto "material para mudança " em John Dewey, *Reconstruction in philosophy*, p. 101.

sim como o jogo interativo das relações que se estabelecem entre ele e outros textos. Da mesma maneira, Dewey afirma que a significação de uma obra é o produto do contexto sempre mutável da experiência, que envolve um jogo interativo entre o produto artístico, relativamente estável, e o organismo e seu ambiente, ambos em constante fluxo. Enquanto "um pedaço de pergaminho, de mármore, de tela [...] permanecem idênticos ao longo dos anos (embora sujeitos à ação do tempo)", a obra de arte existe somente como experiência individualizada, e deve ser, de certa forma, "recriada diferentemente cada vez que é objeto de uma experiência estética" (*AE*, 113). Afinal,

> [a] *experiência consiste numa interação do produto artístico com o indivíduo. Ela nunca é a mesma para diferentes pessoas* [...]. *Ela varia para a mesma pessoa segundo momentos diferentes, na medida em que traz algo de novo para a obra. (*AE*, 334)*
>
> [Mesmo o próprio artista] *encontraria significações diferentes nela, conforme o dia, a hora e o estágio de desenvolvimento de seu trabalho. Se ele pudesse se expressar claramente, diria: "Eu quero dizer apenas* isto, *e* isto *significa qualquer coisa que você ou qualquer outro possa sinceramente* [...] *tirar daí". Qualquer outra idéia faz da tão soberba "universalidade" da obra de arte um sinônimo de identidade monótona. (*AE*, 113-4)*

Mas a rejeição de Dewey é menos radical que a do pós-estruturalismo em relação à identidade, reclusão estrutural e unidade orgânica associadas à obra de arte. Pois uma vez que essas noções são interpretadas pelo pragmatismo de maneira flexível e funcional, e não como categorias claras e ontológicas, não existe razão para não serem utilizadas. Além do mais, a sensibilidade de Dewey à transformação é equilibrada pela consciência de que a estabilidade, o consenso e a unidade podem se apresentar em formas variadas e flexíveis, e representam valores extremamente essenciais para o bem-estar e a ação sociopolítica, para serem simplesmente assimiladas à uniformidade monótona. À medida que, para Dewey, a noção de experiência estética é uma celebração da unidade (*AE*, 43-49), ela deve enfrentar ao menos mais uma objeção — desta vez da perspectiva pós-estruturalista. A experiência estética, assim concebida, seria muito esmerada e organizada, muito fechada na complacente satisfação de sua própria unidade, para considerar o efeito muitas vezes dissonante que faz da arte, e mesmo da beleza natural, uma força perturbadora e estimulante. Experiência, como sua etimologia sugere, é uma passagem contínua por riscos e perigos; e a experiência estética, pode-se argumentar, não é diferente[46].

Por mais que essa crítica contra o caráter orgânico da estética clássica e do "New Criticism" seja justificada, ela perde seu sentido no caso de Dewey, que insiste várias vezes em que a unidade da experiência estética não constitui um abrigo estável e fechado, no qual poderíamos repousar longamente numa contemplação satisfeita. É antes a unidade de um evento móvel, frágil e evanescente, brevemente experimentado num fluxo atravessado de tensões contraditórias e desordenadas, momentaneamente dominadas. É um processo em desenvolvimento que, ao atingir seu ponto culminante, dissolve-se na corrente da experiência seguinte. Ela nos impulsiona ao desconhecido e nos convida a construir uma nova experiência estética, a recriar uma unidade efêmera a partir dos vestígios das experiências passadas e dos recursos do presente.

Para Dewey, a estabilidade de tal experiência não só é impossível, como também é esteticamente indesejável; pois a arte requer o estímulo de tensões e novidades revolucionárias, alimentando-se do conflito rítmico entre a realização e a quebra da ordem. "Como o artista se concentra particularmente na fase da experiência em que a união é alcançada, ele não evita momentos de resistência e tensão. Ao contrário, ele os cultiva, não por si mesmos, mas por suas potencialidades" de transformação numa experiência unificada (*AE*, 21). Assim, segundo Dewey, "existem dois tipos de mundos possíveis nos quais a experiência estética poderia não ocorrer". Num "mundo de mero fluxo", nenhuma unidade, nenhuma estabilidade, nenhum sentimento de plenitude seriam possíveis. Mas, por outro lado, "um mundo acabado e perfeito não possuiria elemento algum de crise nem de suspense, não ofereceria chance alguma de resolução. Onde tudo já é completo, não há realização. Evocamos com prazer o nirvana ou a felicidade paradisíaca apenas porque são projetados sobre o fundo de nosso mundo atual de estresse e conflito".

[46] Ver Victor Turner, *From ritual to theatre*, Nova York, Performing Arts Journal Press, 1982, pp. 17-18.

A verdadeira experiência do nirvana, eterna e imóvel, assim como a experiência estética que permanecesse sempre a mesma, seria insuportavelmente enfadonha. Precisamos de perturbação e desordem, uma vez que "o momento de passagem da perturbação à harmonia é o de vida mais intensa" e de experiência mais gratificante (*AE*, 22-3). Nem poderíamos nos demorar em tal harmonia; a experiência estética não é mais que uma culminação momentânea deleitada, um intervalo rítmico de repouso que, obedecendo a demanda vital de variação, não pode ser satisfeito com a ordem e, então, "nos impulsiona ao desconhecido" (*AE*, 173). Trata-se tanto de uma perturbação estimulante na direção do novo, como de uma ordem concluída do velho. Dewey é muito claro neste ponto:

> *No processo do viver, o acesso a um período de equilíbrio é ao mesmo tempo uma nova relação ao meio ambiente, que traz nela a força de novos ajustes a serem realizados através de lutas. O tempo da consumação é também o da renovação. Qualquer tentativa de perpetuar para além de seu termo o prazer encontrado num momento de plenitude e harmonia constitui uma retirada do mundo, pois ela marca a queda e o desperdício da vitalidade. (*AE*, 23)*

O que Dewey exprime aqui a propósito da vida orgânica se aplica também ao caráter evolutivo, destrutivo e, por isso, provocativo da unidade da experiência estética, tal como emerge dos ritmos da vida orgânica: "ultrapassar os limites do estabelecido leva à destruição e à morte, de onde, no entanto, novos ritmos são construídos" (*AE*, 22). Beleza viva, a experiência estética brilha não apenas por ser rodeada pela morte da desordem e da rotina monótona, mas também porque sua própria trajetória cintilante desenha o processo de morte durante a vida.

COLEÇÃO TRANS
direção de Eric Alliez

Para além do mal-entendido de um pretenso "fim da filosofia" intervindo no contexto do que se admite chamar, até em sua alteridade "tecno-científica", a crise da razão; contra um certo destino da tarefa crítica que nos incitaria a escolher entre ecletismo e academismo; no ponto de estranheza onde a experiência tornada *intriga* dá acesso a novas figuras do ser e da verdade... TRANS quer dizer transversalidade das ciências exatas e anexatas, humanas e não humanas, transdisciplinaridade dos problemas. Em suma, transformação numa prática cujo primeiro conteúdo é que há linguagem e que a linguagem nos conduz a dimensões heterogêneas que não têm nada em comum com o processo da metáfora.

A um só tempo arqueológica e construtivista, em todo caso experimental, essa afirmação das indagações voltadas para uma exploração polifônica do real leva a liberar a exigência do conceito da hierarquia das questões admitidas, aguçando o trabalho do pensamento sobre as práticas que articulam os campos do saber e do poder.

Sob a responsabilidade científica do Colégio Internacional de Estudos Filosóficos Transdisciplinares, TRANS vem propor ao público brasileiro numerosas traduções, incluindo textos inéditos. Não por um fascínio pelo Outro, mas por uma preocupação que não hesitaríamos em qualificar de política, se porventura se verificasse que só se forjam instrumentos para uma outra realidade, para uma nova experiência da história e do tempo, ao arriscar-se no horizonte múltiplo das novas formas de racionalidade.

Gilles Deleuze e Félix Guattari
O que é a filosofia?

Félix Guattari
Caosmose

Gilles Deleuze
Conversações

Barbara Cassin, Nicole Loraux, Catherine Peschanski
Gregos, bárbaros, estrangeiros

Pierre Lévy
As tecnologias da inteligência

Paul Virilio
O espaço crítico

Antonio Negri
A anomalia selvagem

André Parente (org.)
Imagem-máquina

Bruno Latour
Jamais fomos modernos

Nicole Loraux
Invenção de Atenas

Éric Alliez
A assinatura do mundo

Maurice de Gandillac
Gêneses da modernidade

Gilles Deleuze e Félix Guattari
Mil platôs
(Vols. 1, 2, 3, 4 e 5)

Pierre Clastres
Crônica do índios Guayaki

Jacques Rancière
Políticas da escrita

Jean-Pierre Faye
A razão narrativa

Monique David-Ménard
A loucura na razão pura

Jacques Rancière
O desentendimento

Éric Alliez
Da impossibilidade da fenomenologia

Michael Hardt
Gilles Deleuze

Éric Alliez
Deleuze filosofia virtual

Pierre Lévy
O que é o virtual?

François Jullien
Figuras da imanência

Gilles Deleuze
Crítica e clínica

Stanley Cavell
Esta América nova, ainda inabordável

Richard Shusterman
Vivendo a arte

A sair:

Georges Didi-Huberman
O que vemos, o que nos olha

André de Muralt
A metafísica do fenômeno

François Julien
Tratado da eficácia

Este livro foi composto em Sabon pela Bracher & Malta, com fotolitos do Bureau 34 e impresso pela Hamburg Gráfica Editora em papel Pólen Soft 80 g/m² da Cia. Suzano de Papel e Celulose para a Editora 34, em maio de 1998.